크립토
투자 노트

크립토 투자 노트

CRYPTOCURRENCY INVESTING

키아나 대니얼 지음 **홍석윤** 옮김 **최민수** 감수

아직 크립토는
시작 단계일 뿐이다

이 책이 출간되는 시점에 시장에는 이미 1만 종 이상의 암호화폐가 존재한다. 2018년에는 2,000여 종류의 암호화폐가 존재했으나, 2021년과 2022년 사이에 매달 1,000개의 새 암호화폐가 쏟아지면서 그 수가 5배 이상 증가했다. 대한민국에서 현재 거래되는 암호화폐의 종류만도 1,257개다. 이와 같은 암호화폐 붐은 비트코인의 가치가 6만 7,000달러까지 치솟았던 2021년 11월에 최고조에 달했다. 이런 천문학적인 수익률은 주식 투자자가 평생을 투자해도 이루기 힘든 것이다 보니 코인 투자 광풍이 불 정도로 사람들의 관심을 촉발시켰다.

이 때문에 이 시기에 암호화폐에 투자한 투자자들은 암호화폐 업계 전체를 사기로 규정하고 아예 투자를 포기하거나 주식과 채권 같은 전통적인 금융자산에 눈을 돌렸다. 그러나 이 와중에도 암호화폐 시장은 진화를 거듭하면서 더욱 안정되었고, 전 세계와 미국의 주요 금융기관의 관심과 지지를 받았다. 그리고 차츰 암호화폐를 보유한 사람들이 늘어나면서 암호화폐를 결제수단으로 받아들이는 판매자도 늘어나기 시작했다.

비트코인 같은 암호화폐는 블록체인이라는 신기술을 기반으로 하고 있다. 즉, 블록체인은 암호화폐를 구축하는 인프라인 셈이다. 블록체인은 매우 혁신적인 기술이어서 인터넷보다 더 큰 변화를 가져올 것이라고 주장하는 사람들도 많다. 인터넷의 발전이 이메일로 끝나지 않은 것처럼, 블록체인의 발전도 단지 암호화폐로 끝나지 않을 것이다.

암호화폐 투자와 거래는 암호화폐가 자산(주식)과 통화(미국 달러)의 교차점에 있다는 개념에서 시작한다. 암호화폐의 근간(블록체인 등)을 분석하는 것은 다른 금융자산을 분석하는 것과는 매우 다르다. 대부분 암호화폐 데이터는 중앙 허브 한 곳에 저장되어 있지 않기 때문에, 암호화폐 산업에서는 전통적인 가치 측정 방식이 통하지 않는다. 실제로 대부분의 암호화폐와 그 기반을 이루는 블록체인은 분산화되어 있는데, 이는 암호화폐를 총괄하는 중앙기관이 없다는 것을 의미한다. 대신 해당 블록체인이나 암호화폐 커뮤니티의 구성원들에게 그 힘이 분산되어 있다.

이 책을 읽는 방법

비트코인을 암호화폐의 전부로 아는 사람도 있지만 암호화폐 산업에는 비트코인만 있는 것은 아니다. 암호화폐 시장은 엄청난 변동성이 있긴 하지만, 현명하게 투자하고 각자의 투자위험감수도(Risk Tolerance, 각자의 투자위험을 어느 정도나 감수할 수 있는지의 정도)에 맞는 전략을 개발하면, 실제로 돈을 벌 수 있는 잠재력이 큰 시장이다. 이 책에서는 암호화폐 투자에 수반되는 위험을 지적하면서 동시에 이 시장을 통해 자산을 불릴 수 있는 다양한 방법들을 보여줄 것이다.

암호화폐와 그 기반이 되는 블록체인 기술은 복잡하다. 그래서 독자들이 더 쉽게 접근하고 공감할 수 있으며, 겁을 주지 않는 용어를 사용하기 위해 최선을 다했다. 그러면서도 전략 개발, 리스크 관리 등 산업 전체의 중요한 정보들은 빠짐없이 망라했다. 또 이 책에는 특정 주제에 대한 추가 정보를 얻을 수 있는 웹사이트를 가능한 자세하게 소개하고자 했다. 좌우에 다양한 정보를 실었고, QR코드를 수록하여 바로 확인할 수 있도록 도왔다.

이 책에 사용된 아이콘

이 책에는 독자의 주의를 환기시키기 위해 아이콘을 여럿 사용하고 있는데, 각 아이콘이 의미하는 바는 다음과 같다.

 포인트 이 책에서 꼭 기억해야 할 중요한 사항은 이 아이콘으로 표시한다.

 팁 암호화폐 투자 기술을 향상시키는 방법이나 기타 유용한 정보가 있는 곳을 알고 싶다면 이 아이콘을 잘 살펴보자.

 주의 암호화폐 시장뿐 아니라 투자에는 대개 많은 위험이 도사리고 있다. 어떤 실수는 엄청난 대가를 치를 수 있기 때문에, 이 아이콘을 사용해 특별히 위험한 부분을 강조했다.

 기술 자료 이 아이콘은 비록 흥미롭기는 하지만 당신의 암호화폐 투자 여정에 필수적인 것은 아니라고 생각되는 내용들, 때로는 재미있는 일화들을 표시한다.

이제 시작해보자

이 책은 처음부터 끝까지 순서대로 읽는 책이 아니다. 각자의 관심, 해당 암호화폐에 대한 지식 정도, 투자 목표에 따라 자신에게 필요한 부분에서 시작하는 게 좋다. 이제 크립토의 세계에 들어가보자.

• 4부 》 241페이지

▶ 이미 암호화폐의 기본 지식에 익숙하고 암호화폐가 어떻게 작동하는지, 어디서 구매해야 하는지, 어디에 안전하게 보관해야 하는지를 잘 알고 있다면 4부*부터 시작해 다양한 투자 및 거래 전술을 확인할 수 있다.

• 22장 》 311페이지

▶ 22장*에서는 암호화폐 여정을 시작하기 전에 고려해야 할 사항에 대한 개요가 설명되어 있다. 추가 정보가 필요한 경우 다른 장과 상호 참조하면 도움이 될 것이다.

• 3장 》 46페이지

▶ 3장*은 암호화폐 투자에 뛰어들기 전에 리스크 관리 방법을 탐구할 수 있는 좋은(그리고 필수적인) 장이다.

• 12장 》 198페이지
• 11장 》 185페이지
• 14장 》 219페이지

▶ 그 외 암호화폐 시장에 참여할 다른 방법을 찾고 있다면, 12장*에서 암호화폐 채굴, 11장*에서 암호화폐 공개, 14장*에서 암호화폐 선물과 옵션에 대해 알아볼 수 있다.

CONTENTS

PART 2 이제 암호화폐를
구매해보자

PART 3 암호화폐 투자를 위한
다양한 옵션을 알아보자

PART 4

암호화폐 투자 장단기 전략 세우기

일러두기

- 이 책은 초보자도 쉽게 단어나 개념을 이해할 수 있도록 일부 설명이 반복되어 실려 있습니다.
- 각 장에서 설명을 더 살펴볼 수 있도록 다른 페이지로 안내할 경우 별도로 페이지 번호를 표기해두었습니다.
- 관련 웹사이트가 제시되는 경우, 바로 살펴볼 수 있도록 측면에 QR코드를 실었습니다.
- 괄호 안의 설명은 전부 역자 주입니다.
- 비트코인이 화폐라는 의미로 사용되는 경우에는 BTC를 붙여 구분했습니다.

암호화폐 투자 전에
전체 개념을 이해해보자

PART 1에서는

- 암호화폐를 사거나, 투자하거나, 거래하기 전에 꼭 알아야 하는 내용을 이해할 수 있다.

- 암호화폐 시장에 수반되는 위험 요소와 이를 관리하는 방법을 배울 수 있다.

- 암호화폐의 기반이 되는 블록체인 기술이 어떻게 암호화폐를 혁신적으로 만드는지를 알아본다.

- 다양한 종류의 암호화폐가 어떻게 작동하는지 알 수 있다.

도대체
암호화폐가 뭐야?

1장에서는

▶ 암호화폐가 무엇이고, 어떻게 발전해왔는지 알아본다.
▶ 암호화폐를 시작하기 전 전체 시스템을 개괄적으로 살펴본다.

이 책을 펼치면서 하고 싶은 첫 번째 질문은 아마도 이것일 것이다. "암호화폐가 도대체 뭐야?"

이 질문에 대한 대답을 한 문장으로 요약하자면 다음과 같다. **암호화폐는 새로운 형태의 디지털 화폐다.** 달러 같은 전통적인 화폐도 디지털 방식으로 송금할 수 있지만 이는 암호화폐가 작동하는 방식과는 전혀 다르다. 만약 암호화폐가 금융시장의 주류가 된다면 앞으로는 물건값을 치르는 데에도 사용할 수 있을 것이다.

암호화폐가 기존 통화와 다른 이유는 그 뒤에 있는 기술 때문이다. 어떤 이들은 이렇게 말할지도 모른다. "내 돈 뒤에 있는 기술에 대해 제가 굳이 알아야 하나요? 지금 제 지갑 속에 돈이 얼마나 있는지가 더 중요한데요."

하지만 현재 유통되고 있는 통화 시스템에는 많은 문제가 있다. 암호화폐는 이런 문제의 일부라도 해결하는 것을 목표로 한다. 우선 기존 통화 시스템의 문제는 다음과 같다.

▶ 신용카드와 계좌이체 같은 전통적인 금융 결제 시스템은 이미 낡은 방식이다.
▶ 은행이나 신용카드 회사 같은 중간 매개자들이 결제 과정에 끼어들어 추가 비
  용을 발생시키고 거래를 느리게 만든다.
▶ 전 세계적으로 부의 불평등이 커지고 있다.
▶ 20억 명의 사람들이 은행 예금이 없거나 신용 문제로 인해 은행을 이용할 수
  없어 금융 서비스에 접속할 수 없다.

암호화폐에 대한 기본 지식

대부분은 자신의 은행 계좌에 돈이 얼마나 예치되어 있는지 알고 있다.
그리고 전통적 방식으로 돈을 입금하거나 송금하기 위해서는 현금 입출
금기(ATM)에 가거나, 온라인 뱅킹을 이용하거나, 은행에 방문해야 한다.

암호화폐는 다르다. 중앙화 거래소를 이용하는 경우 외에는 기본적인
입출금 과정에 중앙화된 매개자(은행 등)를 거칠 필요가 없다. 암호화폐
는 분산화되어 있는(특정한 단일 기관이 암호화폐를 총괄하지 않는) 블록체인
이라는 기술에 의존하기 때문이다. 단일 기관이 없어도 네트워크 상의
모든 컴퓨터가 이 암호화폐의 거래를 확인한다. 따라서 4장*에서는 암
호화폐 같은 멋진 일을 가능케 한 블록체인 기술에 대해 더 자세히 알아
볼 것이다. 전통적 금융과는 개념이 아예 다르기 때문에 암호화폐의 배
경, 장점 등 암호화폐에 대한 기본 지식을 여기서 살펴볼 수 있다.

* 4장 ≫ 64페이지

▌돈의 정의

암호화폐의 본질에 들어가기 전에 돈 자체의 정의를 알아야 한다. 돈 뒤에 숨겨진 철학은 어찌 보면 '닭이 먼저인가, 달걀이 먼저인가'와 비슷하다. 우선 돈이 가치를 가지려면, 다음과 같은 특성이 필요하다.

> ▶ 충분히 많은 사람이 돈을 가지고 있어야 한다.
> ▶ 거래하는 양쪽 모두가 그것을 지불 형태로 인정해야 한다.
> ▶ 사회가 그 돈이 가치 있고 앞으로도 가치 있으리라는 것을 신뢰해야 한다.

아주 오래전 물물교환으로 거래를 하던 당시에는 닭을 신발과 교환하려면 교환된 물건의 가치가 그 물건에 본질적으로 내재해 있어야 했다. 그러나 동전, 현금, 신용카드가 등장하면서 돈의 정의와 '돈의 신뢰 모델'이 바뀌었다. 이런 돈은 거래를 아주 편리하게 만들어주었다. 특히 지폐와 같은 형태의 현금이 발명된 주요 이유 중 하나는 한 나라에서 다른 나라로 수 톤의 금괴를 옮기는 번거로움 때문이었다. 그 후 사람들이 더 많은 돈을 쓰게 하려는 이유에서 신용카드가 발명되었다. 하지만 신용카드는 정부가 통제하는 돈의 이동 통로일 뿐이다.

그러던 와중 통화의 중앙화 문제(연방준비제도의 달러 패권 독점), 즉 운영 주체의 탈중앙화와 부의 재분배 등 여러 가지 가치가 맞물리면서 암호화폐는 점점 가치 있는 대안으로 등장하게 되었다. 재미있게도 미국 달러 같은 정부 발행 통화를 '법정통화'라고 부르는데, 암호화폐의 등장으로 그 멋진 이름이 이제야 비로소 제대로 어울리는 이름이 되었다. 법정통화란 정부가 인정할 때에만 가치를 부여받는 합법적 통화를 말하는

● 15장 » 228페이지

것이기 때문이다. 법정통화에 대해서는 15장*에서 더 자세히 알아볼 예정이다.

▌ 암호화폐의 역사

기술 자료

비트코인은 최초의 암호화폐지만, 디지털 화폐를 만들기 위한 여러 시도는 비트코인이 공식적으로 소개되기 몇 년 전부터 있었다.

최초의 암호화폐는(모두가 아는 것처럼) 비트코인이었다. 따라서 암호화폐 산업의 시작을 이야기할 때마다 비트코인이 빠질 수 없다. 비트코인은 사토시 나카모토(Satoshi Nakamoto)라는 익명의 누군가가 개발한 최초의 블록체인 기술의 산물이었다. 사토시는 2008년에 비트코인에 대한 아이디어를 발표하면서 이를 전자화폐의 '순수한 P2P 버전'이라고 설명했다.

비트코인 같은 암호화폐는 '채굴'이라는 과정을 통해 만들어진다. 보통 채굴이라는 단어를 들으면 떠올리는 광물 채굴과는 달리, 암호화폐를 채굴하기 위해서는 복잡한 문제를 해결하는 강력한 컴퓨터가 있어야 한다. 채굴에 대한 자세한 내용은 12장*에서 다룰 예정이다.

● 12장 » 198페이지

2011년까지만 해도 비트코인이 유일한 암호화폐였다. 그런데 비트코인의 열렬한 지지자들이 비트코인에서 결함을 발견하면서 속도, 보안, 익명성 등에서 비트코인을 개선한 알트코인(Altcoin, Alternative+coin)이라는 대체 코인을 만들기로 했다. 최초의 알트코인 중에는 비트코인을 암호화폐의 금으로 보고 암호화폐의 은이 되겠다는 목표로 개발된 라이트코인(Litecoin)도 있다(실제로 비트코인이 금색을 사용한 데 비해 라이트코인은 은색을 사용한다). 현재에도 새로운 암호화폐는 계속 생겨나고 있으므로 그 종류는 더욱 늘어날 것으로 예상된다. 현재 시장에 나와 있는 암호화폐의 종류에 대해서는 8장*에서 다룰 예정이다.

● 8장 » 137페이지

▋ 암호화폐의 주요 장점

아직도 암호화폐(또는 다른 종류의 분산형 화폐)가 정부가 발행하는 전통적인 통화보다 더 나은 해결책이라는 확신이 들지 않을 수 있다. 암호화폐가 분산형이라는 특성을 통해 제공할 수 있는 솔루션은 다음과 같다.

부패를 줄일 수 있다

큰 권력에는 큰 책임이 따른다. 하지만 한 사람이나 한 기관에 너무 많은 권력이 몰려 있으면 그 힘을 남용할 우려도 커진다. 19세기의 영국 정치인 액턴 경(Lord Acton)은 "권력은 부패하기 쉬우며, 절대 권력은 절대적으로 부패한다"고 이미 언급했다. 암호화폐는 권력을 많은 사람, 즉 네트워크의 모든 구성원에게 분배함으로써 절대 권력 문제를 해결하고자 한다. 그것이 바로 블록체인 기술의 핵심 아이디어다(이에 대한 구체적인 정보는 4장*에서 살펴볼 수 있다).

* 4장 » 64페이지

극단적인 화폐 발행 문제를 없앤다

모든 정부에는 중앙은행이 있고, 중앙은행은 심각한 경제 문제에 직면하면 추가로 돈을 찍어낼 수 있는 능력이 있다. 이 과정을 '양적완화'라고 부른다. 정부는 더 많은 돈을 찍어내 부채를 갚거나 통화 가치를 떨어뜨릴 수 있다. 하지만 이런 접근 방법은 부러진 다리에 붕대만 감아주는 것과 같다. 양적완화는 문제를 근본적으로 해결하지 못할 뿐 아니라, 때로 이로 인한 부작용이 본래의 문제보다 더 커질 수도 있다.

　예를 들어, 이란이나 베네수엘라 같은 나라들은 많은 돈을 찍어내다 보니 통화 가치가 너무 떨어져 인플레이션이 치솟았고, 사람들은 일상적인 상품과 서비스조차 살 수 없었다. 그곳의 현금은 화장지 한 뭉치의 가치밖에 없다. 그러나 암호화폐의 대부분은 가용할 수 있는 코인 양이 제한되어 있다. 코인이 유통되고 있는 동안에는 특정 기관이나 블록체인 뒤에 있는 회사가 코인을 더 만들거나 공급을 늘릴 방법이 없다.

각자의 돈은 전적으로 각자 책임진다

전통적인 현금의 경우에는 중앙은행이나 정부에 우리가 쓰는 돈에 대한 통제권을 내주고 있다. 정부는 언제든 당신의 은행 계좌를 동결하고 당신이 그 돈을 사용하지 못하게 만들 수 있다. 미국에서 회사를 운영하는 경우, 법적으로 효력이 있는 유언을 남기지 않고 세상을 떠나면 정부가 사망자의 재산에 대한 모든 권리를 갖는다. 심지어 2016년에 인도에서 일어났던 것처럼 어느 날 일상적으로 쓰던 화폐를 갑자기 폐지해 돈을 휴지 조각으로 만들 수도 있다. 그러나 암호화폐에서는 오직 당신만이 당신의 자금에 접근할 수 있다(누군가 그것을 훔쳐가지 않는 한 말이다). 암호화폐 자산을 보호하는 방법은 7장*에서 다룰 예정이다.

* 7장 » 122페이지

중간 매개자가 필요 없다

전통적인 통화 시스템에서는 송금할 때마다 은행이나 신용카드 회사, 디지털 결제 서비스 같은 중간 매개자가 일정 비율의 수수료를 떼어간다. 암호화폐에서는 블록체인 내의 모든 네트워크 구성원이 그런 중간 매개자지만, 그들에 대한 보상은 법정통화의 중간 매개자들에 대한 보상과는 전혀 다르게 형성되기 때문에 극히 미미하다. 암호화폐가 작동하는 방식에 대한 자세한 내용은 5장*에서 살펴볼 수 있다.

* 5장 » 83페이지

은행 계좌가 없는 사람들에게도 유용하다

세계 시민의 상당수는 여전히 은행 같은 결제 시스템에 접근할 수 없거나 접근이 제한되어 있다. 암호화폐는 전 세계에 디지털 상거래를 확산시켜 휴대폰만 있으면 누구나 결제를 할 수 있도록 함으로써 이 문제를 해결한다는 목표를 가지고 있다. 놀랍게도 현재 은행보다 휴대폰에 접근할 수 있는 사람이 훨씬 더 많다. 사실 숫자로만 보면 화장실보다 휴대폰을 가진 사람이 훨씬 더 많을 정도다. 암호화폐와 블록체인 기술이 가져올 수 있는 사회적 이익에 대한 내용은 2장*에서 확인할 수 있다.

* 2장 ≫ 28페이지

▌비트코인과 블록체인에 대한 오해

블록체인 기술이나 그 산물인 암호화폐 시장 모두 아직 걸음마 단계지만, 동시에 모든 게 빠르게 변화하고 있다. 또한 비트코인 열풍이 최고조에 달했을 때 암호화폐 산업 전체에 대한 오해도 여럿 생기기 시작했다. 암호화폐가 급상승세를 보이다 폭락한 데는 이런 오해도 한몫했을 것이다. 가장 널리 퍼진 오해 몇 가지를 살펴보자.

암호화폐는 범죄자들이 이용하기 좋다

어떤 암호화폐들은 익명성을 주요 특징으로 자랑한다. 이는 거래를 할 때 신분이 드러나지 않는다는 것을 의미한다. 또 어떤 암호화폐들은 분산화된 블록체인을 기반으로 하고 있는데, 이는 중앙정부가 그들 뒤에 있는 유일한 힘이 아니라는 것을 의미한다. 이런 특징들이 범죄자들에게 매력적이긴 하지만, 동시에 부패한 나라에서 정직하게 사는 사람들에게도 도움이 될 수 있다. 부패와 정치적 불안정 때문에 현지 은행이나 국가를 신뢰하지 못한다면 돈을 보관하는 가장 좋은 방법이 암호화폐 자산이기 때문이다.

모든 암호화폐는 익명으로 거래할 수 있다

많은 사람이 비트코인을 익명성과 동일시한다. 그러나 비트코인은 다른 많은 암호화폐와 마찬가지로 익명성을 내포하고 있지 않다. 그런 암호화폐를 이용한 모든 거래는 공개된 블록체인 상에서 이루어진다. 모네로(Monero, XMR) 같은 암호화폐는 개인정보 보호를 우선시하기 때문에 외부인은 거래의 출처, 거래액, 거래 대상을 알 수 없다. 그러나 비트코인을 포함한 대부분의 다른 암호화폐들은 모네로처럼 운영되지는 않는다.

블록체인 기술의 적용 분야는 비트코인과 같은 암호화폐뿐이다

전혀 아니다. 비트코인를 비롯한 여러 암호화폐는 블록체인 혁명의 작은 부산물일 뿐이다. 어떤 사람들은 사토시가 비트코인을 만든 것은 단순히 블록체인 기술이 어떻게 작동할 수 있는지를 보여주기 위해서였을 것이라고 생각한다. 4장*에서 더 살펴보겠지만 전 세계 거의 모든 산업과 기업들은 블록체인 기술을 각자의 분야에 구체적으로 활용할 수 있다.

* 4장 » 64페이지

모든 블록체인 활동은 비공개로 이루어진다

어떤 이들은 블록체인 기술이 대중에게는 공개되지 않고 특정 사용자들의 네트워크에만 접근할 수 있는 것이라고 잘못 생각하고 있다. 물론 직원이나 협력사들끼리만 사용할 수 있도록 비공개 블록체인을 만드는 회사들도 있지만, 비트코인 같은 인기 있는 암호화폐 뒤에 있는 블록체인 기술의 대다수에는 일반 대중도 접근할 수 있다. 말 그대로 컴퓨터만 있으면 누구나 실시간으로 거래에 접속할 수 있다. 예를 들어, 블록체인닷컴(www.blockchain.com)에 접속하면 실시간 비트코인 거래를 직접 볼 수 있다.

블록체인닷컴
www.blockchain.com

▌ 암호화폐 리스크

당연한 말이지만, 암호화폐에도 위험 요소는 있다. 암호화폐를 거래하든, 투자하든, 미래를 위해 보유하고 있든 간에 적어도 어떤 점이 위험한지 알고 있어야 한다. 암호화폐와 관련해 가장 많이 언급되는 위험 요소는 크게 두 가지다. 변동성이 심하다는 것과 법의 규제를 받지 않는다는 점이다. 비트코인을 포함한 주요 암호화폐의 가격이 1,000% 이상 급등했다가 폭락했던 2017년을 떠올려보자. 당시 암호화폐의 변동성은 극에 달했다. 그러나 암호화폐에 대한 '묻지 마 투자'가 진정되자 가격 변화는 더 예측 가능해졌고 주식이나 다른 금융자산의 패턴을 비슷하게 따르게 되었다.

* 3장 » 46페이지

규제는 암호화폐 업계의 또 다른 주요 이슈다. 아이로니컬하게도 법의 규제를 받지 않는다는 것과 지나치게 규제를 받는 것 모두가 암호화폐 투자자에게는 위험 요소로 돌변할 수 있다. 3장*에서 이러한 요소를 포함한 다른 위험 요소도 살펴보고, 이를 해결하는 방법도 살펴볼 것이다.

암호화폐 거래 전에 꼭 알아둘 것

암호화폐는 거래를 더 쉽고 빠르게 하기 위해 존재한다. 하지만 암호화폐 거래를 시작하기 전에, 다양한 암호화폐들을 어디에서 쉽게 구입할 수 있는지, 암호화폐 커뮤니티가 무엇인지 등 알아두어야 할 정보가 있다. 물론 암호화폐 지갑과 거래소에 대해서도 알아두어야 한다.

▐ 암호화폐 지갑

암호화폐를 보관하는 암호화폐 지갑은 애플페이, 페이팔 같은 디지털 결제 서비스와 유사하다. 그러나 종합적으로 볼 때 전통적인 지갑과는 달라서 보안 형태와 수준에서 전혀 다른 특징을 보인다.

▐ 암호화폐 거래소

암호화폐 지갑을 설치했으면 이제 암호화폐 쇼핑을 할 준비가 다 된 것이다. 이제 다음 목적지는 암호화폐 거래소다. 이 암호화폐 거래소에서 전통적인 돈을 이체하고 암호화폐를 살 수도 있으며, 다른 암호화폐를 거래할 수도 있고, 각자의 암호화폐를 보관할 수도 있다.

거래소는 그 모양과 형태가 다양하다. 어떤 거래소는 전통적인 증권거래소같이 중간 거래 역할을 담당한다. 또다른 거래소들은 분산되어 있어서 구매자와 판매자가 함께 모여 P2P 방식으로 거래하는 서비스를 제공하지만, 스스로를 고립시키는 자체적인 위험 요소도 가지고 있다. 세 번째 유형의 암호화폐 거래소는 혼합형으로, 앞의 두 유형의 이점을 결합해 사용자에게 더 안전한 경험을 제공한다. 그러나 중앙집중화된 중간 매개자가 없어야 한다고 주장하는 특정 암호화폐 지지자들은 중간 매개자는 암호화폐 시장을 모욕하는 것이라고 주장하기도 한다. 즉, 탈중앙화된 암호화폐가 중앙화된 거래소에서 다뤄지는 것에 대한 불편함을 드러내는 이들도 있다. 6장*에서 이런 모든 유형의 거래소의 장단점을 검토해보고, 암호화폐 쇼핑을 할 수 있는 다른 곳도 살펴볼 것이다.

* 6장 ≫ 101페이지

▌ 암호화폐 커뮤니티

- ▶ **암호화폐 텔레그램 및 카카오톡 채널:** 각 암호화폐별로 텔레그램에 채널이 개설되어 있다. 텔레그램 메신저 애플리케이션을 다운로드해서 사용할 수 있다. iOS와 안드로이드 모두 가능하다. 그 외 카카오톡 등에도 암호화폐 별로 채널이 개설되어 있는 경우도 있으므로 검색하여 찾아볼 수 있다.

- ▶ **땡글:** 국내 커뮤니티 중 하나로, 채굴 중심의 정보를 공유하는 사이트이다. 그 외 디스코드와 트위터로 개별 내용을 검색해 정보를 살펴볼 수 있다.

- ▶ **레딧 또는 비트코인토크 대화방:** 비트코인토크(Bitcointalk)와 레딧(Reddit)에는 가장 오래된 암호화폐 대화방이 있다. 가입하지 않아도 일부는 볼 수 있지만, 참여하려면 로그인이 필요하다. 레딧은 암호화폐 전용 채팅방은 아니지만, 다양한 암호화폐 주제를 검색할 수 있다.

- ▶ **트레이딩뷰 대화방:** 암호화폐 거래 플랫폼 중 하나인 트레이딩뷰(Trading View)는 모든 종류의 트레이더와 투자자들이 함께 모여 아이디어를 공유하는 소셜 서비스를 제공한다.

- ▶ **인베스트 디바의 프리미엄 투자 그룹(Premium Investing Group):** 투자 및 거래 위주의 지원을 받고 싶은 커뮤니티를 찾는다면 인베스트 디바(Invest Diva)를 살펴보면 좋다.

암호화폐 투자 계획을 세워보자

당신은 단지 미래의 성장 가능성을 보고 암호화폐를 조금 저축해두려는 사람일 수도, 적극적인 암호화폐 매입과 매도를 통해 수익을 극대화하려는 사람일 수도 있다. 어떤 경우든 계획과 전략을 가지고 임해야 한다.

팁

암호화폐를 매입할 준비가 아직 완전히 되지 않았더라도 걱정하지 않아도 된다. 거래 외에 암호화폐 공개, 채굴, (암호화폐 선물과 옵션을 취급하는) 주식 등 몇 가지 다른 대안을 시도해 볼 수 있다. 이에 대해서는 3부(183페이지)에서 설명할 예정이다.

암호화폐를 한 번 사두고는 향후 10년 동안 암호화폐에 대해 어떤 이야기도 듣고 싶지 않은 사람이라 하더라도 다음과 같은 사항을 판단하는 데 필요한 지식은 반드시 습득해야 한다.

- ▶ 무엇을 살 것인가
- ▶ 언제 살 것인가
- ▶ 얼마나 살 것인가
- ▶ 언제 팔 것인가

이제 당신이 첫 암호화폐를 구매하기 전에 반드시 수행해야 하는 단계를 간략히 설명하려 한다.

▍투자할 암호화폐 고르기

이 책을 읽는 동안에도 암호화폐의 종류는 점점 더 늘어나고 있다. 물론 그중 일부는 5년 안에 사라질지도 모른다. 또 어떤 것들은 1,000% 이상 폭등할 수도 있고 어떤 것들은 마침내 전통적인 현금을 대체할 수도 있을 것이다. 8장*에서 이더리움, 리플, 라이트코인 등 현재 몇몇 유명한 암호화폐들을 포함한 다양한 종류의 암호화폐들을 살펴볼 것이다. 또한 9장*에서 본격적으로 다루겠지만, 암호화폐를 고를 때 카테고리, 최근의 인기, 각 암호화폐의 이념, 블록체인의 운용, 블록체인의 경제적 모델 등을 기준으로 삼을 수 있다.

* 8장 » 137페이지

* 9장 » 157페이지

▌분석에 따른 투자가 이익을 창출한다

팁

암호화폐는 새로운 산업이기 때문에, 장기 투자에 가장 적합한 암호화폐를 찾는 것은 여전히 매우 어렵다. 따라서 여러 유형의 암호화폐에 투자를 분산시켜야 리스크를 관리할 수 있다. 예를 들어, 10개 이상의 암호화폐를 골라 투자를 분산하면 그중 수익을 내는 암호화폐 덕에 다른 암호화폐에서 발생한 위험 요인을 보완할 수 있다. 그러나 지나친 분산도 문제가 될 수 있으므로, 철저한 대책이 필요하다. 투자 다양화(분산)에 대해서는 10장 (172페이지)에서 자세히 다룰 것이다.

* 4부 ≫ 241페이지

각자가 좋아하는 암호화폐의 범위를 좁히고 난 다음에는 암호화폐를 사기 위한 가장 좋은 시기를 알아야 한다. 예를 들어, 2017년에 많은 사람이 비트코인의 개념을 비로소 믿기 시작하면서 시장에 참여했지만, 불행히도 많은 사람이 시기를 잘못 선택하는 바람에 가격이 최고조에 달했을 때 매입했다. 결국 이들은 같은 금액으로 더 적은 수량의 비트코인을 살 수 밖에 없었을 뿐 아니라, 손실을 감내하고 다음 상승 시기를 기다려야 했다.

4부*에서는 암호화폐 거래 전략 및 전술을 설명할 것이다. 4부를 읽으면 새로운 시대의 암호화폐 예언자가 될 수 있다고 주장하는 것은 아니다. 다만 가격의 움직임을 분석하고 리스크를 적절히 관리하면 이 시장에서의 승산을 높이고 수익을 올리는 데 도움이 될 만한 지식으로 무장할 수 있다.

왜 암호화폐에
투자해야 할까?

2장에서는

▶ 암호화폐를 전통적인 투자와 비교해본다.
▶ 수익을 올리는 다양한 방법을 알아본다.

부동산 같은 전통적인 자산에만 투자하던 노련한 투자자든, 이제 막 투자를 시작한 신출내기 투자자든 왜 투자 포트폴리오에 비트코인이나 이더리움 같은 암호화폐를 포함해야 하는지 궁금할 수 있다. 이 동전들이 도대체 뭐길래 그리 난리들을 친단 말인가? 도대체 왜 이런 코인에 투자해야 한다는 말인가?

• 8장 » 137페이지

이에 대한 답을 찾기 위해 다양한 종류의 암호화폐들이 무엇으로 만들어졌는지, 그 용도는 무엇인지에 대해서는 8장*에서 설명할 것이다. 일단 여기서는 암호화폐 시장 전반에 대해 소개를 하고자 한다. 암호화폐 산업이 각자의 자산을 키우는 데 올바른 길인지 판단할 수 있도록 말이다.

암호화폐가 많은 투자자에게 의미 있게 다가오는 이유는 투자의 다각화에서부터 미래에 대한 투자, 돈을 인식하는 방식이 어떻게 혁명적으로 변할 것인지를 직접 맛보는 짜릿한 경험에 이르기까지 점점 더 다양해지고 있다. 이제 투자 상품의 총아로 등장한 암호화폐의 흥미로운 특

팁

이 책은 어떤 순서로 읽어도 상관없지만, 이번 장 다음에는 바로 3장(46페이지)으로 가기를 권한다. 3장에서는 암호화폐의 다른 면, 즉 암호화폐에 수반되는 리스크를 다루고 있기 때문이다.

징을 살펴보자.

전통적 투자 상품에서 벗어나자

"한 바구니에 모든 것을 담지 마라"는 투자 다각화에 대한 좋은 속담이기도 하다. 동시에 우리는 이 조언을 삶의 모든 분야에 적용할 수 있다. 만약 여행 중이라면 위탁 수하물 가방에 속옷을 다 넣지 않는 게 좋다. 짐을 잃어버릴 경우를 대비해 비상용으로 한 벌은 기내에 들고 타는 가방에 넣어두는 것이 좋다. 마트에서 식재료를 산다면 과일만 사는 것보다는 다른 야채도 구매하면 영양소 균형을 맞출 수 있다.

투자 다각화 역시 여러 가지 방법으로 시도할 수 있다. 부동산, 주식, 채권, 환투자에 이르기까지 다양한 금융자산을 선택하고, 분야별로는 기술, 의료, 엔터테인먼트 등 여러 산업에 걸쳐 다각화할 수도 있다. 또는 투자 기간 역시 단기 투자와 장기 투자로 배분할 수도 있다(이에 대한 자세한 내용은 17장[•] 및 18장[•]에서 살펴볼 예정이다). 여기에 더해 투자 포트폴리오에 암호화폐를 추가하는 것도 포트폴리오의 균형을 맞추는 방법의 하나다.

특히 암호화폐 산업은 기존 산업과는 아주 다르므로, 암호화폐를 포트폴리오에 포함하는 다각화는 포트폴리오의 성장을 극대화할 수 있는 잠재력이 있다. 암호화폐의 성장 잠재력이 높은 원인 중 하나는 암호화폐 시장이 다양한 글로벌 금융 사건들에 대해 기존 투자 상품과는 다르게 반응하기 때문이다. 이제 여기서는 대표적인 전통적 투자 상품을 살핀 다음 이들이 암호화폐와 어떻게 다른지를 알아볼 예정이다.

• 17장 ≫ 257페이지

• 18장 ≫ 271페이지

▌주식

주식시장은 기업이 벌어들이는 이익을 나눠 얻을 기회를 주는 곳이다. 특정 회사의 주식을 사면 구매자는 그 회사의 부분 소유주가 된다. 주식은 여전히 매력적인 투자 자산 중 하나로 초보 투자자들은 단지 특정 회사가 마음에 든다는 이유만으로 한두 주의 주식을 사기도 한다. 투자자에게 주식투자의 매력은 주가가 상승하면 상당한 시세차익을 실현할 가능성이 있다는 것이다. 게다가 배당을 통해 주기적인 소득을 제공하는 주식도 있다(다음 장에서 양도차익과 배당소득에 대해 자세히 설명할 예정이다). 시황이 좋을 때 종목 대부분에서 1년에 한 번, 또는 분기별로 지급되는 배당금은 주가 상승에 비하면 아무것도 아니다.

물론 시황이 안 좋은 날도 있다. 때로는 1년 내내 안 좋은 경우도 있다. 항상 그런 것은 아니지만 좋은 날이 더 많았다. 다음 그림은 1947년에서 2017년까지 70년 동안 주요 시장 지수 중 하나인 다우지수가 연초보다

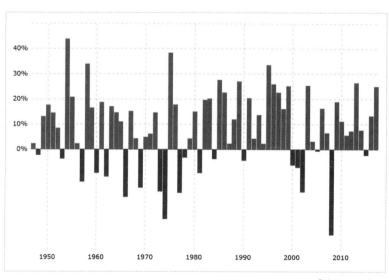

출처: Macrotrends.net

▶ **그림 2-1**
다우존스 70년 연도별 상승률 차트

연말에 더 낮은 경우는 28.6%(20년)에 불과했고, 나머지 71.4%(50년)는 더 높게 끝났음을 보여준다.

주식투자에도 당연히 몇 가지 단점이 있다.

팁

암호화폐 시장에 투자하면, 주식시장의 이런 리스크를 어느 정도 상쇄할 수 있을 것이다. 암호화폐 선정 과정은 주식과는 상당히 다르다. 이에 관련해서는 9장(157페이지)을 참조하면 된다.

▶ 주식시장은 다양한 종류의 위험에 바로 반응한다. 우량주식에도 다음과 같은 위험 요소가 있다.
- 사업 및 재무 리스크
- 구매력(투자 가능한 유동자금의 크기) 리스크
- 시장 리스크
- 돌발 리스크
- 정부 통제 및 규제
- 대외 경쟁
- 전반적인 경제 상황

▶ 투자할 종목을 고르기가 어렵다. 주식시장에는 말 그대로 선택할 수 있는 주식이 수천, 수만 개나 있다. 게다가 내일 그 회사의 실적이 어떻게 될지 예측하기는 매우 어렵다. 오늘의 주가는 회사의 현재 상태나 시장 참여자들이 회사에 대해 어떻게 인식하고 있는지를 반영할 뿐이다.

주식투자의 단점은 암호화폐 투자의 단점과 비슷하다. 둘 다 다른 투자보다 경상소득(Current Income, 급여 등으로 벌어들이는 소득으로 정기적이고 예측 가능한 소득을 뜻한다)을 적게 창출한다. 채권 같은 투자는 주식보다 더 많은 경상소득이 창출되며 더 안정적이다.

암호화폐 투자는 상당히 유동적이다. 때로 암호화폐는 막대한 투자자본수익률(ROI, Return On Investment)을 창출한다. 투자자본수익률은 투자자의 자원 투자로 인해 얻어진 이익을 뜻하는데, 높은 투자자본수익률은 투자가 투자 비용 대비 좋은 성과를 낸다는 의미다. 이 수치는 얼마나 효율적으로 투자가 이뤄졌는지, 다양한 투자 방법 간에 효율성을 측정하는 데 쓰인다.

예를 들어 2017년 암호화폐 공개(ICO) 이후 잠깐이지만 엔엑스티(NXT)는 69만 7,295%의 수익률을 달성했다. 이더리움 역시 이 기간에 16만 100%의 수익률을, 암호화폐 유통 서비스를 제공하는 아이오타(IOTA)는 28만 2,300%의 수익률을 기록하고 있다. 세계에서 이를 능가하는 다른 투자는 없을 것 같다.

▌ 채권

채권은 고정수익증권(Fixed-income Securities)으로도 불린다. 이는 일정 기간 기업에 돈을 맡기고 고정 금액의 이자를 주기적으로 받는다는 점에서 암호화폐나 주식과는 차이가 있다. 따라서 채권은 '고정소득'으로 분류된다.

채권을 통해서도 암호화폐나 주식과 마찬가지로 양도소득(시세차익)을 기대할 수 있다. 그러나 채권의 양도소득은 조금 다르게 작동한다. 채권은 채권을 발행하는 기업들이 만기가 되면 정해진 금액을 상환하겠다고 약속하는 것이기 때문에, 그 가격이 일반적으로 회사 이익과 연동해 오르지는 않는다. 채권 가격은 시장금리의 변동에 따라 변동될 뿐이다.

채권, 암호화폐, 주식은 모두 다양한 기업에 의해 발행된다. 또 정부 기관도 채권을 발행한다. 따라서 채권 시장 내에서도 다각화를 꾀하려 한다면, 여러 종류의 채권을 다양하게 선택할 수 있다. 채권은 암호화폐나 주식에 비해 일반적으로 위험 부담이 적고 경상소득의 성격이 강하다. 그러나 채권도 다양한 위험에 노출되어 있다. 채권투자와 관련된 위험 요소 중 일부는 암호화폐나 주식과 비슷하다. 즉, 여기에서도 구매 리스크, 사업 및 재무 리스크, 유동성 리스크 등이 발생한다. 이외에 채권은 콜리스크(Call Risk) 또는 '만기 전 상환'이라고 불리는 또 다른 리스크가 있다. 콜리스크는 채권 발행자가 만기가 되기 전에 원리금을 상환하는 것을 말한다. 채권 발행자가 이 권리를 행사하면 투자자는 다른 투자처를 찾아야 한다.

▌환거래

전통적이지만 암호화폐보다 더 위험한 투자도 있다. 바로 환거래(Forex)인데 이는 말 그대로 '통화를 사고파는 것'이다. 암호화폐가 아니라 미국 달러, 유로, 영국 파운드, 호주 달러 등 정부가 발행하는 법정통화를 거래하는 것이다. 2017년 비트코인이 유력한 금융자산으로 떠오르기 전만 해도 대부분은 '암호화폐'에 '화폐'라는 단어가 포함되어 있다는 이유로 암호화폐를 환시장에서 거래되는 외화로 연상했다. 게다가 암호화폐 소유자들도 자신의 암호화폐를 물건 결제 시에 사용할 수 있기를 희망했다. 그러나 사실 암호화폐는 환시장보다는 주식과 공통점이 더 많다.

환시장에 참여한다고 해서 반드시 장기적 시세차익을 위해 투자하는 것은 아니다. 미국 달러 등 가장 인기 있는 통화는 변동성이 꽤 크기 때문이다. 또 미국 경제가 호황이라고 해서 달러가 항상 강한 것도 아니다.

환투자는 주로 서로 다른 두 통화 간의 단기-중기 거래 활동으로 구성된다. 예를 들어 유로를 미국 달러로 살 수 있다(EUR/USD 쌍). 이 경우 유로의 가치가 미국 달러에 비해 상승한다면 돈을 버는 것이다. 반대로 달러 가치가 유로보다 높으면 손실이 발생한다.

환시장을 분석하려면 주식이나 암호화폐 분석과는 매우 다른 접근 방

포인트

채권으로 매우 높은 수익률을 올릴 가능성은 암호화폐나 주식에 비해 훨씬 낮다. 그러나 채권과 관련된 위험도 암호화폐나 주식에 비해 상대적으로 낮다.

기술 자료

일본과 같은 나라들은 수출에 크게 의존하기 때문에 통화 약세를 선호한다. 만약 일본 엔이 일본이 물건을 팔려고 하는 나라의 통화보다 강세라면 같은 제품을 국내보다 해외에서 더 싸게 파는 셈이 되기 때문이다.

AUD
(호주 달러)

USD
(미국 달러)

출처: InvestDiva.com

▶ **그림 2-2**
환차익을 그림에 비유한 그림. 호주
달러가 미국 달러와 함께 춤을 추고
있다.

법이 필요하다. 환시장을 볼 때는 발행국의 경제 상태, 국내총생산(GDP), 실업률, 인플레이션, 금리 등 향후 경제 수치에 초점을 맞출 필요가 있고, 정치 환경도 고려해야 한다. 암호화폐 시장과 유사한 점도 있다. 외환은 항상 쌍으로 거래해야 한다. 이를 춤추는 커플에 비유할 수 있는데 트레이더들은 그 커플이 다음에 어떤 방향으로 움직일지 예측해 수익을 거둔다. 위의 그림에서 보듯 호주 달러(AUD, 남성으로 간주)가 미국 달러 (USD, 여성으로 간주)와 함께 춤을 추고 있다.

암호화폐 시장에도 비슷한 개념을 적용할 수 있다. 여기서는 비트코인(BTC)과 이더리움(ETH)을 서로 짝지을 수 있다. 심지어 비트코인 같은 암호화폐를 미국 달러 같은 법정화폐와 짝을 지어 상대적 가치를 추정할 수도 있다. 그러나 이런 경우에는 암호화폐와 법정화폐를 각각 별도로 분석해야 한다. 그런 다음에 상대적인 가치를 서로 측정해보고, 향후 어느 화폐가 그 싸움에서 승리할지 예측해야 한다.

 팁

암호화폐를 주식과 환투자의 교차점으로 볼 수도 있다. 많은 투자자들이 시세차익을 목적으로 암호화폐에 투자하지만, 환시장처럼 서로 다른 암호화폐끼리 거래할 수도 있다. 암호화폐 간 거래에 대해서는 10장(172페이지)에서 살펴볼 예정이다.

귀금속

 포인트

암호화폐가 내재 가치가 없으므로 가치가 없다는 주장하는 사람들이 가장 잘 비교하는 것이 바로 귀금속이다.

물건을 사기 위해 인간이 만든 가장 최근의 수단(암호화폐)과 가장 오래된 수단(귀금속)을 비교해보자. 사실 지폐가 등장하기 전에, 금과 은 같은 귀금속들은 오랫동안 동전을 만들거나 물건을 사는 데 사용되었다.

귀금속이 가치 있는 이유

대부분 물물교환을 하던 시절, 사람들은 삶에 필요한 중요한 물건들을 직접 교환해야 했다. 그런데 그중 가족을 먹여 살릴 닭 세 마리를 금화로 교환하기 위해 닭 판매자를 설득했던 이들이 있었다. 아마도 상품과 용역을 교환하기 위해 금과 은으로 만든 동전을 처음으로 사용한 사람들은 고대 문명의 리디아 사람들이었을 것이다. 이런 동전은 점점 발전해 가죽 화폐, 지폐, 신용카드 그리고 오늘날 암호화폐로 이어졌다.

금이나 은 같은 귀금속은 본질적인 가치가 있는 것이라고 주장하는 사람도 있다. 금은 내구성이 뛰어나고, 열과 전기를 모두 전도하기 때문에 산업적으로도 많이 사용된다. 하지만 사람들이 전기를 전도시키기 위해 금에 투자한다고 보기는 어렵다. 그들이 금을 사는 이유는 금을 보석이나 화폐로 사용하기 위해서다. 오늘날에는 시장 심리가 주로 금과 은의 가치를 결정한다.

영국은 1816년까지 금을 가치 기준(Standard of Value)으로 삼지 않았다(가치 기준이란 통화의 가치를 금의 가치와 연계하는 것을 말한다). 미국도 1913년에서야 연방준비제도가 금본위제를 채택했다. 연방준비제도는 금으로 지폐를 뒷받침했고, 지폐와 수표를 금으로 교환할 수 있게 함으로써 그 가치를 인정했다.

귀금속도 자체적으로 내재 가치를 갖고 있지는 않지만 시장 참여자들

 기술 자료

은은 금보다 공업용 금속으로 더 많이 사용된다. 은은 배터리, 전기 제품, 의료 제품, 기타 여러 산업 분야에 사용된다. 하지만 높은 수요에도 불구하고 은은 금보다 낮게 평가된다. 2022년 5월 기준, 은은 온스(28.3g)당 22달러 정도에 불과하지만, 금은 온스당 1,800달러 이상에 거래된다.

사이에서 오랫동안 애용된 투자 수단이었다. 그 주된 이유 중 하나는 금과 부의 역사적 연관성 때문이다. 흔히 채권, 부동산, 증시 등에 대한 투자가 식거나 정치적 환경이 불투명할 때 사람들은 귀금속으로 몰린다. 귀금속은 실제로 손으로 만질 수 있고, 집에 보관할 수도 있기 때문에 사람들은 정치적이나 경제적으로 불안한 시기에는 귀금속을 보유하는 것을 선호한다.

귀금속과 암호화폐와의 비교

귀금속과 암호화폐 모두 채굴이 필요하다는 사실 외에 또 한 가지 중요한 유사점이 있다. 둘 다 규제되지 않는 특성을 가지고 있다. 금은 거의 시대와 장소를 불문하고 규제받지 않는 통화였다. 규제받지 않는 통화는 투자자들이 공식 통화를 신뢰하지 않을 때 가치가 더 오르는 경향이 있는데, 암호화폐도 이런 흐름을 보인다. 암호화폐 채굴에 대해서는 12장*에서 더 자세히 알아볼 수 있다.

반면 암호화폐 가격은 모든 귀금속을 합친 것보다 짧은 시간 동안 시장에서의 변동성이 훨씬 더 컸다. 암호화폐 투자가 투자의 주류를 이루고 일상적 거래에서 암호화폐를 사용하는 사람이 많아지면, 암호화폐 가격은 훨씬 더 예측 가능해질 것이다.

▌ 시세차익

시세차익이란 암호화폐의 가격이나 가치가 상승하는 것을 말한다. 그리고 이런 상승을 노리고 많은 투자자가 암호화폐의 열차에 뛰어들려 하고 있다. 초기 비트코인 소유자들이 어떤 종류로든 시세차익을 맛보기까지는 확실히 몇 년을 기다려야 했다. 하지만 어느 정도 연구 끝에 비슷

₿ 포인트

귀금속 투자 시 주의해야 할 사항이 있다. 투자 목적으로 귀금속 실물을 구매한다면 휴대성을 고려해야 한다. 귀금속 운반에는 무게, 높은 관세, 높은 수준의 보안이 필요해 많은 비용이 소요된다. 하지만 암호화폐 거래에서는 하드웨어 암호화폐 지갑 외에는 물리적으로 운반해야 할 필요가 없다. 하드웨어 지갑이 있다 하더라도, 암호화폐를 운반하는 것이 귀금속을 운반하는 것보다 훨씬 빠르고 비용이 적게 든다.

* 12장 》 198페이지

한 시세차익을 올릴 수 있을 것으로 예상하는 좀 더 저렴한 암호화폐를 찾을 수 있었다. 여기서는 암호화폐 시세차익의 역사를 살펴보고, 앞으로의 성장 가능성을 생각해보려 한다.

암호화폐의 과거 수익 알아보기

2017년까지만 해도 암호화폐 시장의 상승은 대부분 시장 과열의 결과였다. 2013년에 비트코인 한 개의 가격이 처음으로 1,000달러에 근접하면서 많은 사람이 비트코인을 구매했다. 그러나 다음 그림에서 볼 수 있듯이 비트코인 가격은 300달러까지 폭락했고, 이후 2년 동안 그 수준을 벗어나지 못했다. 비트코인 가격이 다시 1,000달러 선을 돌파한 것은 4년 후인 2017년 1월이었다.

2015년 말 비트코인 하나를 300달러에 샀다면, 2017년 1월(가격이 1,000달러를 돌파했을 때)에는 700달러의 시세차익을 얻었을 것이다. 그러나 상승세는 거기서 그치지 않았다. 다음에서 볼 수 있듯이 1,000달러를

▸ 그림 2-3
2013년과 2017년 사이의 비트코인 가격

출처: tradingview.com

▶ 그림 2-4
2016년과 2018년 사이의 비트코인
가격

출처: tradingview.com

돌파한 이후 비트코인 가격은 2017년 말에 2만 달러에 육박했다가 바로 다시 6,000달러 대로 추락했다.

그러나 비트코인 가격이 300달러에 불과했을 때 비트코인을 샀거나 채굴해 오랫동안 보유한 사람들에게는 비트코인이 6,000달러로 폭락한 것은 그리 큰 문제가 아니었다. 그들이 300달러에 산 비트코인이 2만 달러에 육박했을 때 팔지 않았더라도 여전히 5,700달러 상당의 시세차익을 올리고 있었기 때문이다.

비트코인 가격이 1,000달러까지 치솟았던 2017년 1월에 비트코인을 산 사람도 마찬가지다. 300달러보다는 비싸게 주고 구입했지만 1만 9,000달러로 정점을 이루었던 그해 말에 비트코인을 처분했다면, 비트코인 개당 1만 8,000달러의 시세차익을 벌어들였을 것이다. 물론 1만 9,000달러일 때 비트코인을 산 사람들은 2020년 말에 가격을 회복할 때까지 하락을 감당해야 했다.

많은 사람들은 비트코인을 비롯한 암호화폐의 가격 급등을 1990년대 중반부터 2000년대 초반까지의 닷컴버블에 비유한다. 『포춘』에 따르면 비트코인은 2009년 처음 생긴 이후 2018년 3월까지 네 차례의 큰 하락을 겪었는데, 그때마다 가격이 45%에서 50% 가까이 하락했다가 이후 대개 평균 47% 반등했다. 닷컴버블 기간에 나스닥 종합지수도 평균 44% 하락한 데 이어 40% 반등하는 등 5차례의 하락과 상승을 겪었다. 거래량 패턴도 놀랄 정도로 비슷하다.

그러나 나스닥은 분명히 2002년을 저점으로 이후 기분 좋게 반등했다. 비록 과거의 패턴이 미래의 행동을 나타내는 것은 아니지만 암호화폐 지지자들은 암호화폐의 성장 잠재력이 나스닥 반등보다 더 낮지는 않더라도 유사할 수 있다고 믿을 만한 충분한 근거가 있다고 주장한다.

▌엄청난 성장 잠재력

2017년경 비트코인과 암호화폐는 투자업계의 최고 화제였다. CNBC, 『월스트리트저널』, 『뉴욕타임스』 등에는 하루아침에 비트코인으로 억만장자가 된 사람들의 이야기가 실렸다. 그러나 그다음 해 1월 비트코인은 63% 하락했다. 언론들은 앞다퉈 암호화폐의 호시절은 끝났고 거품이 꺼져 기회는 사라졌다고 보도했다.

그러나 이미 많은 억만장자가 암호화폐 투자에 참여하고 있었으므로, 언론은 이를 분석한 반대 기사를 싣기도 했다. 글로벌 투자은행 JP모건체이스(JP Morgan Chase & Co.)의 회장이자 CEO인 제이미 다이먼(Jamie Dimon)은 비트코인을 사기라고 평가절하하고 비트코인을 거래하다 적발된 직원들은 해고하겠다고 말했지만 정작 자신은 비트코인의 가격을 추적하는 펀드의 가장 적극적인 구매자 중 한 명임이 후에 드러났다. 다이먼의 비트코인 평가절하 발언 이후 며칠 동안 비트코인 가격이 무려 24%나 떨어졌는데, 이 기간에 JP모건체이스는 저렴한 금액으로 비트코인을 매수하기 시작했다.

이런 이야기는 암호화폐 시장에만 있는 것이 아니다. 스위스 다보스

기술 자료

조지 소로스는 자신의 성공이 성찰력 (Reflexivity) 때문이라고 주장한다. 그의 주장에 의하면 투자자들은 현실 자체가 아니라 현실에 대한 '인식'에 근거해 의사 결정을 해야 한다는 것이다. 그는 또한 이렇게 말한 적도 있다. "왜곡의 정도는 그때그때 다를 수 있다. 때로는 대수롭지 않을 때도 있고, 때로는 아주 명백할 수도 있다. 모든 거품에는 두 가지 요소가 있는데, 하나는 실제로 어떤 추세가 널리 퍼진 경우이고, 다른 하나는 그런 추세에 대해 오해하는 경우다."

 다이아몬드 분석
learn.investdiva.com

 9장 ≫ 157페이지

에서 열린 세계경제포럼(WEF)에서 비트코인을 거품이라며 맹렬하게 비난했던 헤지펀드 거물 조지 소로스(George Soros)는 두 달 뒤에 26억 달러를 운용하는 자신의 투자자문회사에 암호화폐 매입을 허용했다.

문제는 대부분 암호화폐 시장에서 실제로 무슨 일이 벌어지고 있는지 전혀 모를 뿐 아니라 가격이 어떻게 움직일지도 전혀 모른다는 것이다. 다만 시장에 관심이 있는 사람들은 시장에서 들리는 이런저런 얘기(Market Noise)로부터 단서를 얻는데, 이 때문에 큰손들이 자신의 이익을 위해 경거망동할 때 가격이 쉽게 하락한다.

'대중과 반대로 움직여라'는 9장*에서 다룰 '인베스트 디바 다이아몬드 분석(IDDA)'의 핵심 기둥이다. 9장에서 그 내용을 확인할 수 있고 왼쪽의 QR코드를 통해 웹사이트에서 먼저 확인할 수도 있다.

대부분 사람이 자산의 가치 하락에 대한 공포에 휩싸여 있을 때가 그것을 살 가장 좋은 시기라고 한다. 이는 암호화폐 시장에서도 마찬가지다. 강력한 블록체인 기술을 가지고 있는 암호화폐들의 경우, 가격이 한번 바닥을 치고 나면 올라가는 길 말고는 갈 곳이 없다.

시세차익 외에 경상소득도 얻자

시세차익을 얻는 것이 암호화폐 투자의 가장 매력적인 특징 중 하나기는 하지만, 배당금 비슷한 것을 지급하는 암호화폐를 활용할 수도 있다.

기술 자료

미국 주식시장의 기업들은 일반적으로 분기별 배당을 한다. 국내에서 분기별로 배당금을 받을 수 있는 주식은 10여 개이며 점점 늘어나는 추세다. 기업 이사회는 주주들에게 배당금을 얼마나 지급할 것인지, 아니면 배당금을 전혀 지급하지 않을 것인지 여부를 결정한다. 때로는 주가가 좋지 않기 때문에 배당금을 지급하기로 결정하는 경우도 있다. 투자자들이 자사 주식 매입에 관심을 갖게 하기 위해 높은 배당률을 선택하기도 한다.

포인트

배당금 지급은 주가처럼 크게 변동하지 않기 때문에 투자위험감수도가 낮은 투자자는 시세차익보다 배당금 지급을 선호할 수 있다. 게다가 시장이 2008년 때처럼 크게 폭락한다면, 배당금은 좋은 보호책이 될 수 있다. 배당금을 축적하는 가장 좋은 방법은 자산을 장기간 보유하는 것이다.

* 7장 ≫ 122페이지

▎주식 배당금

배당이란 상장기업이 주주들에게 정기적으로 지급하는 돈의 총액이다. 미국 기업들은 매년 수십억 달러 규모의 배당금을 지급한다. 그럼에도 많은 투자자들이 의외로 배당금에 관심을 기울이지 않는다. 그들은 대개 거래를 통한 양도차익을 선호하는데 보상이 더 빠르고 대개는 배당금 지급액보다 훨씬 크기 때문이다.

▎암호화폐에서의 배당금

암호화폐 열풍이 불었을 때 많은 암호화폐 플랫폼들은 투자자들을 만족시키기 위해서는 정기적 지급이 중요하다는 것을 빠르게 깨달았다. 하지만 암호화폐에서의 정기적 지급은 전통적인 주식 배당금과는 조금 다를 수 있다. 암호화폐 시장에서도 정기적인 불로소득을 창출할 방법이 여럿 있는데, 그중 두 가지 인기 있는 방법은 다음과 같다.

▶ **호들링(HODLing):** 이 용어는 홀딩(holding)의 오타가 아니지만, 의미는 비슷하다. 호들링은 'Hold On for Dear Life'의 약자로, 호들(HODL)은 배당금을 받기 위한 개념이라기보다는 자산가치가 하락장에서 하락한 경우 혹은 장기 보유를 통해 팔지 않고 '버틴다'라는 의미에서 유래되었다. 일부 암호화폐는 단순히 디지털 코인을 구매해 지갑에 넣어두고만 있는 호들러(Hodler)들에게 돈을 지불한다.

▶ **지분증명(PoS):** 7장*에서 더 자세히 설명하겠지만 암호화폐 채굴에서 작업증명(Proof-of-work)의 업그레이드 버전이라고 보면 된다. 코인을 '스테이크(Stake)'한다는 말은 블록체인 네트워크상에 잠시 맡겨두어 지분율에 따른

보상을 받는다는 것을 의미한다. 지분이 많으면 네트워크의 무작위 선정에서 돈을 받을 확률이 높아진다. 지분에 의한 수익은 프로토콜 별로 1퍼센트에서 높게는 수십 퍼센트까지 다양하다.

암호화폐와 블록체인의 사회적 공익

기름이 기계를 작동시키는 윤활유인 것처럼 블록체인 기술은 암호화폐 시장을 작동하게 하는 윤활유다. 블록체인은 암호화폐의 기반을 이루는 기술일 뿐만 아니라, 세계의 거의 모든 산업을 완전히 혁신시킬 잠재력 있는 획기적 개발품이다. 블록체인은 공유경제의 문제점을 해결하는 일에서부터 은행을 이용할 수 없는 사람들에게 은행 서비스를 제공하는 일에 이르기까지 오늘날 세계의 많은 경제, 금융 문제를 해결하는 것을 목표로 암호화폐 이상의 훨씬 더 많은 것을 세상에 제공한다. 암호화폐와 블록체인 기술의 사회적 공익은 다음과 같다.

▌진정한 공유경제 시대

공유경제가 폭발적으로 증가하는 시대에 살고 있다. 공유경제에서는 사람들이 자신의 자산을 다른 사람들이 사용하도록 한다. 구글, 메타, 트위터 같은 거대 인터넷 기업들은 자신들의 플랫폼 내에서 가치를 창출하기 위해 사용자들의 참여를 유도한다. 당신이 택시 대신 우버나 리프트를 타본 적이 있거나, 호텔 대신 에어비앤비에서 방을 빌리거나 체험을 해본 적이 있다면 이미 공유경제의 일부를 이용한 셈이다. 그러나 이런 공유경제에는 다음과 같은 문제가 있다.

▸ 플랫폼을 사용하려면 높은 수수료를 내야 한다.
▸ 플랫폼 회사만 이익을 본다. 불특정 사용자들에 의해 생산된 가치가 그 가치 생산에 기여한 이들에게 균등하게 재분배되지 않고, 모든 수익은 플랫폼을 운영하는 대형 중개자(플랫폼 회사)가 챙긴다.
▸ 고객 정보를 소홀히 관리한다. 심지어 고객도 모르는 상태에서 개인정보에 접근해 이를 악용하는 기업들도 있다.

공유경제가 확대될수록 문제는 더 복잡해질 것이다. 이러한 문제를 해결하기 위해 블록체인 기반 공유경제 플랫폼을 개발하는 회사들이 늘고 있다. 이런 플랫폼은 사용자들에게 훨씬 더 저렴할 뿐 아니라 꼭 필요한 운영의 투명성도 보장해 줄 것이다. 이런 플랫폼은 중앙집권적 중개자의 필요성을 제한하거나 완전히 배제할 수 있다. 이런 변화를 통해 진정한 P2P 상호 작용이 가능해지고, 중앙집중식 플랫폼이 요구하는 높은 거래 수수료도 없앨 수 있다. 모든 거래가 블록체인에 기록되기 때문에 모든 사용자가 네트워크 운영을 감시할 수 있다.

이런 접근 방식이 가능한 것은 블록체인 기술이 궁극적으로 개인이 공동의 활동을 조정하고, 서로 직접 교류하며 보다 신뢰할 수 있고 탈중앙화된 방식으로 스스로를 통제할 수 있게 해주기 때문이다. 블록체인이 미래 경제를 피우는 연료라면, 암호화폐는 세계 경제를 분산시켜 그 길을 닦는 부산물이다.

▌ 정부의 통화 통제로부터의 자유

비트코인을 비롯한 암호화폐들은 시가총액 3조 달러 이상의 자산으로 부상했지만, 이는 전적으로 시장 행위를 보증하는 중앙은행이나 통화당국의 감독 없이 달성된 쾌거였다. 미국의 달러나 유로 같은 법정통화와 달리 대부분의 암호화폐는 중앙은행의 통화 발행(공식적으로 양적완화 정책) 대상이 아니다.

대부분 암호화폐는 공급이 통제된 상태에서 운영되는데 이는 그 암호화폐를 계속 더 만들지 않는다는 것을 의미한다. 실제로 블록체인 네트워크는 수요가 많은 경우에도 코인 공급을 제한한다. 비트코인의 공급은 시간이 지나면서 계속 줄어들 것인데 대략 2140년경에는 최종적인 수치에 도달할 것으로 예상된다. 모든 암호화폐는 코드에 적힌 일정표에 따라 코인 공급을 통제한다. 즉, 미래의 어느 특정 시기의 암호화폐 공급 수량을 지금 대략 계산할 수 있다는 뜻이다.

암호화폐에 대한 정부의 통제가 없다는 것은 인플레이션 위험을 낮추는 데에도 도움이 될 수 있다. 정부가 나쁜 정책을 펼치거나 부패하거나 위기에 직면하면 그 나라의 통화 가치도 출렁이는 것을 반복해서 보아 왔다. 국가가 위기를 겪을 때마다 통화 가치가 춤을 추면 정부는 대개 더 많은 통화를 발행하곤 했다. 한 세대 전에는 우유 1리터당 1,000원도 하지 않던 것이 지금 3,000원이 넘는 이유는 인플레이션 때문이다. 암호화폐가 정부가 통제하는 인플레이션을 완전히 제거해서 다음 세대가 여전히 지금과 같은 값으로 우유를 살 수 있다면 얼마나 멋지겠는가?

▎은행을 이용할 수 없는 사람들에게도 유용하다

암호화폐가 도움을 줄 수 있는 중요한 공익 중 하나는 은행계좌가 없어 금융 서비스를 이용할 수 없는 사람들에게도 은행 서비스를 제공할 수 있다는 점이다. 암호화폐 전문매체인 코인텔레그래프(Cointelegraph)에 따르면, "전 세계 인구 중 20억 명이 여전히 은행 계좌가 없다. 이들 대부분은 신흥 개발도상국에 거주하지만 선진국에서도 은행을 이용하지 못하는 사람들이 적지 않다. 이는 의외로 많은 사람이 은행이 제공하는 편리함, 보안 및 이자에 접근할 수 없다는 것을 의미한다"라고 한다.

게다가 신용 문제 등 자격 요건 미흡으로 은행을 이용하지 못하는 사람들도 많다. 이들은 은행 계좌는 보유하고 있지만 은행이 제공하는 각종 금융 서비스에는 제대로 접근할 수 없다. 미국에서조차도 3,000만 가구 정도가 이런 금융 서비스를 이용할 수 없다는 통계도 있다. 저축과 대출에 접근하지 못하는 이런 사람들은 경제 성장의 열매도 누릴 수 없다.

팁

암호화폐는 블록체인 기술의 도움을 받아 효율적이고 투명하게 암호화폐만의 금융 대안을 제시함으로써 은행을 이용할 수 없는 사람들을 도울 수 있는 잠재력을 가지고 있다. 휴대폰이나 노트북에 인터넷 연결만 되어 있으면, 비트코인 같은 암호화폐를 사용할 수 있고, 돈을 주고받을 수도 있다. 암호화폐 구매 방법에 대해서는 6장(101페이지)에서 설명할 예정이다.

암호화폐는
위험하지 않을까?

3장에서는

▶ 암호화폐 투자 수익에 대한 개념을 이해한다.

▶ 암호화폐의 위험 요소에 대해 알아본다.

▶ 암호화폐의 수익과 위험에 관한 최근 사례를 살펴본다.

▶ 암호화폐 종류에 따른 위험 요소를 탐색한다.

▶ 투자 전략에 당신의 투자위험감수도를 적용해본다.

암호화폐 투자를 시작한 사람들은 엄청난 수익을 기대하면서 투자에 뛰어들었을 것이다. 수익을 내는 것이 투자에 대해 보상이라고 생각하는 것은 당연하다. 그러나 리스크를 고려하지 않고는 수익도 고려할 수 없다. **리스크란 창출하고자 하는 수익과 관련된 불확실성을 말한다.** 비록 짧은 기간이지만 암호화폐 시장은 변동이 너무 심해서 수백만 달러를 번 투자자들도 있고 초기 투자금을 다 날린 투자자들도 있었다. 이제 암호화폐의 가격 변동성을 살펴보고, 암호화폐의 보상과 위험 요소를 정의한 다음, 이 리스크 관리 방법을 살펴볼 것이다.

암호화폐가 가져다주는 수익의 종류

투자 스타일에 따라 창출하는 수익의 유형이 다를 수 있다. 투자한 것의 가치가 변동함으로써 발생하는 수익이 있을 수 있고, 주식시장이나 환시장에 투자하는 경우처럼 배당이나 이자의 형태로 소득이 창출될 수도 있다. 투자자들은 전자를 양도차익(또는 손실), 후자를 경상소득이라고 부른다.

 포인트

대부분의 사람들이 양도차익을 노리고 암호화폐 시장에 투자하지만, 일부 암호화폐는 경상소득의 기회도 제공한다.

양도차익 또는 손실

암호화폐에 투자하는 가장 큰 이유는 코인 가치의 상승을 노리기 때문이다. 어떤 사람들은 암호화폐에서 금과 같은 귀금속을 연상한다. 그렇게 생각하는 이유는, 대부분의 암호화폐는 금처럼 그 수량이 제한되어 있으며, 채굴을 통해 대량으로 획득할 수 있기 때문이다. 물론 암호화폐를 채굴하기 위해 곡괭이와 헤드램프 같은 장비를 준비할 필요는 없다 (암호화폐 채굴에 대해서는 12장*에서 자세히 다룰 예정이다).

* 12장 » 198페이지

이 때문에 많은 투자자들은 암호화폐를 기술적으로 거래에 사용될 수 있는 통화면서 동시에 자산으로 간주한다. 사람들은 가격이 오르면 팔 생각으로 암호화폐를 사들인다. 당신이 코인을 판매할 때, 구매한 시점보다 가치가 더 높아지면 양도차익을 얻는다. 하지만 가격이 낮아지면 당연히 손실을 보게 될 것이다.

▌ 경상소득

경상소득은 암호화폐 시장에서 그리 잘 알려지지 않은 수익 유형이다. 경상소득은 '암호화폐의 배당'에서 발생한다. 전통적으로 배당이란 상장기업이 수익 일부를 주주에게 분배할 때 발생하고 현금, 주식 또는 기타 재물로 지급된다. 그러나 암호화폐 시장에서 배당금을 받는 방식은 좀 더 복잡하다. 암호화폐마다 운영체계가 다르고 자체의 규정과 규칙이 있다.

하지만 그 개념은 전통적 배당과 크게 다르지 않다. 비트코인 이외의 대체 암호화폐 중에서 배당금을 지급하는 암호화폐의 인기가 점점 높아지고 있으므로, 각자의 투자 포트폴리오에서 암호화폐를 선택할 때 양도차익뿐 아니라 배당금까지 노려볼 수 있다. 암호화폐 시장에서 배당금을 받을 수 있는 가장 인기 있는 방법 두 가지인 지분증명과 호들링에 대해서는 이미 앞에서도 다루었지만 7장[*]에서 좀 더 자세히 살펴볼 예정이다. 다시 요약하자면 다음과 같다.

[*] 7장 >> 122페이지

팁

배당금을 지급하는 암호화폐에 대한 자세한 내용은 8장(137페이지)에 설명되어 있다. 지분증명과 호들링 외에도 암호화폐 대출에 참여하면 정기적으로 이자를 지급받을 수 있다.

▶ **지분증명**: 특정 지갑에 지분을 보관하는 것
▶ **호들링**: 어느 지갑에서든 암호화폐를 구입하고 보관하는 것

암호화폐의 어두운 면, 리스크

높은 투자 수익은 높은 리스크와 동의어다. 어떤 유형의 투자든 기대수

익률이 클수록 리스크도 커진다. 암호화폐는 일반적으로 다른 자산보다 리스크가 더 크다고 여겨지기 때문에, 수익률도 더 높을 수 있다. 리스크와 수익 사이의 관계는 '리스크–수익 트레이드오프(Risk-return Tradeoff)'라고 부른다.

초창기 비트코인 투자자들은 이익을 얻기 위해 몇 년씩 보유한 채 기다리기도 했다. 따라서 인내심이 없다면 투자 생각은 아예 접는 것이 좋다. 우리의 삶에서뿐만 아니라 투자에서도 적정한 수준의 리스크 감수 의지는 매우 중요하다. 다만 리스크에 대해 너무 피해망상적으로 생각하는 것은 사고가 날까 봐 집 밖으로 나가지 않는 것과 같다.

암호화폐 수익률과 리스크

암호화폐 투자가 뜨거운 화제가 되었던 주요 원인 중 하나는 비트코인 등 주요 암호화폐의 가치가 미친 듯이 급등했기 때문이다. 대부분 비트코인에 대한 이야기를 가장 많이 들었겠지만, 사실 비트코인은 2017년의 암호화폐 실적 중에서 상위 10위에도 들지 못했다. 물론 비트코인의 가치는 1,000% 이상 성장했지만, 당시 리플과 넴(NEM) 등 비교적 덜 알려진 암호화폐들은 무려 3만 6,018%, 2만 9,842%라는 말도 안 되는 엄청난 성장률을 기록했다. 그해 비트코인은 수익률 14위에 그쳤다.

이 같은 엄청난 수익률 때문에 많은 투자자가 암호화폐 시장에 관심을 가지게 되었다. 비트코인 광풍이 불던 당시 주변 사람들 거의 모두, 그러니까 당신의 친구, 우연히 탄 택시의 기사, 심지어 당신의 이모에 이르기까지 비트코인에 대해 한마디씩은 거들었을 것이다. 여덟 살 조카도 내게 비트코인이 뭐냐고 물어볼 정도였다.

하지만 모든 투자가 그렇듯이 한 번 올라간 것은 반드시 내려오게 되어 있다. 암호화폐도 마찬가지였다. 암호화폐 가격이 너무 빨리 많이 올랐기 때문에 폭락도 그만큼 빨랐고 그 손해는 고통스러웠다. 2017년 12월, 2만 달러 근접치까지 치고 올라갔던 비트코인은 3개월 만인 2018년 2월에 6,000달러로 떨어졌다.

이후 비트코인의 가격은 다음 그림에서처럼 6,000달러와 3만 1,000달러를 지지선(Support Level)으로 고점이 점점 낮아지기 시작했다. 여기서 지지선이란 시장이 과거의 어느 저점보다 더 낮은 수준으로 떨어지기는 힘든 가격을 말한다. 이 경우 비트코인의 가격이 2021년 7월에 기록했던 3만 1,000달러 이하로 떨어질 가능성은 다소 낮다. 그러나 곡선에서 볼 수 있듯이 시간이 지나면서 봉우리(최고점)가 이전의 봉우리보다 점점 낮아지고 있는 것을 알 수 있는데, 이는 시장 참여자들에게 비트코인의 인기가 하락한 것을 나타내는 것이다. 지지선(또는 그 비슷한 저항선)에 대해서는 16장*에서 더 다룰 예정이다.

팁

코인게코 사이트에서 비트코인 가격을 확인할 수 있다.

코인게코
www.coingecko.com

* 16장 ≫ 243페이지

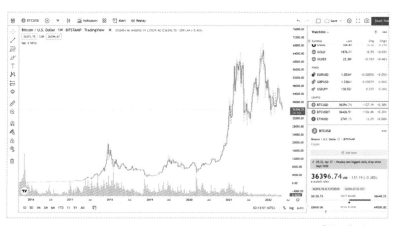

▶ 그림 3-1
2016년부터 2022년까지 비트코인 대 미국 달러의 가격 변동

출처: tradingview.com

암호화폐의 가격이 다시 폭락하자 전문가들은 주요 암호화폐의 가치 상승을 거품이라고 평가했다. 그 짧은 시간에 엄청난 롤러코스터를 탄 셈이었다. 일찍 시작해서 고점에서 판 이들은 많은 시세차익을 거뒀다. 하지만 가격이 오를 때 시장에 참여했다가 가격이 계속 떨어지는 것을 지켜본 사람들은 힘든 시간을 보내야 했다. 이는 투자에서 나타날 수 있는 리스크의 가장 고통스러운 모습이다.

비트코인은 2017년 12월 15일 최고치를 기록한 이후 계속 하락해 2019년 2월 2일에는 3,500달러 아래로 곤두박질쳤다. 그러나 이후 다시 상승세를 타며 2021년 11월 1일 6만 8,000달러까지 치솟았다. 2022년 5월, 3만 7,000달러 선에 위치해 있다.

다른 종류의 리스크도 있다

리스크에 대해 미리 알고 있으면 남들보다 한발 앞서 나갈 수 있다. 각자의 투자위험감수도를 알면, 자산을 보호하는 전략을 세울 수 있다. 암호화폐와 관련된 위험 요소는 다양하다. 다양한 종류의 암호화폐 리스크를 알아보자.

▐ 과열 리스크

암호화폐를 둘러싼 과열이 항상 좋은 것은 아니다. 암호화폐 시장이 과열되는 가장 큰 이유는 대부분 자신이 무엇에 투자하고 있는지 잘 알지 못하기 때문이다. 투자의 실체에 관심을 가지기보다 대중의 말에 더 혹하는 경우가 많다. 암호화폐에 대한 과대망상이 암호화폐 시장을 빠르게 가열시킨 주원인이었다. 그러다가 자신들이 무엇에 투자했는지 알기 시작하면서 가격은 폭락하기 시작했다. 이러한 유형의 행동이 널리 퍼지면서 암호화폐 투자자들은 자신들만의 용어를 만들어냈다. 그 몇 가지를 소개하면 다음과 같다.

▶ **포모(FOMO):** 이 단어는 '소외되는 것에 대한 두려움(Fear of Missing Out)'의 첫 글자를 딴 단어다. 자신이 소유하지 않은 암호화폐의 가격이 급등하는 것을 보고 가격이 오르는데도 서둘러 매입에 나서면서 생기는 증상이다. 절대 이런 시류에 휘말려서는 안 된다. 한 번 올라간 것은 반드시 다시 내려오게 되어 있으므로 과열이 식기를 두고 본 다음 더 낮은 가격이 될 때까지 기다리면 된다.

▶ **퍼드(FUD):** '두려움, 불확실성, 의심(Fear, Uncertainty, Doubt)'의 첫 글자를 딴 단어다. 내일 세상이 망할 것처럼 말하는 비관론자들이 시장이 하락할 것이라고 말하는 것을 들으면 당신은 이런 불안한 마음을 SNS에 올리거나 서둘러 매도에 나설 수도 있다. JP모건체이스의 CEO 제이미 다이먼은 비트코인을 사지라고 외치며 가장 큰 '퍼드'를 퍼트렸지만, 얼마 지나지 않아 그렇게 말한 것을 후회한다고 말했다.

▶ **올타임하이(ATH):** '역대 최고점(All-time High)'의 약자다. 해당 암호화폐의 가격이 역사상 최고점에 도달할 때마다 '올타임하이에 도달했다'라고 말한다.

▶ **백홀더(Back Holder):** 올타임하이에 뒤늦게 들어가 포모를 하며 큰 손실을 본 투자자들을 말한다. 쓸데없는 코인들로 가득 찬 가방을 들고 있다는 의미로 생긴 말이다.

▶ **바이더딥(BTFD):** BTD(Buy The Dip)을 더 많이 사용한다. '저점에서 매입하라(Buy the fxxx dip!)'의 약자다. 백홀더가 되지 않으려면 '바이더딥'을 해야 한다.

 포인트

코인에 관련해서 이런저런 얘기에 귀를 기울이기 전에, 각각의 암호화폐에 대한 지식으로 무장하라. 그러면 암호화폐 시장에서 돈을 벌 기회가 열릴 것이다. 현재의 과열 시장에 무작정 투자하지 말고, 인내심을 가지고 올바른 지식을 습득하라. 도박을 전략이라고 부르지 않는다면 과열된 시장에 들어가는 투자자는 아마도 어떤 투자 전략도 가지고 있지 않은 사람일 것이다. 그리고 2부(99페이지)와 4부(241페이지)에서 다양한 전략 개발 방법을 설명할 예정이다.

보안 리스크

사기나 해킹, 절도와 같은 이슈들은 비트코인이 시작된 이래 암호화폐 시장의 단골 주제였다. 그리고 암호화폐 시장에서 문제가 터질 때마다, 비록 일시적이기는 해도 암호화폐의 가치도 손상되었다. 암호화폐의 가치는 다음 세 가지 방법으로 손상될 수 있으므로, 암호화폐에 투자하는 전략의 각 단계에서 안전 예방 조치를 반드시 따라야 한다.

안전 체크 #1: 암호화폐 자체

이미 투자 가능한 암호화폐만도 수백 가지가 넘고, 암호화폐 공개도 지금까지 수천 번이나 이뤄졌다(이에 대한 자세한 내용은 11장*에서 확인할 수 있다). 어떤 암호화폐에 투자할 것인지 결정할 때에는 그 블록체인의 프로토콜에 대해 직접 알아봐야 하고, 거기에 어떤 오류(또는 오류가 있다는 루머)가 투자를 저해하지 않는지 확실하게 조사해보아야 한다.

* 11장 » 185페이지

프로토콜이란 블록체인 네트워크가 합의한 일련의 공통 규칙을 뜻한다. 해당 웹사이트의 백서를 보면 그 암호화폐 프로토콜의 특성을 찾아볼 수 있다. 백서는 암호화폐를 만든 사람들이 공개에 앞서 암호화폐에 대해 알아야 할 모든 것을 정리해놓은 공식 문서다. 그러나 회사들이 백서에 자사의 결점까지 공유하지 않을 가능성이 있다.

이런 오류는 메이저 암호화폐에서도 나타날 수 있다. 암호화폐 이오스(EOS)가 오픈소스 소프트웨어 첫 버전을 출시했을 때 이를 두고 부정적인 언론 보도가 쏟아졌다. 중국의 한 보안 회사가 이론적으로 아무 근거 없이 코인을 뚝딱 만들어내는 데 사용될 수 있는 버그를 이오스 코드에서 발견했기 때문이다. 그러나 이오스는 그 버그를 곧 수정했다. 이로 인해 악화된 언론을 긍정적으로 바꾸기 위해 이오스의 개발사인 블록원

주의

신뢰할 수 있는 암호화폐 발행사들은 버그가 발견되면 즉시 자체적으로 조처를 취한다. 하지만 그들이 버그를 찾아 수정할 때까지는 그 코인에 손대지 않는 것이 현명하다.

(Block.one)은 발견되지 않은 버그를 발견하는 사람에게 포상금을 걸기도 했다(이를 버그 바운티[Bug Bounty]라고 한다).

안전 체크 #2: 거래소

포인트

중앙집중식 거래소가 공격에 가장 취약하다. 암호화폐 거래소의 위험 신호를 발견하는 방법은 6장*(101페이지)에서 다룰 예정이다.

* 6장 ≫ 101페이지

팁

투자자들을 겁주기 위해 이런 위험을 언급하는 것은 아니다. 시간이 지날수록 시장은 이전의 실수로부터 배우고 더 좋고 안전한 미래를 위해 작동한다. 그러나 여전히 각자가 해결해야 할 문제들이 있다. 거래소를 선택하기 전에 반드시 거래소 홈페이지의 보안 사항을 확인하자. 안전을 위한 바운티 프로그램을 운영하는지도 확인해야 한다.

거래소는 암호화폐를 거래하는 곳이다(6장*에서 더 자세한 정보를 살펴볼 예정이다). 암호화폐를 안전하게 거래하기 위해서는 그 거래소가 신뢰할 수 있고 신용이 있는 곳인지 확인해보아야 한다. 거래소 문제로 인해 암호화폐 커뮤니티에서는 수많은 보안 사고와 데이터 침해 사건이 발생했다.

초기에 발생한 가장 유명한 해킹 중 하나는, 2013년 세계에서 가장 큰 비트코인 거래소인 일본의 마운트곡스(Mt. Gox)의 해킹이었다. 당시 마운트곡스는 전 세계 비트코인 거래의 70%를 차지하고 있었다. 그러나 테스트 정책이나 버전 관리 소프트웨어도 없었고, 적절한 관리도 하지 않는 등 많은 문제가 있었다. 이 모든 문제가 쌓이면서 이 거래소는 2014년 2월, 약 85만 개의 비트코인을 도난당하는 대규모 해킹의 희생양이 되었다. 20만 개는 회수되었지만, 나머지 65만 개는 회수되지 않았다. 많은 거래소가 이 사건 이후 강력한 안전 대책을 갖추고 있다. 그러나 거래소 해킹은 여전히 거의 한 달 단위로 끊임없이 발생하고 있다.

안전 체크 #3: 지갑

어떤 암호화폐 지갑을 사용하느냐는 각자의 선택이기 때문에 최종 보안 점검 역시 전적으로 본인에게 달려 있다. 암호화폐를 실제로 가지고 다니지는 않지만, 실제 지갑에 안전하게 보관할 수는 있다. 거래할 때 사용하는 공개 키와 개인 키를 실제로 이 지갑에도 보관하기 때문이다. 백업을 사용하면 지갑의 보안 수준을 한 단계 높일 수 있다. 지갑 안전에 대해서는 7장*에서 자세히 다룰 예정이다.

* 7장 ≫ 122페이지

포인트

암호화폐 변동성에 대응하는 가장 좋은 방법은 큰 그림을 보는 것이다. 단기 투자(17장, 257페이지 참조)에 초점을 맞추는 경우 변동성은 더욱 중요한데, 이는 변동성이 단기간에 얼마나 많은 수익을 내는지 또는 손실이 발생하는지를 보여주는 지표이기 때문이다. 그러나 장기적인 안목을 가지고 있다면(18장, 271페이지 참조), 변동성을 좋은 투자 기회로 바꿀 수 있다.

팁

여러 거래소의 자동화 거래 알고리즘을 사용해 변동성 위험을 상쇄할 수도 있다. 예를 들어 가격이 3% 하락하면 '1번 코인은 65% 판매한다'거나, '2번 코인은 100% 전량 판매한다'는 등의 순서를 설정할 수 있다. 이런 전략을 사용하면 변동성의 위험을 최소화할 수 있다.

* 4장 » 64페이지

 팁

암호화폐 커뮤니티에서는 이러한 유형의 큰손들을 '고래'라고 부른다. 암호화폐 시장에서는 고래들이 막대한 자본을 이용해 규모가 작은 코인의 가격을 조작하는 경우가 종종 있다.

▌변동성 리스크

변동성 리스크는 예상치 못한 시장 변동에 따른 위험 요소를 뜻한다. 변동성은 좋은 것일 수도 있지만, 때로는 당신의 허를 찌를 수도 있다. 여느 시장과 마찬가지로 암호화폐 시장도 예상했던 방향과 반대 방향으로 갑자기 움직일 수 있다. 시장 변동성에 대비하지 않으면 투자한 돈을 잃을 수도 있다.

암호화폐 시장의 변동성이 일어나는 가장 큰 이유는 이 시장이 완전히 새로운 기술에 의한 새 시장이기 때문이다. 인터넷과 같은 혁신적인 기술도 초기에는 심한 변동성의 시기를 거쳤다. 블록체인 기술(4장*을 참조하면 된다)과 이를 기반으로 하는 암호화폐가 경제의 주류가 되기까지는 오랜 시간이 걸릴 것이다.

▌유동성 리스크

유동성 리스크는 합리적인 가격으로 신속하게 투자 자산을 매각(또는 청산)할 수 없는 위험으로 정의된다. 거래가 가능한 모든 자산은 유동성이 중요하다. 환시장은 세계에서 가장 유동성이 높은 시장으로 꼽힌다. 다만 환시장에서도 유동성 부족 문제가 생길 수 있다. 당신이 매우 적은 양의 통화를 거래한다면, 거래를 조속히 끝낼 수 없을지도 모른다. 적은 양의 거래에서는 가격이 움직이지 않기 때문이다.

암호화폐 시장에서도 유동성 부족 사태를 왕왕 볼 수 있다. 유동성 문제는 비트코인 가격의 높은 변동성을 초래한 요인들 중 하나였다. 유동성이 낮아지면 가격 조작 위험까지 생길 수 있다. 큰손 한 명이 대량 주문을 해 시장을 자신에게 유리하게 유도할 수 있기 때문이다.

암호화폐 투자가 점점 더 활성화되고 더 많은 사람이 참여하면 시장의 유동성은 더 커질 것이다. 믿을 수 있는 거래소의 증가는 더 많은 사람에게 암호화폐를 거래할 기회를 제공할 것이다. 암호화폐 ATM과 결제카드가 속속 등장하는 것도 일상 거래에서 암호화폐에 대한 인지도와 수용도를 높이는 데 도움이 되고 있다.

암호화폐 유동성은 암호화폐 규제에 대한 각국의 견해에 따라서도 달라질 수 있다. 각국 정부들이 소비자 보호와 암호화폐 세금 등에 관한 문제를 분명하게 규정하면 더 많은 사람이 암호화폐를 편하게 사용하고 거래할 수 있게 될 것이고, 이는 그 유동성에도 큰 영향을 미칠 것이다.

▌ 소멸 리스크

블록체인 산업이 사라진다는 말이 아니다. 오히려 그 반대다. 현재 시장에는 수천 가지의 암호화폐가 나와 있다. 더 많은 암호화폐가 매일같이 쏟아져 나올 것이다. 그러나 10년 후에는 이런 코인 중 상당수는 사라질 것이고 일부는 살아남아 번창할 것이다.

앞에서 언급했듯이 소멸 리스크의 익숙한 예가 닷컴버블이다. 1990년대 후반, 전 세계적으로 수많은 인터넷 기반 회사들이 나타났다. 아마존과 이베이 같은 몇몇 회사들은 세계 정복에 성공했다. 하지만 수많은 회사가 동시에 추락하고 사라졌다. 이와 비슷하게 우후죽순 생겨난 암호화폐들의 상당수는 사라질 운명을 맞을 것이다.

▌ 규제 리스크

암호화폐의 초기 매력 중 하나는 규제가 없다는 점이었다. 초기의 암호

포인트

어느 암호화폐를 거래할 것인지 선택할 때는, 그 암호화폐의 수용성, 인기도, 취급하는 거래소 수 등을 분석해 유동성을 고려해야 한다. 사람들에게 덜 알려진 암호화폐는 상승 잠재력이 클 수 있지만, 유동성이 부족해 곤경에 빠질 수도 있다.

포인트

소멸 위험을 최소화하기 위해서는 자신이 선택한 암호화폐의 펀더멘털 분석이 반드시 필요하다. 당신은 각 암호화폐가 제시한 목표가 가능하다고 생각하는가? 계속 생겨날 문제를 해결할 수 있는가? 각 암호화폐 별로 파트너(핵심 투자자)는 누구인가? 이런 분석을 통해 소멸 위험을 완전히 제거할 수는 없지만 적어도 갑작스런 파멸은 피할 수 있다.

화폐 시절 암호화폐 구매자들은 정부의 추적을 걱정할 필요가 없었다. 그들에게는 암호화폐 발행자의 백서와 약속 이외에 다른 것이 필요 없었다. 그러나 암호화폐에 대한 수요가 증가함에 따라 각국은 새로운 경제 현실에 어떻게 대응해야 할지 이제야 머리를 맞대고 있다. 암호화폐 규제 리스크는 구체적인 법 규제 적용 리스크와 규제 자체라는 두 가지 요소로 나눌 수 있다.

▶ 법적 규제가 암호화폐 시장에 반드시 나쁜 영향만 주는 건 아니다. 이는 예상치 못한 정부의 규제 발표에 시장 참여자들이 어떻게든 반응한다는 의미다. 겉보기에는 대수롭지 않은 모든 정부의 규제 발표가 많은 주요 암호화폐의 가격을 견인했고 엄청난 변동성을 만들어냈다.

▶ 글로벌 암호화폐 규제기관은 존재하지 않고, 국가마다 다른 규제들이 적용되고 있다. 일본, 미국 등 일부 국가에서는 암호화폐 거래소가 금융당국에 등록되어 있으면 합법이다. 중국은 암호화폐에 대해 매우 엄격한 입장을 고수했지만, 블록체인 산업 자체에 대해서는 관대한 편이다.

현재 시점에서 보면 암호화폐 규제의 장래는 밝아 보이지만, 미래의 시장에 영향을 미칠 수도 있다. 그러나 시장이 점점 더 강해지면, 그러한 영향은 국지적인 작은 사건에 불과하게 될 것이다.

▌세금 리스크

암호화폐 투자가 처음 인기를 끌었을 때만 해도 암호화폐 수익에 대해 세금을 내는 사람은 거의 없었다. 일반적으로 소득을 축소해 과소 신고를 했다. 그러나 시장 규제가 강화되면서 과세도 더 엄격해졌다. 미국 국

* 21장 ≫ 301페이지

세청은 비트코인 등 암호화폐에 화폐라는 단어가 들어가 있음에도 이를 자산(과세 대상)으로 보고 있다. 국내 상황도 여전히 변동 가능성이 있다. 이런 세금 리스크에는 과세 금액의 공제 제한, 세율 인상, 비과세 대상에서의 제외 등 세법상 불리한 변화를 가져올 가능성이 높다.

나라마다 법이 다르다는 것도 문제다. 암호화폐를 한 나라에서 다른 나라로 이동할 때, 세법을 개정할 때마다 세금 타격을 받을 수도 있다. 투자 전략을 개발하기 전에 세금에 대해 충분히 조사하는 것이 중요한 이유다. 암호화폐와 관련한 세금에 대해서는 21장*에서 자세히 다룰 예정이다.

리스크 관리 방법

투자 목표를 달성할 수 있는 가장 좋은 방법은 각자의 투자위험감수도를 확인한 다음, 이에 맞는 투자 방식을 찾는 것이다. 각자의 투자 목표, 각 목표에 대한 기간 설정, 유동성과 같은 객관적 측정 기준을 고려해 투자위험감수도를 측정할 수 있다. 물론 장기적인 목표를 설정하고, 저축을 늘리고, 현금 유동성을 낮추면 투자위험감수도를 높일 수 있다. 그러나 현실적으로는 언제 현금이 필요한 상황이 닥칠지 모르기 때문에, 이 일은 말처럼 쉽지는 않다. 따라서 비상금을 조성하고, 투자 기간에 인내심을 갖고, 포트폴리오를 다각화함으로써 리스크를 관리하는 방법을 살펴볼 것이다.

▋비상금을 만든 다음 기다리자

포인트

투자 포트폴리오에 암호화폐를 넣기 전에 먼저 비상금을 조성해놓아야 한다.

암호화폐와 관련된 위험은 주식이나 귀금속 같은 기존의 다른 시장의 리스크와는 조금 다르다. 그러나 어떤 종류의 투자든, 포트폴리오 리스크를 관리하기 위해서는 비슷한 방법을 사용할 수 있다. 어디에 투자하든, 어떤 전략을 쓰든 비상금을 갖는 것이 중요하다. 즉시 동원 가능한 총자금을 월 평균 지출로 나누어 비상금 비율을 계산할 수 있다. 그러면 소득 없이 생존할 수 있는 개월 수가 나온다. 결과 값은 6개월 이상이어야 한다.

많은 사람들이 온라인 투자에서 손실을 보는 가장 흔한 이유는 빨리 부자가 되려는 환상 때문이다. 그럴 때마다 다음의 문장을 기억하자. **'인내심은 수익을 만드는 핵심이다.'** 대부분의 포트폴리오에서 큰 비중을 차지하고 있는 것은 주식과 저축, 부동산일 테지만 비트코인 보유자에게도 이 구호는 똑같이 적용된다. 초기 비트코인 투자자들이 수익을 내기까지는 몇 년 이상이 걸렸다.

인내심이라는 구호가 장기 투자자들에게만 적용되는 것은 아니다. 이 원칙은 단기 거래자들에게도 해당된다. 시간이 지나면서 투자 포지션은 언제든 바뀔 수 있다. 시장은 당신의 그런 심리를 알아채고 그동안의 손실을 줄이거나 새로운 매수 기회를 제공할 것이다. 61페이지의 그림은 인내심이 투자자의 수익에 미치는 역할을 잘 보여준다. 물론, 당신은 시장이 곧바로 수익 목표까지 올라가주기를 바랄 것이다. 하지만 대개는 그렇게 되지 않는다.

개인 투자위험감수도 측정하기

투자위험감수도에는 두 가지 구성 요소가 있다.

- **리스크를 감수할 의지**
- **리스크를 감수할 능력**

투자위험감수도 설문지를 통해 각 위험 요소에 대한 각자의 의지를 평가할 수 있다. 이 평가를 통해 위험을 회피하는 성향인지, 감수하는 성향인지 판단할 수 있다. 위험을 회피하는 성향의 투자자는 위험성 높은 투자는 수익도 높아야 한다고 생각한다. 반면 위험을 감수하는 성향의 투자자는 수익이 조금만 더 생긴다고 하더라도 기꺼이 위험을 감수한다. 실제로 시장에 투자할 수 있는 금액이 어느 정도인지 알기 위해서는 각자의 재정 상황과 생활 환경에서 위험을 감수할 수 있는 능력이 어느 정도인지 알아야 한다. 각자의 투자위험감수도를 계산하려면 다음과 같은 몇 가지 비율을 분석해야 한다.

- **비상금 비율:** 총 가용 현금을 매달 평균 지출로 나누어 계산한다. 결과 값이 6보다 커야 한다.
- **주거 비율:** 매달 주거에 관련된 비용을 총급여로 나눈다. 결과 값이 28% 미만이어야 한다.
- **부채 비율:** 총부채를 당신의 총자산으로 나눈 비율이다. 연령과 재무 목표에 따라 부채 비율의 기준은 달라질 수 있다.
- **순자산 비율:** 순자산(모든 자산에서 부채를 뺀 값)을 총자산으로 나누어 계산한다.

투자위험감수도
learn.investdiva.com

왼쪽의 QR코드를 통해 투자위험감수도 계산에 대한 자세한 내용을 살펴볼 수 있다.

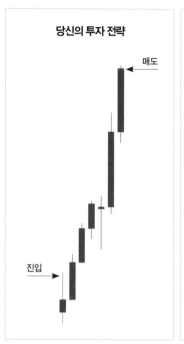

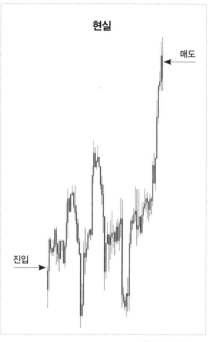

당신의 투자 전략

매도

진입

현실

매도

진입

출처: InvestDiva.com

▸ **그림 3-2**
인내심이 수익을 내는 덕목이라는 것
을 잘 보여준다.

 포인트

무슨 일이든 성공에는 힘난한 여정이
따른다. 당신의 포트폴리오가 때로는
마이너스 영역으로 빠질 수 있다. 하
지만 당신이 당신의 투자 분석을 충분
히 검토했다면, 장기적인 수익을 보기
위해서는 시간을 당신의 친구로 만들
어야 한다. 장기 투자 전략에 대해서
는 18장(271페이지)에서 자세히 설
명할 것이다.

▸ 왼쪽 그래프는 투자자 대부분이 자산을 살 때 갖는 환상이다. 단기간이든 장기
간이든 가격이 거래 기간 내에 수익 목표를 향해 진군해 돈을 벌 수 있기만을
바란다.

▸ 오른쪽 그래프는 투자의 현실을 보여준다. 현실에서는 목표 수익에 도달하기
전에 몇 차례의 가격 하락을 보게 된다. 일부 투자자들은 하락기에 공포에 빠져
매도하고 시장을 빠져나간다. 하지만 인내심을 갖고 힘든 시기를 이겨낸 이들
이 마침내 승리한다. 이는 단기 투자자나 장기 투자자 모두에게 해당되는 이야
기이므로 차트 가로의 시간 길이는 그다지 중요하지 않다.

인내심이 수익과 직결된다는 것은 2008년 금융위기 시기에도 여실히
증명되었다. 당시 모기지 사태(주택담보 대부업체들이 신용이 낮은 사람들에

게 무차별 대출해주었다가 상환받지 못해 연쇄 파산하면서 글로벌 금융위기로 이어졌다)로 촉발된 금융위기로 미국 증시를 비롯한 전 세계 거의 모든 시장이 폭락했다. 그때 대부분 공포에 질려 막대한 손실을 입고 시장에서 빠져나오기 시작했다. 만약 약간의 인내심을 갖고 참았더라면 그들의 포트폴리오는 5년 안에 플러스로 바뀌었을 것이다. 그리고 지금까지 기다렸다면 두 배 이상의 수익을 올렸을 것이다.

▌포트폴리오를 다각화하라

투자 다각화를 한 문장으로 요약하면 **'한 바구니에 모든 계란을 담지 않는 것'**이다. 이 오래된 투자 조언은 암호화폐 시장에도 그대로 적용된다. 주식이나 채권, 상장지수펀드(ETF, Exchange Traded Fund, 특정한 지수의 움직임에 연동해서 운용되는 인덱스 펀드의 일종으로 거래소에 상장되어 실시간으로 매매된다) 등 다양한 자산을 추가해 포트폴리오를 다각화하는 것뿐만 아니라, 암호화폐 포트폴리오 내에서의 다각화도 중요하다(투자 다각화에 대해서는 10장*에서 좀 더 자세히 설명할 예정이다).

* 10장 » 172페이지

비트코인은 아마도 모든 암호화폐 중 가장 잘 알려진 코인이어서 대부분 비트코인을 갖고 싶어한다. 하지만 비트코인은 가장 오래된 코인이기도 해서 해결할 수 없는 문제들이 있다. 다행히 더 좋은 실적을 내주는 암호화폐들이 시장에 쏟아지면서 새로운 기회를 제공한다. 다각화를 위해서는, 출시 시기 이외에 여러 다른 방법으로 암호화폐를 분류해서 살펴보자(자세한 내용은 8장*을 참조하면 된다).

* 8장 » 137페이지

- **시가총액별 주요 암호화폐:** 시가총액 기준 상위 10위 안에 드는 암호화폐가 포함된다. 비트코인, 이더리움, 테더, 바이낸스코인, 리플 등이 여기에 속한다.

- **거래용 암호화폐:** 사실 이 그룹이 암호화폐의 원래 범주다. 거래용 암호화폐는 말 그대로 화폐로 쓰여서 상품이나 서비스와 교환할 수 있도록 설계되었다. 비트코인과 라이트코인이 대표적 거래용 암호화폐다.

- **플랫폼 암호화폐:** 이 암호화폐는 중간 매개자를 없애고, 시장을 창출하며, 심지어 다른 암호화폐를 출시하기 위해 설계되었다. 이더리움이 가장 대표적인 예로, 미래의 애플리케이션을 위한 기본 골격을 제공한다. 네오(NEO)도 이 범주에 해당되는데 이런 암호화폐들은 자사 블록체인에 더 많은 애플리케이션이 생성될수록 가치가 상승한다.

- **프라이버시 암호화폐:** 이 범주의 암호화폐는 거래용 암호화폐와 유사하지만 거래 보안과 익명성에 크게 초점을 맞춘다. 모네로, 지캐시(Zcash), 대시(Dash) 등이 여기에 포함된다.

- **특정 애플리케이션 기반(Application-specific) 암호화폐:** 특정 애플리케이션 기반 암호화폐는 특정 기능을 제공해 가장 큰 문제들을 해결한다. 이 범주의 암호화폐로는 비체인(Vechain, 공급망 앱에 사용), 아이오타(IOTA, 사물 인터넷 앱), 카르다노(Cardano, 암호화폐 확장성, 개인정보 최적화 등) 등이 있다. 농산업의 결제 문제 해결을 위해 등장한 초특화 암호화폐 모비우스(Mobius)는 블록체인 업계에서는 스트라이프(Stripe)라고도 불린다. 각 프로젝트의 구체적 특성에 기반한 이 암호화폐 중 상당수가 매우 성공적인 것으로 판명되었다. 다만 유용성, 애플리케이션의 편리함, 프로젝트팀 분석을 한 뒤 투자를 결정해야 한다.

 포인트

다각화와 관련하여 암호화폐 시장이 직면한 한 가지 중요한 문제는, 시장 전체가 극도로 상호 관련된 것처럼 보인다는 것이다. 대부분의 암호화폐는 시장 심리가 강세를 보이면 상승하고, 반대로 약세를 보이면 하락한다. 이러한 경향에도 각자의 자산 포트폴리오에 더 많은 암호화폐 자산을 추가해 암호화폐 포트폴리오에서도 위험을 분산시킬 수 있다. 여러 종류의 암호화폐 자산에 투자하면, 한두 개의 자산에서 변동성이 발생하더라도 노출되는 위험의 양을 분산시킬 수 있다. 암호화폐 투자의 다각화에 대한 최신 정보는 10장(172페이지)에서 다룰 예정이다.

블록체인 기술을
왜 알아야 할까?

4장에서는

▶ 블록체인 기술이 무엇인지 이해한다.
▶ 블록체인 기술의 문제점을 살펴본다.
▶ 블록체인을 활용할 수 있는 다양한 방법을 알아본다.

어쩌면 블록체인이라는 말보다 비트코인이라는 말을 더 많이 들었을 수도 있다. 블록체인에 대해 들어본 사람들도 블록체인이 비트코인에 힘을 실어주는 기술 정도로만 생각할 수 있다. 비트코인이 블록체인 기술의 가장 유명한 결과 중 하나가 된 것은 사실이지만 블록체인은 그보다 훨씬 더 많은 것을 할 수 있다. 아마도 수십 년 만에 나온 가장 혁신적인 개념 중 하나로 우리의 삶을 영원히 바꾸어놓을 기술일 것이다.

비트코인과 블록체인의 관계는 이메일과 인터넷의 관계와 유사하다. 이메일을 주고받으려면 인터넷이 필요한 것처럼, 암호화폐를 사용하려면 블록체인 기술이 필요하다. 이제 블록체인 기술이 어떻게 작동하는지, 왜 중요한지, 앞으로 우리의 삶에 어떤 영향을 미칠 것인지 살펴볼 것이다. 블록체인 기술에 대해 좀 더 잘 이해하면 당신이 암호화폐 시장을 보는 시각도 크게 달라질 것이다. 물론 그러면 암호화폐에 대한 투자 결정도 더 잘 내릴 수 있을 것이다.

블록체인 기술에 대한 기본적 이해

현대 기술의 발전 덕에 우리는 더 자주 직접 소통할 수 있게 되었다. 기술을 이용해 먼 곳에 있는 사람들에게 이메일, 문자 메시지, 사진, 동영상을 직접 보낼 수 있다. 사랑하는 사람들과 멀리 떨어져 있어도 이제 볼 수 없어서 힘들고 가슴 아픈 상황은 아니다. 나 역시 가족들과 멀리 떨어져 살면서도 자주 소식을 전할 수 있었다. 내가 도쿄에 살고 있을 때에도 로스앤젤레스에 있는 언니 결혼식을 온라인을 통해 실시간으로 볼 수 있었다. 지병으로 인해 여행할 수 없었던 호주의 시댁 식구들은 페이스타임(FaceTime)을 통해 하와이에서 열린 우리의 결혼식에 참석할 수 있었다.

그러나 온라인 실시간 거래가 가능하다 해도 금융 거래를 위해서는 신뢰할 수 있는 제3자를 통해야 한다. 이제 블록체인 기술이 과감한 방식으로 이런 환경에 도전하고 있다. 이제 블록체인 기술의 기본부터 알아보자.

블록체인이 무엇이고 어떻게 작동하는 걸까?

블록체인은 특별한 데이터베이스다. 국제 거버넌스 혁신 센터(CIGI, cigionline.org)에 따르면 블록체인이라는 용어는 분산원장기술의 전체 네트워크를 가리킨다. 옥스포드사전에 따르면, 원장이란 '특정 유형의 금융 계좌를 책이나 기타 형태로 묶은 것'이다. 원장은 거래를 기록한 컴퓨터 파일이 될 수도 있다. 원장은 사실 회계의 기초이며, 인류 역사에서

문자와 돈만큼 오래되었다.

이제 금융 거래뿐만 아니라 사실상 가치가 있는 것은 모두 기록하고 추적하도록 프로그래밍되어 있는, 모든 경제 거래의 완벽한 디지털 거래 원장 원본 전체가 있다고 생각해보자. 블록체인은 의료 기록, 토지 소유권, 심지어 투표 같은 것들도 추적할 수 있다. 블록체인은 첫 번째 거래부터 시작해 모든 거래 내역이 기록되어 있는, 공유되고 분산되어 있는 불변의 원장이다. 따라서 신뢰, 책임감, 투명성을 확립할 수 있다.

블록체인은 블록이라는 묶음으로 정보를 저장한다. 이 블록들은 기록이 끊어지지 않게 하도록 순차적으로 서로 연결되어 있다. 이처럼 블록들이 체인처럼 연결되어 있다고 해서 블록체인이라고 부른다. 각각의 블록은 원장의 한 페이지와 같다. 다음 그림처럼 블록체인은 세 가지 요소로 구성되어 있다.

▶ **데이터:** 데이터 유형은 블록체인이 무엇에 사용되는지에 따라 달라진다. 비트코인에서 블록의 데이터에는 발신자, 수신자, 코인 수 등을 포함하는 거래 세부 사항이 포함되어 있다.

▶ **해시(Hash):** 원래는 '다진 고기'를 의미하지만, 여기서는 지문과 서명을 뜻한다. 해시는 블록과 그 안의 모든 콘텐츠를 식별하며, 모든 해시는 모두 다르다.

▶ **앞 블록의 해시:** 이 조각이 바로 블록체인을 만든다. 각 블록은 앞 블록의 정보를 그대로 전달하기 때문에 그 체인은 매우 안전하다.

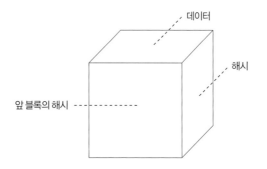

데이터

해시

앞 블록의 해시

▶ **그림 4-1**
블록체인의 세 가지 요소

여러 블록들이 한 묶음으로 블록체인을 이루는 예를 들어보자. 세 개
의 블록이 있다고 가정해보자.

블록 1에는 다음과 같은 내용이 포함되어 있다.

- ▶ 데이터: 프레드에서 잭까지 10개의 비트코인
- ▶ 해시(약식으로): 12A
- ▶ 앞 블록의 해시(약식으로): 000

블록 2에는 다음과 같은 내용이 포함되어 있다.

- ▶ 데이터: 잭에서 메리까지 5개의 비트코인
- ▶ 해시(약식으로): 3B4
- ▶ 앞 블록의 해시: 12A

블록 3에는 다음과 같은 내용이 포함되어 있다.

- ▸ 데이터: 메리에서 샐리까지 4개의 비트코인
- ▸ 해시(약식으로): C74
- ▸ 앞 블록의 해시: 3B4

앞의 그림에서 각 블록은 자체 해시와 앞 블록의 해시를 가지고 있다. 따라서 블록 3은 블록 2를 가리키고, 블록 2는 블록 1을 가리킨다. 첫 번째 블록은 가리킬 이전 블록이 없으므로 좀 특별하다. 그래서 첫 번째 블록을 제네시스 블록이라고 부른다.

▸ **그림 4-2**
블록체인의 작동 방식을 단순화한 모습

데이터: **비트코인 10개**
해시: **12A**
앞 블록 해시: 000

데이터: **비트코인 5개**
해시: **3B4**
앞 블록 해시: 12A

데이터: **비트코인 4개**
해시: C74
앞 블록 해시: **3B4**

해시와 데이터는 각 블록마다 고유하지만, 변조될 가능성도 있다. #1 블록에 관한 정보를 가진 #2 블록은 이론적으로 '누구나' 제시할 수 있다. 더 큰 파워를 가진 증명자가 누군가와 다른 해시와 데이터를 가진 #2 블록을 제안하면 그 정보를 따라갈 수 있게 된다. 이제 블록체인이 스스로를 보호하는 몇 가지 방법을 알아보자.

▌블록체인은 어떻게 스스로를 안전하게 보호할까?

주의

그러나 해시를 사용하는 것만으로는 변조를 완전히 방지할 수 없다. 요즘 컴퓨터들은 엄청나게 빨라서 초당 수십만 개의 해시를 계산할 수 있기 때문이다. 기술적으로 해커는 특정 블록의 해시를 변경한 후에 변조를 숨기기 위해 다음 블록의 모든 해시를 계산해 변경할 수 있다.

* 5장 » 83페이지

블록체인에 있는 블록에 간섭하는 것은 거의 불가능하다. 블록체인이 스스로를 안전하게 지키는 첫 번째 방법은 해시를 사용하는 것이다. 하나의 블록체인 내에서 블록을 변조하면 그 블록의 해시가 변경된다. 이 변조는 앞 블록의 해시를 가리키고 있던 다음 블록을 무효로 만든다. 결국 어느 하나의 블록을 변경하면 다음의 모든 블록이 무효가 되는 것이다. 이런 설정이 블록체인에 높은 보안 수준을 부여하는 것이다.

그래서 블록체인은 작업증명(PoW)이나 P2P 분배 같은 추가적인 보안 단계를 갖추고 있다. 작업증명은 블록 생성 속도를 느리게 하는 메커니즘이다. 비트코인의 경우, 필요한 작업증명을 계산하고 체인에 새로운 블록을 추가하는 데 약 10분 정도 소요된다. 한 블록에 간섭할 경우 다음의 모든 블록을 간섭해야 하므로 이 시간 내에 블록을 변경하기가 매우 어렵다. 비트코인 같은 블록체인은 수십만 개의 블록을 포함하고 있으므로 그것을 성공적으로 그것을 조작하는 데는 10년 이상이 걸릴 수도 있다. 작업증명에 대해서는 5장*에서 더 자세히 설명할 예정이다.

블록체인이 스스로를 안전하게 만드는 세 번째 방법은 분배를 통해서다. 블록체인은 체인을 관리하기 위해 중앙의 어떤 기관을 두지 않고 P2P 네트워크를 사용한다. 비트코인과 같은 공용 블록체인은 누구나 가입할 수 있다. 네트워크의 모든 구성원은 검증자 또는 노드라고 한다. 누군가가 네트워크에 가입하면 그 가입자는 블록체인의 전체 사본을 받게 된다. 이런 방식으로 각 노드는 모든 것이 여전히 정상인지 확인할 수 있다. 누군가 네트워크에 새 블록을 만들면 다음과 같은 일이 일어난다.

❶ 새 블록이 네트워크의 모든 사람에게 전송된다.

❷ 각 노드가 블록을 확인하고 블록이 변조되지 않았는지 확인한다.

❸ 모든 것이 정상으로 확인되면, 각 노드는 자신의 블록체인에 새 블록을 추가한다.

이 과정에서 모든 노드가 합의를 생성한다. 그들은 어떤 블록이 유효한지, 또는 어떤 블록이 유효하지 않은지에 대해 동의한다. 만약 블록에 변조가 생기면 네트워크의 다른 노드들은 변조된 블록을 거부한다. 따라서 블록체인의 블록을 성공적으로 조작하려면 체인의 모든 블록을 변조하고, 각 블록에 대한 작업증명을 다시 실행하고, P2P 분배 네트워크까지 통제해야 한다.

▮ 블록체인이 혁명적인 이유

블록체인이 우리가 이미 사용하고 있는 다른 데이터베이스나 추적 시스템과 다른 이유가 있다.

데이터를 추적하고 저장하는 독특한 방식으로 인해
데이터 변조가 불가능하다

블록체인은 기존의 원장 방식과 다르게 이 논쟁에 접근한다. 전통적인 원장은 단일(중앙집중식) 시스템에 저장된 장부나 데이터베이스 파일을 사용한다. 그러나 블록체인은 분산되도록 설계되어 있어 원장 내용이 전체 컴퓨터 네트워크에 분배된다. 이 같은 정보의 분산이 데이터 변조 가능성을 낮추는 것이다.

포인트

블록체인도 끊임없이 발전하고 있다. 암호화폐 생태계의 가장 최근의 발전 중 하나는 스마트 계약(Smart Contracts)이 추가된 것이다. 스마트 계약은 블록체인 안에 저장된 디지털 컴퓨터 프로그램이다. 특정 조건에 따른 암호화폐나 디지털 자산의 거래를 직접 제어할 수 있다. 스마트 계약에 대한 자세한 내용은 5장(83페이지)에서 다룰 예정이다.

포인트

누군가가 블록체인의 특정 블록에 기록된 정보를 변경하는 경우, 기록을 다시 작성하는 것이 아니라 변경사항이 새 블록에 저장된다. 새 블록에는 변경 날짜와 시간뿐만 아니라 변경 내용까지 표시하므로 아무도 기록을 변조할 수 없다. 이러한 접근 방식은 사실 100년 동안 이어져 온 일반 재무 원장의 방법에 근거한 것이다.

주의

2018년 6월 발생한 암호화폐 젠캐시(ZenCash, 2019년에 호라이즌[Horizen]으로 이름이 변경됨)에 대한 공격은, 블록체인 데이터베이스에서 데이터 변조를 완전히 막을 수 없다는 것을 보여준다. 채굴자의 51%가 원장을 다시 쓰기로 한다면 그렇게 할 수 있을 것이다. 결과적으로 거래와 관련하여 원하는 모든 것, 즉 결제를 지연시키거나 코인을 이중 지불하거나 간단히 블록에서 제거할 수도 있다는 것을 보여준 셈이다. 현재 여러 블록체인 네트워크가 이를 위한 맞춤형 솔루션을 개발 중이다. 자세한 내용은 QR코드를 통해 더 읽어볼 수 있다.

미디엄닷컴
medium.com

* 5장 ≫ 83페이지

데이터에 대한 신뢰를 형성한다

블록체인이 작동하는 독특한 방식이 데이터에 대한 신뢰를 구축한다. 그 이유를 간단히 말해보자면, 체인에 블록을 추가하기 전에 다음과 같은 몇 가지 사전 작업이 수행되어야 하기 때문이다.

❶ 새로운 블록을 만들려면 암호 퍼즐을 풀어야 한다.

❷ 퍼즐을 푸는 컴퓨터는 네트워크의 다른 모든 컴퓨터와 해법을 공유한다. 이 해법이 앞에서 설명한 작업증명이다. 작업증명에 대한 더 자세한 내용은 5장*에서 살펴볼 예정이다.

❸ 네트워크에 연결된 모든 컴퓨터가 작업증명을 확인한다. 네트워크의 51%가 작업증명이 맞는다고 확인하면 새로운 블록이 체인에 추가된다.

이와 같은 복잡한 수학 퍼즐의 조합과 많은 컴퓨터의 확인을 통해 사용자들은 체인의 모든 블록을 신뢰할 수 있다. 정상적으로 탈중앙화가 구축된 블록체인은 51% 공격으로부터 상호적으로 보호될 수 있기 때문에 네트워크 자체가 신뢰를 구축하게 되고, 이 때문에 이제 실시간으로 당신의 데이터와 상호 작용할 수 있다.

중앙집중형 제3자가 필요 없다

만약 실제 주택이나 가게 등에서 소유권 분쟁이 일어나면 변호사를 고용하거나 신뢰할 수 있는 중앙집중형 제3자를 통해 원장과 계약서 등 관련 서류를 검토하며 소유주를 가리게 된다. 각 의뢰인은 각자의 변호사가 재무 정보와 문서를 기밀로 유지할 것이라고 믿고 제3자인 변호사는 누가 실제로 가게의 정당한 소유주인지 확인하려 할 것이다. 그런데 변호사나 은행 같은 중앙집중형 제3자가 개입하면 분쟁 해결 과정에 한 단계를 추가해 더 많은 시간과 비용을 초래한다.

그런데 이런 소유권 정보가 블록체인에 저장됐다면 중앙집중형 중개인이나 변호사가 필요 없다. 체인에 추가된 모든 블록이 사실로 확인되었고, 변조될 수 없기 때문이다. 이처럼 블록체인 네트워크와 채굴자들이 제3자 역할을 하게 되어, 절차가 더 빠르고 저렴하게 진행된다. 블록체인에 저장된 자신의 소유권 정보를 간단하게 보여주면 끝날 일이다. 이처럼 블록체인은 중앙집중형 중개인을 제거함으로써 돈과 시간을 크게 절약할 수 있게 해준다.

신뢰할 수 있는 P2P 데이터 상호 작용을 통해 거래하는 방식을 혁신할 수 있다. 블록체인은 하나의 단일 네트워크를 말하는 것이 아니라, 일종의 원천 기술이기 때문에 다양한 방식으로 구현될 수 있다.

블록체인의 문제점

이처럼 블록체인 기술은 혁신적이지만, 일상에 적용하기 위해서는 해결해야 할 문제들이 산적해 있다. 이제 블록체인 분야에서 극복해야 할 몇 가지 문제들을 살펴보자.

▌확장성 문제

확장성은 아마도 블록체인 기술이 직면한 가장 시급한 문제 중 하나일 것이다. 앞서 블록체인이 어떻게 스스로를 안전하게 보호하는지, 그리고 해커들이 이 시스템을 성공적으로 변조하려면 얼마나 많은 시간이 소요되는지 언급했다. 이러한 보안은 사용자들에게도 중요한 문제다.

블록체인 거래는 매우 느리고 비용이 많이 든다. 비트코인의 경우 전 세계 수백만 명의 사용자들이 있지만, 비트코인 네트워크는 초당 최대 7개의 거래를 처리할 수 있을 뿐이다. 게다가 결제 보안을 강화하기 위해 비트코인-블록체인 거래는 10분마다 한 번씩만 기록된다. 만일 지구 상의 모든 사람이 물품 거래에 비트코인을 사용하는데, 매번 처리할 때마다 이렇게 오래 기다려야 한다고 상상해보자.

다행히 이 문제에 대한 해결책을 개발 중이다. 가장 간단한 해결책은 블록 크기를 늘리는 것이다. 블록 크기가 클수록 초당 처리할 수 있는 거래 수가 많아진다. 현재 비트코인의 블록 크기는 블록당 1MB다. 이를 블록당 최대 2MB까지 키우면 초당 처리되는 거래 수가 두 배로 늘어난다. 그러나 현재로서는 이렇게 블록 크기를 키우는 게 그 자체로 문제가 될 수 있다. 블록을 생성하면 네트워크의 다른 사람들에게 전송해야 하는데, 큰 블록을 보내면 네트워크 내에서 지연이 발생할 수 있기 때문이다.

• 5장 » 83페이지

확장성을 다루기 위한 다른 솔루션으로는 하드 포크(Hard Forks, 5장•에서 설명할 예정이다), 라이트닝 네트워크(Lightning Network, 개별 거래를 별도의 채널[Off-chain]에서 처리하고 결괏값만 블록체인에 기록하는 방식), 샤딩(Sharding, 용량이 큰 데이터베이스를 여러 개의 작은 조각으로 나누어 분산 저장하여 관리하는 것) 등이 있다. 여러 솔루션이 제시되고 있으므로 블록체인의 확장성 문제는 조만간 해결되리라 생각한다.

▶ 미국의 블록체인 미디어 코인데스크(CoinDesk)에 따르면, 라이트닝 네트워크는 비트코인 위에 효과적으로 레이어(Layer)를 구축해 비트코인 블록체인 내에서 빠르고 저렴한 결제를 가능하게 한다. 쉽게 말하면 같은 길을 가지만 좀 더 빠르게 갈 수 있는 도로 하나를 추가로 사용하는 셈이다. 라이트닝 네트워크는 비트코인 블록체인 위에 있는 네트워크에서 결제가 이루어진다. 이 네트워크는 안전하기는 하지만 신뢰할 수 없는 방식으로 결제가 이루어지는 사용자 생성 채널로 구성되어 있다. 여기서 '신뢰할 수 없는'이라는 말은 상대방을 신뢰하거나 알 필요가 없다는 의미다. 본질적으로 라이트닝 네트워크는 메인 블록체인 밖으로 거래를 우회시켜 거래 수수료와 시간을 줄여주는 방식이다.

▶ 샤딩은 블록체인의 확장성 문제를 다루는 또 다른 솔루션으로, 데이터베이스를 보다 효과적으로 관리하기 위해 널리 사용되는 개념이다. 암호화폐 샤딩은 블록체인 네트워크에서 거래를 검증하기 위해 전체 네트워크가 아니라 임의의 노드(샤드의 원뜻이 '조각'이다)를 할당하는 방식이다. 즉, 노드 집합이 작을수록 데이터를 더 빠르게 처리할 수 있으며, 임의 분배를 하면 누구도 모든 작업을 동시에 수행하지 않는다는 발상에서 나온 아이디어다. 샤딩을 하는 것은 기술적인 관점에서 약간의 우려를 불러일으키는데, 가장 기본적인 우려는 비윤리적인 참여자가 하나의 샤드를 조작할 수 있는지 여부와, 그럴 경우 샤드의 구성원들이 어떻게 보상을 받아야 하는가에 대한 것이다.

▌ 환경적 문제

앞서 언급한 블록체인의 안전성을 확보하는 데에는 에너지와 환경이라는 또 다른 비용이 수반된다. 보안이 작동하기 위해서는 복잡한 알고리즘을 실행해야 하는데, 비트코인 같은 오래된 암호화폐에는 많은 양의 컴퓨팅 파워가 소요되기 때문이다. 디지털경제 플랫폼 디지코노미스트(Digiconomist)의 비트코인 에너지 소비지수(Bitcoin Energy Consumption Index)에 따르면 암호화폐 관련 활동으로 인한 에너지 소비가 전 세계 국가 중 23위로 나타나고 있다. 전기 에너지 사용량은 204.5TWh로, 이는 태국의 에너지 소비량과 맞먹는다. 더 자세한 정보는 왼쪽의 링크에서 확인할 수 있다.

암호화폐와 블록체인 기술이 진화함에 따라 에너지를 적게 소모하는 보다 효율적인 하드웨어가 언젠가는 도입되겠지만, 우선은 화석연료와 석탄을 사용하는 대신 재생에너지로의 전환이 시급하다. 긍정적으로 보면, 블록체인 기술을 사용해 지구를 깨끗하게 할 수도 있다.

디지코노미스트
digiconomist.net

▌ 사기 문제

한때 암호화폐 시장이 과열되면서 금융권에서 이 과열된 분위기를 이용하려고 시도한 적이 있었다. 나스닥은 한 회사가 '비트코인과 블록체인 기술에 대한 일반적인 투자자들의 관심을 이용해 투자자들을 호도하는' 발표를 했다는 이유로 그 회사의 상장을 폐지했다. 미국증권거래위원회도 주가를 끌어올리기 위해 블록체인 기술에 대한 허위 및 오도성 발표를 한 기업들에 대해 소송을 제기했다. 그러나 사실 이런 종류의 과대 홍보는 새로운 종류의 사기가 아니다. 과거에도 시장의 판도를 바꾸려 하거나, 유행을 이용하려 하거나, 새로운 투자자들을 모으려 하거나, 재고 떨이를 하려 할 때 종종 사용하는 오래된 수법이었다.

암호화폐와 관련한 사기는 이외에도 많다. 암호화폐와 관련된 사기 이야기가 많은 것은, 과장된 선전에 넘어가 발을 담그기 전에 암호화폐 투자에 대한 교육을 받는 것이 얼마나 중요한지를 일깨워준다.

주의

사기꾼들은 블록체인이라는 용어를 둘러싼 신비로움과 흥분을 이용해 투자자들을 끌어모으려는 시도를 한다. 그들은 잘 모르는 사람들을 노리고, 암호화폐 사용자들에게 서비스를 제공하는 웹사이트를 합법적으로 보이게 가장하기도 한다.

▌정치적 문제

오랜 역사를 자랑하는 금융 서비스 산업은 블록체인이 실패하기를 간절히 바랄 것이다. 앞서 블록체인 기술이 어떻게 중간 매개자를 없애는지 설명했다. 이 중간 매개재의 산업이 얼마나 큰지 생각해보라. 모든 은행, 증권사, 변호사 등 그들은 중간 매개자 역할을 하면서 엄청난 이익을 챙겨왔다. 다만 그 비용이 수백만 명의 고객들에게 분산되기 때문에, 최종 사용자 개인별로는 큰 금액이 아닐 수 있겠지만 말이다. 그러나 블록체인이 그런 중개자 역할을 계속 대체해나간다면, 그들의 사업은 심각한 존립 위험에 처할 수 있다.

미국을 포함한 대부분의 국가에서 은행은 정부와 입법자들에게 거대한 로비를 행사하고 있다. 기존 금융 서비스 업계는 블록체인의 유용성을 획기적으로 떨어뜨리고(전혀 죽이지는 않더라도) 가용성을 제한하려고 할 것이다. 실제로 그들은 그런 힘을 가지고 있다. 그러나 블록체인 기술의 이점에 대해 아는 사람이 많아질수록, 정치인들과 금융업계가 그 성장을 가로막는 데는 어려움이 따를 것이다.

블록체인 기술의 적용 범위는 어디까지일까?

블록체인 기술의 탄생은 많은 사람의 관심을 불러일으켰다. 사토시 나카모토가 2008년에 블록체인을 발명했을 때, 그의 원래 의도는 비트코인을 만들고자 하는 데 있었다. 적어도 사토시가 사람들에게 블록체인이라는 기술을 소개하기 위한 도구로 비트코인을 이용했을 수도 있다.

사토시 나카모토가 누구인지 아무도 모른다. 남자일 수도 있고, 여자일 수도 있고, 익명의 괴짜들로 이루어진 팀일 수도 있다. 사토시가 여성이라고 추측하는 이들은 이를 증명하기 위해 '우먼 온 더 블록(Women-on-the-block, 기술 및 블록체인 산업에서 성, 인종의 다양성을 촉구하는 모임) 운동'까지 벌이고 있다.

그런데 사람들은 차츰 블록체인 기술이 신분 확인이나 의료 기록 저장 등과 같은 다른 목적에도 사용될 수 있다는 것을 알게 되었다.

이제 블록체인이 어떻게 다른 산업에 사용될 수 있는지, 더 중요하게는 암호화폐 시장이 어떻게 블록체인을 활용할 수 있는지에 대해 살펴보자.

결제

자금 이체는 블록체인 기술의 최초이자 가장 인기 있는 적용 분야였다. 지난 40년 이상 동안 경제학자들은 수수료 지불 문제를 없애고, 알지도 못하는 제3자를 신뢰해야 하는 문제를 극복할 수 있는 디지털 화폐의 성배를 찾고 있었다. 마침내 2008년 10월, 사토시의 백서가 공개되면서 은행들을 거래에서 제외시킬 수 있게 되었다. 확장성 문제만 무시한다면, 은행 없이도 대부분의 지불은 블록체인을 통해 몇 초 만에 가능하다.

투표

부정 투표는 민주주의 국가에서나 민주주의 국가가 아닌 곳에서나 늘 제기되는 관심사였다. 블록체인 기술은 당신을 포함한 모든 이들(그리고 SNS에서 만나는 정치에 관심 있는 사람들)이 믿을 수 있는 기술이다. 블록체인을 통한 디지털 투표는 네트워크상에서 어떤 변화가 있었는지 누구나 알 수 있도록 투명성을 제공한다. 디지털 투표의 편의성과 블록체인의 보안성이 결합되면 당신의 한 표를 진정으로 중요하게 만들어줄 것이다.

▌공급망 모니터링

당신은 당신이 매일 먹는 식품이 어디서 오는지 알고 싶어하는 사람인가? 유기농 식품인지, 할랄 인증(Halal, 이슬람 율법에 따라 처리, 가공된 식품에 부여되는 인증)을 받은 식품인지 알고 싶을 수 있다. 혹은 음식으로 인한 알레르기나 질병에 대해 주의해야 하는 사람일 수도 있다. 이제 블록체인의 도움을 받으면 식재료가 재배된 곳부터 식탁에 이르기까지 과정 전체를 추적할 수 있다. 블록체인은 또 우리가 구매하는 물건에 대해 윤리적이고 건강한 선택을 하도록 도울 수 있다.

블록체인은 제품이 원산지에서 유통업체로 이동하는 과정에서 품질 관리가 적절하게 이루어졌는지 소비자가 직접 확인할 수 있도록 돕는다. 기업으로서도 이는 도움이 된다. 공급망 내의 비효율성을 신속하게 찾아낼 수 있기 때문이다. 서류를 근거로 물건의 위치를 일일이 찾는 대신 실시간으로 위치를 추적하는 기능이 여기에 포함된다.

▌신분 확인

오늘날 우리는 디지털 신원과 실제 물리적 존재 사이에 갇혀 있는 시대에 살고 있다. 신용도 관련 기관이나 틱톡, 페이스북, 인스타그램 같은 소셜네트워크에 입장하려면 온라인 신원 증명을 거쳐야 한다. 신용 기관이나 틱톡, 페이스북, 인스타그램 같은 소셜 네트워크는 온라인 신원을 다루는 주요 문지기 역할을 하고 있다. 한편 소비자들도 자신의 신용을 유지하는 동시에 고용주, 은행, 렌터카 회사 등이 자신의 정보를 판매해 돈을 벌지 못하게 하면서, 그들에게 자신이 누구인지 증명할 수 있는 신뢰할 수 있는 디지털 신원 시스템을 원하고 있다.

이런 문제를 극복하기 위해 많은 기업이 이미 블록체인 기술을 사용하고 있으며, 사용자가 자신의 디지털 신분을 통제할 수 있는 안전한 디지털 식별 시스템을 만들고 있다. 마이크로소프트의 인증 애플리케이션이나 딜로이트(Deloitte)의 스마트 신분 시스템(Smart Identity System)이 좋은 예다.

▌물건의 법적 소유권

우리는 살아가는 동안 여러 가지 법적 문제에 휘말릴 수 있다. 이는 가족 간 분쟁일 수도 있고, 법적 서류를 분실해서 일어나는 일일 수도 있다. 어쩌면 추적할 수 없는 자산을 분실하는 문제일 수도 있다. 대부분 자산은 서류로 등록되어 있다. 블록체인은 종이 문서나 그런 종이 문서에 매달려 일하는 중간 매개자들을 배제하는 것이 핵심이다. 토지, 주택, 자동차를 사거나 팔 때 블록체인 네트워크에 거래 주제를 저장하면 자산 이전과 법적 소유권을 투명하게 볼 수 있다. 또 자전거, 제트스키, 명품 핸드백 등과 같은 고가의 휴대 가능한 자산을 도난당했을 때도, 블록체인 기반 서비스를 제공하는 회사를 이용하면 그 물건이 있는 곳을 추적할 수 있다.

▌헬스케어와 의료

의료 기록의 가장 큰 문제는 종이에 기록되어 보관된다는 점이다. 미국 의료 업계는 이를 해결하기 위해 수년 동안 고심해왔다. 의료 분야의 또 다른 문제는 의료 자료의 도난이다. 미국의료사기방지협회(The National Healthcard Anti-Fraud Association)는 미국에서만 의료사기로 인한 손실이 연간 약 800억 달러(100조 원)에 달할 것으로 추산한다.

블록체인은 의료 사기 문제를 해결할 수 있다. 환자의 과거와 현재의 질병, 치료법, 가족력까지 환자와 관련된 모든 의료정보를 블록체인에 저장할 수 있기 때문이다. 이 방식을 사용하면 모든 기록을 영구적으로 보관하고 필요할 때 접속하거나 전송할 수 있으며 의료 기록이 손실되거나 변조되는 것을 막을 수 있다. 그리고 디지털 기록에 접속할 수 있는 키를 보유한 환자가 해당 정보에 대한 접근하는 사람을 통제할 수도 있다.

▌ 엔터테인먼트 산업

블록체인이 항상 따분한 것만은 아니다. 엔터테인먼트 산업에도 블록체인 기술이 유용하게 이용될 수 있다. 음악과 e스포츠 산업이 좋은 예다. 2000년대 초 인터넷이 폭발적으로 성장하며 콘텐츠 제작이 자유롭게 이루어지는 동시에 디지털 콘텐츠에도 새로운 형태의 중간 매개자들이 등장하기 시작했다. 했다. 유튜브(현재 이용자 22.4억 명, 출처 statista.com), 사운드클라우드(SoundCloud, 현재 이용자 1억 7,500만 명, 출처 financesonline.com), 스포티파이(Spotify, 현재 이용자 4억 명, 출처 google.com), 넷플릭스(현재 이용자 2억 명, 출처 statista.com) 등과 같은 플랫폼들이 사용자와 아티스트를 연결하는 중간자 역할을 하고 있다.

그런데 이런 방식은 아티스트와 업체의 수익구조에 논쟁을 야기했다. 테일러 스위프트(Taylor Swift)조차도 애플뮤직과 스포티파이를 통해서만 자신의 음악을 소비자들에게 들려줄 수 있었다. 이러한 플랫폼에 대한 아티스트들의 불만이 점점 더 커지고 있는데 블록체인 기술이 이 문제에 대한 대안이 될 수 있다. 블록체인은 음반 회사에 암호화된 음반 소유권을 부여해줄 수 있다. 블록체인이 미디어 소비에 적용되면, 콘텐츠의 접근, 유통, 보상, 자산 관리, 디지털 권리 등을 둘러싼 모든 문제를 해결할 수 있다. 게다가 이미 다양한 아티스트들이 스스로 자신의 작품을 블록체인 상에 올린 다음 수익을 거두고 있다. NFT가 그 좋은 예다. 비플(Beeple)이라는 이름으로 알려진 마이클 윈켈만(Michael Winkelmann)은 2007년부터 그린 디지털 그림 5,000점을 NFT로 만들었는데, 그의 〈매일-첫 5000일(Everydays-The First 5000 Days)〉 NFT는 크리스티 경매에서 6,900만 달러 이상에 낙찰되었다.

엔터테인먼트 산업에 블록체인이 적용될 수 있는 또 다른 분야는 e스포츠 베팅이다. e스포츠 베팅은 오늘날 스포츠 베팅 세계에서 가장 성장하는 산업 중 하나다. 유니큰(Unikrn) 같은 이 업계의 선두 주자들이 앞다퉈 블록체인 기술을 접목해 두각을 나타내고 있다. 유니큰은 이더리움 플랫폼을 기반으로 한 유니코인골드(UnikoinGold)라는 암호화폐를 베팅 플랫폼으로 활용하면서, 배우 애슈턴 커처(Ashton Kutcher)와 영화제작 프로듀서 마크 큐반(Mark Cuban) 같은 사람들의 관심을 끌었다. 유니큰은 2015년에 이들로부터 총 1,000만 달러를 모금했다.

▎에너지 산업

심지어 블록체인을 통해 에너지 기업(이들도 중간 업체다)을 중간에 끼지 않고 에너지를 직접 거래할 수 있다. 리뉴어블에너지월드닷컴(Renewable Energy World.com)에 따르면, "에너지 유통이 P2P 방식으로 전환되면, 산업 전반적으로 더 많은 재생에너지 프로젝트를 만들게 해서, 궁극적으로 탄소 배출 전기 발전에서 벗어나기 위한 우리의 걸음을 앞당길 것이다. 재생에너지를 토큰화(Tokenizing, 모바일·온라인 상거래에서 기존의 신용카드 정보를 디지털 토큰으로 전환하는 것) 하면 풍력, 태양광, 수력 에너지 생산자와 재생에너지를 소비할 용의가 있는 투자자를 서로 연결할 수 있다. 이 역시 분산형 시스템으로서 중간자는 배제된다"라고 한다.

▌ 사물인터넷

사물인터넷(IoT)을 이용하면 기본적으로 당신의 물건 대부분을 인터넷에 연결할 수 있다. 오늘날 침대부터 에어컨, 전자레인지, 건조기, 냉장고는 물론이고 심지어 아기침대까지 집 안의 거의 모든 것을 인터넷을 통해 통제할 수 있다. 사물인터넷은 제어 기능 외에도, 물리적 장치의 네트워크 내에서 데이터를 보내고 받을 수 있게 해준다.

현실의 세계를 컴퓨터 기반 시스템에 직접 통합할 수 있다면, 인간의 노력을 줄이고 효율성은 더 향상될 것이다. 미국 전기전자학회(IEEE)가 발행하는 인터넷 이니셔티브 이뉴스레터(Internet Initiative eNewsletter)에 따르면, "사물인터넷 기능이 기술 세계의 또 다른 뜨거운 주제인 빅데이터 분석 및 클라우드 컴퓨팅과 결합된다면 세상을 바꿀 것이다"라고 한다. 게다가 그것을 블록체인과 접목한다면 당신은 미래를 향한 진정한 다음 단계를 밟고 있는 것이다.

 팁

이니셔티브 이뉴스레터에서는 "블록체인 기술은 헬스케어, 스마트시티, 농업, 에너지 그리드, 수자원 관리, 공공안전, 공급망 관리, 교육 등의 응용 분야에서 사물인터넷 적용의 보안 향상에 도움이 될 수 있다"고 밝혔다.

암호화폐의
작동 방식을 알아보자

5장에서는

▸ 암호화폐의 작동 원리와 그 기초를 이해할 수 있다.

▸ 투자를 시작하기 전, 꼭 알아야 하는 중요 용어를 알아본다.

▸ 옛 암호화폐에서 어떻게 새로운 암호화폐가 탄생하는지 살펴본다.

암호화폐 중 비트코인은 블록체인 기술의 초창기 사용 사례 중 하나였다. 그래서 대부분 기반 기술인 블록체인보다 비트코인에 대해 더 많이 들어보았을 수도 있다. 이제 암호화폐가 블록체인 기술을 어떻게 사용하고 블록체인 기술에 의해 어떻게 작동하며, 어떻게 생성되는지 알아보자.

암호화폐
프로세스와 용어

암호화폐는 디지털 코인이라고 불리긴 하지만 저금통에 있는 동전과는 전혀 다르다. 우선 암호화폐는 중앙은행, 국가 또는 특정 규제기관에 소속되어 있지 않다. 예를 들어, 서점에서 당신이 지금 읽고 있는 바로 이 책을 사려고 한다고 가정해보자. 체크카드를 사용한다면 다음과 같은 상황이 일어날 것이다.

❶ 당신의 체크카드를 서점의 POS 시스템에 입력한다.

❷ 서점의 POS 시스템은 카드 정보를 읽고 당신의 은행 계좌에 물건을 살 만큼 충분한 돈이 있는지 조회한다.

❸ 은행은 당신의 계좌를 점검하고 충분한 돈이 있는지 확인한다.

❹ 돈이 있다는 것이 확인되면 은행은 서점에 결제를 승인한다.

❺ 은행은 당신의 계좌에서 서점 계좌로 돈이 이체되었음을 보여주기 위해 당신 계좌 기록을 업데이트한다.

❻ 은행은 이런 과정을 제공한 대가로 약간의 수수료를 챙긴다.

포인트

블록체인 기술은 중간 매개자를 배제할 수 있다. 암호화폐에 블록체인 기술을 적용하면 중앙의 어느 기관에 거래 기록을 남길 필요가 없다. 대신 당신은 당신의 거래 장부의 사본을 네트워크를 통해 전 세계에 배포한다. 그러니까 네트워크상에 있는 모든 사람이 당신이 책을 샀다는 거래 기록의 사본을 보유하는 것이다.

이 모든 과정에서 은행을 배제하고 싶은가? 이 기록들을 변조하거나 속이지 않고 업데이트해줄 만큼 신뢰할 수 있는 사람이 은행 외에 누가 있을까? 당신의 가장 친한 친구? 가족? 회사 동료? 사실 아무도 믿을 수 없을 것이다. 하지만 네트워크에 있는 모든 사람을 믿어볼 수는 있을지도 모른다.

다시 동일한 예를 들어 설명해보자. 당신이 암호화폐를 사용해 이 책을 산다면, 다음과 같은 순서로 결제가 이뤄질 것이다.

❶ 당신의 암호화폐 정보를 캐셔(또는 판매자)에게 전달한다.

❷ 서점은 네트워크의 모든 사람에게 당신이 책을 사기에 충분한 코인이 있는지 묻는다.

❸ 네트워크의 모든 사람이 자신이 보유하고 있는 기록을 조회해 당신이 충분한 코인이 있는지 확인한다. 이런 기록 보유자들을 '노

드'라고 한다.

❹ 당신에게 충분한 코인이 있다면, 각 노드는 직원에게 거래를 승인
한다.

❺ 모든 노드가 돈이 이체되었음을 보여주기 위해 자신의 기록을 업
데이트한다.

❻ 한 노드가 무작위로 선정되어 작업에 대한 보상을 받는다.

이 거래에서 어떤 조직도 당신의 코인이 어디에 있는지 추적하거나
당신이 사기를 벌이는지 조사하지 않는다. 사실 비트코인 같은 암호화
폐는 이 같은 장부기록원(노드) 네트워크와 암호해독이라는 사소한 기능
이 없었다면 존재하지 못했을 것이다. 이제 암호화폐의 작동과 관련한
몇 가지 중요한 용어를 알아보자.

▌암호학의 세계

암호화(Cryptography)와 암호화폐(Cryptocurrency)라는 단어 모두 비밀
(Crypto)이라는 단어를 사용한다. 암호화폐 세계에서 비밀을 뜻하는 크
립토는 '익명'을 뜻한다. 암호화는 옛날부터 숨겨진 메시지를 보내기 위
한 고대 기술이었다. 이 용어는 '비밀 문서 쓰기(Secret Writing)'라는 의미
의 그리스 단어 크립토 로고스(Krypto Logos)에서 유래되었다.

암호를 보내는 사람이 특정 암호키를 사용해 메시지를 암호화하면,
메시지를 받은 수신자는 그것을 해독해야 했다. 1799년 나폴레옹의 병
사들이 이집트의 로제타 근처에서 로제타스톤(Rosetta Stone)을 발견했을
때 19세기 학자들은 고대 이집트 상형문자를 해독해야 했다. 21세기 정
보 네트워크 시대에도 발신자가 디지털 방식으로 메시지를 암호화하면

수신자는 암호해독 기술과 알고리즘을 이용해 암호를 해독한다.

나폴레옹이 암호화폐와 무슨 상관이 있을까? 암호화폐도 보안과 익명성을 유지하기 위해 암호 기술을 사용한다. 암호화에는 다음 세 가지 방법이 사용된다.

• 12장 » 198페이지

- ▶ **해싱(Hashing):** 해싱은 지문이나 서명과 같은 형태다. 해시 함수는 먼저 입력 데이터를 가져와서(길이는 상관 없다) 원본 데이터에 대한 연산을 수행하고, 원본 데이터를 나타낸다. 대개는 더 작은 고정된 길이의 값을 산출해낸다. 비트코인 같은 암호화폐에서는 블록의 자물쇠 조합을 추측할 때 사용된다. 해싱은 블록체인 데이터의 구조를 유지하고, 사람들의 계정 주소를 암호화하며, 블록 채굴을 가능하게 해준다. 채굴에 대해서는 이 장 후반부와 12장*에서 더 자세히 설명할 것이다.
- ▶ **대칭형 암호화:** 대칭형 암호화는 암호화에서 사용되는 가장 간단한 방법이다. 발신자와 수신자 모두 공통으로 사용하는 하나의 비밀 키만 들어 있다. 다만 모든 관련 당사자들이 데이터를 해독하기 전에 데이터를 암호화하는 데 사용된 키를 교환해야 한다.
- ▶ **비대칭형 암호화:** 비대칭형 암호화는 두 가지 키(공개 키와 개인 키)를 사용한다. 발신자는 수신자의 공개 키를 사용하여 메시지를 암호화할 수 있지만, 수신자는 자신의 개인 키로만 암호를 해독할 수 있다.

▌ 노드

노드는 블록체인 네트워크에서 장부 기장 작업을 하는 전자 장치로 다수의 노드가 하나의 블록체인을 작동 가능하게 하여 전체 네트워크의 분산화를 가능하게 한다. 인터넷에 연결되어 있고 블록체인 네트워크에 접근할 수 있는 모든 컴퓨터, 휴대폰, 프린터는 노드가 될 수 있다.

노드를 소유하고 있는 사람들은 자신의 컴퓨팅 자원을 가게에 제공해 거래를 저장하고 검증하기 때문에 거래 수수료를 받을 기회를 부여받고 해당 암호화폐로 보상을 받을 수 있다. 이 과정을 채굴이라고 하며 그런 채굴을 하는 노드 소유자를 채굴자라고 한다.

이제 채굴 방식에 대해 알아보자. 암호화폐를 얻고자 하는 사람들은 소프트웨어를 통해 암호 퍼즐을 풀고 거래를 원장(블록체인)에 추가한다. 이러한 과정을 통해 시스템에서 새로운 암호화폐를 추출하기 때문에 이를 '채굴'이라고 부른다. 누구나 이 채굴 그룹에 가입할 수 있다. 그러나 각자의 컴퓨터가 블록체인 시스템이 생성하는 방정식을 푸는 임의의 숫자를 '추측'할 수 있어야 한다. 당신의 컴퓨터는 64자 문자열이나 256비트 해시를 수없이 계산하는 방정식을 풀며 답이 맞는지 확인해야 한다. 따라서 채굴을 하기 위해서는 강력한 성능을 지닌 컴퓨터를 갖추는 것이 매우 중요하다. 컴퓨터가 강력할수록 짧은 시간 내에 더 많은 추측을 할 수 있고 그래야만 게임에서 이길 확률이 높아지기 때문이다. 그런 노력을 통해 옳은 답을 추측하면, 비트코인을 보상으로 받고 블록체인에 그 비트코인 거래의 '다음 페이지'를 쓸 수 있게 되는 것이다.

채굴은 일종의 추측을 기반으로 하기 때문에 각 블록마다 서로 다른 채굴자가 숫자를 추측하고 그것이 맞으면 블록체인을 업데이트할 권한을 부여받는다. 가장 강력한 성능을 보이는 컴퓨터 소유자가 참여자의 51%를 차지하면 그 블록체인을 지배하고 게임에서 승리한다. 그러나 통계적 확률의 법칙 덕분에 매번 같은 채굴자가 성공할 가능성은 적다. 이 게임은 가장 강력한 컴퓨팅 파워를 가진 사람이 문제의 방정식을 가장 먼저 풀 수 있고 더 자주 승리하기 때문에 때로는 불공평할 수 있다.

▌작업증명(PoW)

채굴자로서 실제로 자신의 블록과 거래를 블록체인에 추가하고 싶다면 특정 문제에 대한 답(증명)을 제시해야 한다. 이 증명은 거대한 컴퓨터, 시간 및 비용이 들기 때문에 만들기가 어렵다. 그 대신 다른 사람들이 검증하기는 매우 쉽다. 이 과정을 작업증명이라고 한다.

　예를 들어 자물쇠에 대한 숫자 조합을 추측하는 문제에 대한 증명을 해본다고 가정하자. 정답을 찾기 위해 가능한 모든 조합을 다 살펴보는 것은 매우 어려울 수 있지만, 일단 정답을 찾은 후에는 검증하기 쉽다. 조합을 입력하고 자물쇠가 열리는지 확인하기만 하면 되기 때문이다. 블록체인의 각 블록에 대해 문제를 가장 먼저 해결한 채굴자가 보상을 받는다. 그 보상이란 기본적으로 채굴을 계속하게 하기 위한 인센티브이기 때문에, 수학 문제를 가장 먼저 풀도록 채굴자들을 경쟁하게 만든다. 비트코인을 비롯한 채굴 가능한 암호화폐들은 네트워크가 쉽게 조작되지 않도록 하기 위해 작업증명을 주로 사용한다.

▌지분증명(PoS)

작업증명과는 달리 지분증명은 당신이 일정 금액의 돈(또는 지분)을 가지고 있다는 것을 보여주어야 한다. 이는 암호화폐를 많이 소유할수록 채굴 능력이 더 커진다는 의미다. 이 방식은 값비싼 채굴 비용을 절감하게 해준다. 암호화폐를 증명하기 위한 계산이 훨씬 더 간단하므로 채굴 가능한 암호화폐 총량의 일정 비율을 가져갈 수 있다. 또 다른 차이점은 지분증명 시스템이 블록 보상을 제공하는 것이 아니기 때문에 채굴자들은 거래 수수료를 챙긴다. 그렇기 때문에 지분증명으로 받는 암호화폐가 작업증명으로 받는 암호화폐보다 수천 배 더 비용 효율적일 수 있다.

중요도증명(PoI)

중요도증명(PoI, Proof-of-importance)은 블록체인 플랫폼 넴(NEM)이 자사의 암호화폐 XEM을 지원하기 위해 처음 도입했다. 어떤 면에서는 참여자(노드)가 일정량의 암호화폐를 보유하고 있으면 '적격자(Eligible)'로 표시되기 때문에 지분증명과 유사하다. 네트워크가 적격 노드에 '점수'를 부여하면 해당 점수와 거의 동일한 비율로 블록을 생성한다.

다만 노드들이 암호화폐를 많이 보유하고 있다고 해서 무조건 더 높은 점수를 받지는 않는다. 코인을 소비하지 않고 비축하게 하는 지분증명의 문제점을 해결하기 위해 점수 부여에 다른 변수들(거래금액, 거래량, 유동성 등)이 함께 고려되기 때문이다. NEM 커뮤니티는 지분증명 시 일어나는 비축 문제를 해결하기 위해 '수확(Harvesting)'이라는 방법을 사용한다.

투자정보 사이트 인베스토피아(Investopia)는 '수확'을 다음과 같이 정의하고 있다. "컴퓨팅 노드에 비축된 코인에 따라 채굴자의 지분을 인정하지 않고, 수확 참여자는 자신의 계정을 기존의 슈퍼노드(Supernode, 보유하고 있는 코인의 수와 하드웨어의 성능에 따라 일정 수의 슈퍼노드를 선발하고, 선발된 슈퍼노드만이 블록을 생성할 수 있는 권한과 보상을 받는 방식)에 연결하고 해당 계정의 컴퓨팅 능력을 사용해 자신의 블록을 완성한다." 이 모든 과정을 통해 거래가 이루어진다. 암호화폐의 작동 방식을 요약하면 다음과 같다.

❶ 암호화폐로 무언가를 구매하려 할 때, 맨 먼저 당신의 암호화폐 네

• 7장 » 122페이지

트워크와 당신의 암호화폐 지갑이 당신이 거래에 충분한 암호화폐를 가지고 있는지 확인하기 위해 자동으로 당신의 이전 거래를 확인한다. 이를 위해서는 개인 키와 공개 키가 필요하다(이는 7장*에서 좀 더 자세하게 설명할 예정이다).

❷ 거래가 암호화되어 암호화폐 네트워크로 배포되고, 공공 거래 장부에 추가되기 위해 대기한다.

❸ 채굴을 통해 거래가 공공 거래 장부에 기록된다. 발신 및 수신 주소는 사용자 신분과는 전혀 관계없는 지갑 ID 또는 해시 값이기 때문에 전적으로 익명이다.

❹ 작업증명 방식을 사용하는 암호화폐의 경우, 채굴자들은 거래를 검증하기 위해 수학 퍼즐을 풀어야 한다. 지분증명 방식 암호화폐는 작업증명 방식에서 발생하는 에너지 낭비 문제를 해결하기 위해, 많은 에너지가 사용되는 수학 문제를 푸는 대신 채굴자들이 보유한 코인의 비율에 따라 채굴력을 인정한다. 중요도증명 방식의 암호화폐는 지분증명 방식의 비축 문제를 해결하기 위해 다른 변수를 고려해 채굴력을 인정한다.

암호화폐를 특별하게 만들어주는 중요한 개념들

• 2부 » 99페이지

지금까지 암호화폐에 대한 기본적 사항, 그리고 암호화폐가 블록체인 기술과 어떤 관계가 있는지에 대해 설명했다. 2부*에서는 중개업체, 거래소, 지갑, 암호화폐의 종류에 대해 좀 더 자세히 설명할 예정이지만 그전에 몇 가지 개념을 좀 더 소개하고자 한다. 여기 설명하는 몇 가지 개

넘들도 암호화폐를 달러같이 정부가 후원하는 법정통화와 다르게 만드는 특성들이다.

확장 속도의 조정

확장 속도 조정(Adaptive Scaling)은 암호화폐 투자의 장점 중 하나다. 시간이 지날수록 특정 암호화폐를 채굴하기가 더 어려워지기 때문이다. 규모가 크든 작든 잘 작동할 수 있도록, 암호화폐들은 시간 경과에 따라 공급을 제한하거나(부족 사태를 초래한다) 더 많은 코인이 채굴될수록 채굴에 대한 보상을 줄이는 등의 조치를 취한다. 확장 속도의 조정 때문에 코인과 블록체인의 인기에 따라 채굴 난이도가 오르락내리락하고, 암호화폐가 시장에서 실질적으로 장수할 수 있는 것이다.

분산화

기술 자료

리플 같은 암호화폐는 비트코인의 채굴 프로토콜을 그대로 따르지 않기 때문에 진정한 분산화가 아니라고 주장하는 사람들도 있다. 리플에는 채굴자가 없다. 리플은 '중앙집중식' 블록체인을 통해 거래가 보다 안정적이고 빠르게 이루어진다. 리플이 이런 선택을 한 이유는 대형 은행들과 협력해 법정통화의 블록체인 암호화폐의 최고 장점들을 결합하고 싶었기 때문이다. 리플같이 채굴할 수 없는 암호화폐를 진정한 암호화폐로 간주할 수 있느냐에 대해서는 논란의 여지가 있지만, 그렇다고 해서 리플에 대해 투자해서는 안된다는 이야기는 아니다.

블록체인 기술의 근본적 아이디어는 그것이 분산되어 있다는 데 있다. 이 개념은 어떤 하나의 기관이 암호화폐에 영향을 미칠 수 없다는 것을 의미한다.

수확

수확은 블록체인 네트워크의 보전성을 유지하기 위해 사용된 기존 채굴 방식 대안으로 제안된 개념으로, 넴(NEM)이라는 블록체인 플랫폼이 자사의 암호화폐 XEM을 지원하기 위해 설계했다. 금융상품 비교 검색 서비스를 제공하는 파인더닷컴(Finder.com)에 따르면 수확은 다음과 같은 방식으로 작동한다.

"누군가가 거래를 수행할 때마다, 거래를 보고 확인하는 첫 번째 컴퓨터가 근처의 사용자들에게 그 거래를 통보하고 다량의 정보를 생성한다. 이 과정을 블록 생성이라고 부르는데, XEM을 1만 개 이상의 보유한 사람이 NEM에서 블록을 생성할 때마다 그 블록에 대한 거래 수수료를 보상금으로 받는다."

참고로 수확은 지분증명이나 작업증명 방식이 아닌, 중요도증명 시스템을 사용한다.

▌오픈소스

암호화폐는 일반적으로 오픈소스다. 이는 채굴자, 노드, 수확자 누구나 무료로 네트워크에 가입해 사용할 수 있다는 것을 의미한다.

▌공공 거래 장부

원장은 정보와 자료를 기록하기 위한 인류의 오래된 기록 시스템이라고 이미 설명했다. 암호화폐 역시 모든 거래 데이터를 기록하기 위해 공공 거래 장부를 사용한다. 전 세계의 누구나 공용 블록체인에 접속하면 암호화폐로 일어나는 모든 거래를 볼 수 있다. 물론 모든 블록체인이 공공 거래 장부를 사용하는 것은 아니다. 일부 기업과 금융기관은 거래를 세상에 노출시키지 않기 위해 비공개 원장을 사용한다. 다만 비공개 원장은 블록체인 기술이 품고 있는 원래의 생각과는 모순된다.

▮ 스마트 계약

스마트 계약은 자동이행 계약(Self-executing Contracts), 블록체인 계약, 디지털 계약이라고도 불린다. 스마트 계약은 블록체인 기술을 기반으로 계약 조건을 코딩하고, 조건에 부합하면 자동으로 거래가 체결되는 디지털 계약 방식을 뜻한다. 전적으로 디지털이라는 점만 제외하면 전통적인 계약과 다르지 않다. 스마트 계약은 구매자와 판매자 사이의 중간 매개자를 배제하기 때문에는 은행과 같은 중앙기관의 도움 없이도 자동으로 결제하고 투자할 수 있다.

스마트 계약은 실제로는 블록체인 플랫폼에서 저장되어 실행되는 컴퓨터 프로그램이다. 이 프로그램이 모든 거래를 완전히 분산시키고, 중앙집권적인 권력이 돈을 마음대로 통제하지 못하게 한다. 또 블록체인에 저장되어 있으므로 스마트 계약은 불변성을 갖는다. 불변성이란 스마트 계약이 이루어진 뒤에는 변경하거나 변조할 수 없다는 의미다. 변조할 수 없다는 것은 물론 블록체인 기술에 내재한 본질적 특징이기도 하다.

그러나 불변성에도 단점이 있다. 스마트 계약서에는 아무것도 변경할 수 없으므로 코드에 버그가 있으면 버그도 고칠 수 없다. 이것이 스마트 계약 보안을 더욱 어렵게 만든다. 일부 회사들은 그들의 계약 건에 대한 감사를 통해 문제를 해결하려고 하지만, 이를 위해서는 상당한 비용이 들어간다. 아마도 앞으로는 스마트 계약 보안 문제를 해결하기 위한 코딩 관행과 개발 주기가 개선될 것이다. 스마트 계약은 앞으로 많은 시행착오를 겪어야 할 초기 단계의 기술이다.

암호화폐와 포크

암호화폐 포크로 음식을 찍어 먹지는 못하겠지만 암호화폐 지갑에 얼마간의 돈을 채울 수는 있다. 인기 있는 암호화폐의 상당수가 다른 암호화폐에서 분할(포크)된 결과로 탄생했다. 이제 암호화폐의 분할에 대한 기본적인 사항과 이를 통해서 어떻게 수익을 얻을 수 있는지 알아보자.

▌포크가 뭐야, 그리고 왜 포크를 하는 거지?

특정 개발자 집단이 자신이 속한 암호화폐가 나아가고 있는 방향에 동의하지 않을 때 이들은 자신의 길을 가기로 결정하고 포크를 시작한다. 실제로 음식을 찍을 때 쓰는 포크를 상상해보라. 포크는 하나의 긴 손잡이에서 시작해 끝부분에 와서 여러 갈래로 나누어진다. 암호화폐 포크도 마찬가지다.

대부분의 암호화폐는 오픈소스 소프트웨어 내에서 구현된다. 이들 암호화폐는 모두 네트워크 내에 모든 사람이 따라야 할 자체적인 프로토콜을 가지고 있다. 그런 규칙들은 대개 다음과 같은 항목을 규정하고 있다.

▶ 블록 크기
▶ 채굴자, 수확자 또는 기타 네트워크 참여자가 받는 보상
▶ 수수료 산정 방법

다만 암호화폐는 본질적으로 소프트웨어 프로젝트이기 때문에 발전이 끝난 상태가 아니므로, 항상 개선의 여지가 있다. 암호화폐 개발자들은 문제를 해결하거나 성능을 높이기 위해 주기적으로 업데이트를 한다. 이런 업데이트 중에는 사소한 것도 있지만, 아예 원래의 암호화폐 작동 방식을 근본적으로 바꾸는 것도 있다. 개발자 그룹이나 네트워크 참여자들 사이의 의견 충돌이 심해지면, 그들은 서로 헤어지기로 하고 자신만의 프로토콜 버전을 만든다. 인간관계에서는 이렇게 헤어지면 수년 동안의 치유가 필요할 만큼 비통함이 수반되지만, 암호화폐의 분할에서 그 정도까지 상심할 만한 상황은 발생하지 않는다.

▌하드 포크와 소프트 포크

암호화폐에서는 '하드 포크(Hard Fork)'와 '소프트 포크(Soft Fork)'라는 두 가지 종류의 포크가 발생할 수 있다. 대부분의 암호화폐는 크게 프로토콜(규칙의 집합)과 블록체인(발생하는 모든 거래가 저장되는 곳) 두 부분으로 구성된다. 암호화폐 커뮤니티의 어느 한 그룹이 자신만의 새로운 규칙을 만들기로 하면 먼저 원래의 프로토콜 코드를 복사한 다음 이를 변경한다(이 경우 암호화폐가 완전히 오픈소스라고 가정하자). 개발자들은 자신들이 원하는 변경을 구현한 후 포크가 활성화되는 지점을 결정한다. 좀 더 구체적으로 말하자면, 포크가 시작될 블록 번호를 선택하는 것이다. 다음 페이지의 그림처럼, 포크를 하는 커뮤니티는 블록999가 암호화폐 블록체인에 게시됨과 동시에 새 프로토콜이 활성화된다고 공지할 수 있다.

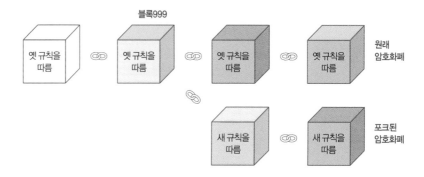

▶ **그림 5-1**
하드 포크의 경우

블록이 지정된 블록 번호에 도달하면 커뮤니티가 둘로 갈라진다. 여가서부터 원래의 규칙을 그대로 지지하기로 한 사람과 새로운 포크를 지지하는 사람으로 나뉜다. 이후 각 그룹은 자신이 지원하는 포크에 새 블록을 추가하기 시작한다. 이 지점에서부터 두 블록체인은 서로 호환되지 않기 때문에 이를 하드 포크가 발생했다고 말한다. 하드 포크에서 노드는 본질적으로 다시는 상호작용하지 않는다. 그들은 옛 블록체인의 노드나 거래도 인정하지 않는다.

반면 개발자들이 암호화폐를 포크하기로 결정했지만, 변경사항을 기존의 프로토콜과 계속 호환되도록 하는 것을 소프트 포크라고 부른다. 다음 그림에서 그 미묘한 차이를 볼 수 있다.

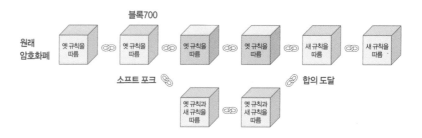

▶ **그림 5-2**
소프트 포크의 경우

▌더 강력한 블록과 새 규칙을 위반하는 블록

소프트 포크가 블록700에서 발생한다고 가정해보자. 커뮤니티 대다수는 새로운 규칙과 옛 규칙을 모두 따르는 더 강력한 블록들을 지지할 수 있다. 즉, 소프트 포크를 통해 옛 규칙과 새 규칙을 모두 따르는 블록 (Forked Block)이 발생한다. 이 경우 커뮤니티가 어느 체인을 계속 이어나 갈지 지지하는 것에 따라 앞으로의 블록체인이 결정되는데, 앞의 그림 처럼 아래 라인의 블록체인을 따라가더라도 추후에 양쪽에서 합의가 이뤄진다면 다시 하나로 합쳐질 수 있다.

시간이 흐른 뒤 양측이 합의점을 찾는다면 새로운 규칙이 네트워크를 통해 업그레이드된다. 업그레이드되지 않은 노드들, 즉 고집 센 괴짜들 은 여전히 채굴 작업을 하면서 시간을 낭비하고 있을 것이다. 그러나 공 동체는 부드럽게 다시 모이고, 모두가 행복하게 산다. 물론 다른 논쟁이 벌어지기 전까지지만 말이다.

▌포크로 생기는 공돈

새로운 포크는 원래의 블록체인을 기반으로 하기 때문에, 블록체인에서 이전에 일어났던 모든 거래도 포크 위에서 이루어진다. 새로운 체인의 개발자들은 포크가 발생한 특정 블록 번호(그림 5-1의 블록999)에서 원장 의 '스냅샷'을 찍어서 체인의 복제 사본을 만든다. 이는 포크가 일어나기 전에 일정량의 암호화폐를 가지고 있었다면, 동일한 양의 새로운 코인 을 얻게 된다는 뜻이다.

포크의 예: 비트코인과 비트코인캐시

암호화폐의 대표 격인 비트코인도 포크를 경험했다. 가장 잘 알려진 비트코인 포크 중 하나는 2017년 8월 1일에 일어났다. 사실 그날은 비트코인캐시(Bitcoin Cash)의 생일이다. 당시 개발자들은 블록의 크기가 얼마여야 하는지에 대해 의견이 일치하지 않았다. 블록 크기를 1MB에서 2MB로 늘리고 싶어한 개발자들도 있었고 아예 32MB까지 더 늘려야 한다고 주장하는 개발자도 있었다. 이에 따라 커뮤니티도 새로운 아이디어를 지지하는 사람들과, 그들이 미쳤다고 일축하는 사람들로 갈렸다. 결국 두 그룹 모두 각자의 길을 가기로 했다. 비트코인캐시에는 새로운 브랜드 기호 BCH가 붙여졌다. 이미 BTC를 가지고 있던 사람들은 그들의 암호화폐 지갑에 같은 양의 BCH가 더해졌다.

 포인트

포크에서 무료 코인을 받으려면 포크가 발생하는 블록 번호 앞에 포크의 기반 플랫폼에 암호화폐를 가지고 있어야 한다. 물론 이것을 공짜 돈이라고 부를 수 있지만, 그 코인들이 향후 얼마의 가치를 보일지는 새로운 포크가 얼마나 잘 작동하고 그 공동체 내에서 얼마나 인기를 얻느냐에 달려 있다.

2018년 8월 기준으로 비트코인캐시(BCH)의 가치는 750달러, 비트코인(BTC)의 가치는 7,500달러로 BCH보다 10배 이상 높았다. 비트코인캐시가 원래 프로토콜의 가치를 능가할 수 있을지는 시간이 더 지나야만 알 수 있을 것이다. 하지만 적어도 포크를 한 사람들(Forker)은 거기에서 이미 어느 정도 수익을 챙겼다. 비트코인캐시는 탄생한 해인 2017년 12월에 2,900달러에 육박했지만 이후 급락해 2022년 5월 10일, 231달러다.

PART ②

이제 암호화폐를
구매해보자

PART 2에서는

· 각자의 성향에 어울리는 거래소나 중개업체를 고르는 방법을 살펴본다.

· 디지털 자산을 저장할 안전한 암호화폐 지갑을 선택하는 방법과
  현재 거래되고 있는 여러 암호화폐에 대한 배경 지식을 알 수 있다.

· 지금 투자하기 가장 좋은 암호화폐를 찾아본다.

· 투자 포트폴리오의 리스크를 최소화하는 방법도 확인한다.

암호화폐 거래소를 취향대로 골라보자

6장에서는

▸ 다양한 유형의 암호화폐 거래소를 알아보고 각각의 특징을 이해한다.

▸ 암호화폐를 살 수 있는 국내외 업체와 그 방법을 알아본다.

▸ 각자에게 맞는 중개업체를 찾아볼 수 있다.

 포인트

암호화폐에 대한 규제는 계속 변하고 있다. 암호화폐를 제도적으로 인정하는 추세가 강해지면서 수요도 증가하고 있고, 암호화폐에 대한 전반적인 시장의 신뢰도도 높은 편이다. 물론 어떤 방법으로 암호화폐를 구매하든 디지털 자산을 보관할 수 있는 암호화폐 지갑이 먼저 준비되어 있어야 한다. 암호화폐 지갑에 대해 알아야 할 추가 정보는 7장(122페이지)에서 설명할 예정이다.

암호화폐의 위험과 보상을 숙지하고 암호화폐 투자를 시작하겠다는 결정을 내렸다면 이제 암호화폐를 구매할 준비가 다 된 것이다. 가장 일반적인 암호화폐 구매 방법은 온라인 암호화폐 거래소에서 암호화폐를 직접 구매하는 것이다.

이미 활발하게 암호화폐를 거래해왔다면 새로운 암호화폐 거래소나 중개업체를 찾아볼 수도 있다. 또 암호화폐로 투자 포트폴리오를 다양화하고 싶다면 신뢰할 수 있는 새로운 온라인 거래업체를 선택해 영역을 넓혀볼 수도 있다. 이제 여러 유형의 거래소, 중개업체, 그 외 암호화폐 제공자들 그리고 각자의 목표에 적합한 거래소를 선택하는 방법을 알아보자.

암호화폐
거래소의 종류

암호화폐 거래소는 디지털 화폐 거래소(Digital Currency Exchange), 줄여서 'DCE'라고도 부른다. DCE는 현금을 암호화폐로 환전할 수 있을 뿐 아니라 그 반대도 가능하도록 도와주는 웹서비스다. 대부분의 거래소는 비트코인을 이더리움, 솔라나 등 다른 디지털 화폐로 교환할 수 있도록 돕는 서비스를 제공하는 데 더 초점을 맞추고 있다.

이런 거래소들은 온라인으로 운영되지만 오프라인 업체도 존재한다. 오프라인 업체들은 고객들에게 전통적인 결제 수단으로 암호화폐를 교환할 수 있는 서비스를 제공한다. 이는 외국을 방문할 때 방문하는 국가의 화폐로 환전해주는 공항 환전소와 유사하다. 암호화폐 거래소의 종류는 다음과 같다.

> ▶ **중앙집중형 암호화폐 거래소(CEX):** 전통적인 증권거래소와 비슷하다.
> ▶ **분산형 암호화폐 거래소(DEX):** 암호화폐 산업의 기본 개념을 고수하는 것을 목표로 한다.
> ▶ **혼합형 암호화폐 거래소:** 중앙집중형 거래소와 분산형 거래소의 장점이 결합되어 있다.

▌중앙집중형 거래소

중앙집중형 거래소는 전통적인 증권거래소와 같은 개념으로 이해하면 쉽다. 매수자와 매도자가 한자리에 모여 있고 거래소가 중간 매개자 역할을 한다. 이런 유형의 거래소는 일반적으로 매수자와 매도자 사이의 거래를 쉽게 할 수 있도록 수수료를 받는다. 암호화폐 세계에서 중앙집중형이란 '당신의 돈을 다룰 누군가 다른 사람을 신뢰한다는 것'을 의미한다. 중앙집중형 거래소는 다음과 같은 프로세스로 거래를 진행한다.

❶ 당신의 돈을 거래소에 맡긴다.

❷ 거래소는 은행이나 신뢰할 수 있는 중개업체에 그 돈을 보관하게 한다.

❸ 암호화폐를 구매하기 위해 거래소에서 거래할 암호화폐의 가격 동향을 주시한다.

❹ 미국 달러를 암호화폐와 교환할 수 있다. 그러나 이곳에서는 두 종류의 암호화폐를 서로 교환하는 게 더 낫다. 암호화폐 간 거래에 대해서는 10장*에서 자세히 설명할 예정이다.

❺ 매수 또는 매도 주문을 한다.

❻ 거래소는 당신의 매수 주문과 일치하는 매도자를 찾는다. 당신의 조건과 맞는 매도자를 찾아줄 것이다.

대부분의 중앙집중형 암호화폐 거래소는 암호화폐 간 거래를 제공한다. 그러나 모든 거래소가 법정통화와 암호화폐 거래를 제공하지는 않는다.

이제 어느 거래소가 어떤 유형의 거래를 제공하는지에 대해 알아보자.

법정통화와 암호화폐 간 거래를 제공하는 중앙집중형 거래소

암호화폐 투자가 처음이라면, 법정통화와 암호화폐 간 거래를 제공하는 거래소에서 시작하는 것이 좋다. 인기 있는 중앙집중형 거래소는 다음

• 10장 » 172페이지

 팁

암호화폐 간 거래는 하나의 암호화폐(비트코인 등)를 다른 암호화폐(이더리움 등)로 교환하는 것을 말한다. 그리고 법정통화와 암호화폐 간 거래는 (미국 달러 같은) 전통적인 법정 화폐를 비트코인 같은 암호화폐와 교환하는 것을 뜻한다.

업비트
upbit.com

빗썸
www.bithumb.com

코인베이스
www.coinbase.com

비트렉스
bittrex.com

크라켄
www.kraken.com

제미니
gemini.com

로빈후드
share.robinhood.com

비트파이넥스
www.bitfinex.com

과 같다.

- ▸ **업비트(Upbit)**: 카카오톡과 연계되어 편리한 UI/UX를 제공하며 국내에서 가장 많이 사용하는 거래소 중 하나다.
- ▸ **빗썸(Bithumb)**: 2014년 설립된 국내 최대 거래소 중 하나로 다양한 부가 기능을 제공하고 있다.
- ▸ **코인베이스(Coinbase)**: 세계에서 가장 인기가 높은 이 거래소는 비트코인, 비트코인캐시, 라이트코인, 이더리움 등을 지원한다. 미국 달러, 유로, 영국 파운드 등의 법정통화를 모두 사용할 수 있다.
- ▸ **비트렉스(Bittrex)**: 빠르게 성장하는 이 거래소는 시애틀에 본사를 두고 있으며 미국 달러와 비트코인, 이더리움, 테더 간의 다양한 거래를 지원한다.
- ▸ **크라켄(Kraken)**: 크라켄은 미국 달러와 유로의 거래를 지원하고 있으며, 웹사이트에 들어가면 지원 가능한 거래 목록을 확인할 수 있다.
- ▸ **제미니(Gemini)**: 제미니는 미국 내에서도 규제 기준이 높은 뉴욕에 본사를 두고 있다. 비트코인, 이더리움, 지캐시 등의 암호화폐와 미국 달러 간 거래를 지원한다.
- ▸ **로빈후드(Robinhood)**: 주식과 ETF 서비스를 제공하는 인기 금융 서비스 및 트레이딩 애플리케이션이었던 로빈후드는 현재 비트코인, 이더리움 등과 법정통화 간 거래를 제공하고 있다. 리플, 스텔라 등 많은 암호화폐의 실시간 시장 데이터도 지원한다.
- ▸ **비트파이넥스(Bitfinex)**: 전문 투자자들이 자주 이용하는 거래소로, 이곳에서 투자를 시작하려면 최소 1만 달러의 자본금이 필요하다. 비트파이넥스는 다양한 암호화폐를 지원하며, 미국 달러, 일본 엔, 유로, 영국 파운드 등 지원하는 법정통화도 다양하다. 다만 잔액을 계좌에 넣어두고 시장에 적극적으로 참여하지 않으면 비활동 수수료가 부과될 수도 있다.

암호화폐 간 거래를 제공하는 중앙집중형 거래소

인기 있는 암호화폐 간 거래를 제공하는 중앙집중형 거래소는 다음과 같다.

> ▶ **바이낸스(Binance):** 바이낸스는 빠르게 성장하고 있는 거래소 중 하나이며, 모바일 애플리케이션을 제공한다.
> ▶ **후오비(Huobi):** 이 거래소는 테더, 비트코인, 이더리움, 후오비 토큰(HT) 등 다양한 암호화폐 간 거래를 지원한다. 마찬가지로 별도 애플리케이션을 다운받을 수 있다.
> ▶ **쿠코인(KuCoin):** 빠르게 성장하고 있는 거래소다. 웹사이트에 들어가면 거래를 지원하는 다양한 암호화폐들을 확인할 수 있다. 모바일 애플리케이션도 제공한다.

바이낸스
www.binance.com

후오비
www.huobi.com

쿠코인
www.kucoin.com

▌ 분산형 거래소

분산형 암호화폐 거래소는 중개업체에 자금을 맡기지 않는 거래소다. 즉, 매수자와 매도자가 함께 모여 서로 간에 직접 거래를 진행하는 장터다. 분산형 거래소는 P2P 거래를 쉽게 해준다. 분산형 거래소에서는 다른 시장 참여자로부터 직접 암호화폐 자산을 사고팔 수 있다. 그뿐만 아니라 스마트 계약이나 아토믹 스와프(Atomic Swap, 다른 코인을 서로 교환하는 것)도 진행할 수 있다.

인베스토피디아(Investopedia)에 따르면 스마트 계약은 '매수자와 매도자 간 약정 조건이 코드에 직접 기재된 자동 실행 계약'으로 중앙집중형 거래소 없이도 암호화폐를 다른 암호화폐로 교환할 수 있는 아토믹 스와프의 기반 기술이다. 분산형 거래소, 스마트 계약, 아토믹 스와프 등을 이용하면 중앙집중형 거래소에 암호화폐를 맡기는 대신 거래소를 운영하는 네트워크에 의해 중앙집중화된 에스크로(Escrow, 구매자와 판매자 간 신용관계가 불확실할 때 제3자가 상거래가 원활히 이루어질 수 있도록 중개를 하는 매매 보호 서비스)에 맡긴다. 암호화폐 거래가 청산될 때까지 판매자의 계좌로 자금이 이체되지는 않지만, 당신이 구매자인 경우 당신의 계좌에서 현금이 즉시 인출된다.

전체 시장이 분산형을 지향하기 때문에 분산형 거래소가 암호화폐를 사고파는 것이 더 타당하다고 생각할 수 있다. 실제로 암호화폐가 인기를 끌게 된 것도 개인 스스로 각자의 은행이 되어 자신의 자산을 책임질 수 있게 해주었기 때문이다. 동시에 바로 분산형 거래소 지지자들이 중앙집중형 거래소가 암호화폐를 사용하는 근간이 되는 기본적인 철학을 위태롭게 한다고 주장하는 이유이기도 하다. 이제 분산형 거래소가 직면한 몇 가지 문제와 주목할 만한 거래소를 소개한다.

분산형 거래소의 문제

물론 분산형 거래소가 앞으로 중앙집중형 거래소를 대체할 수도 있겠지만, 아직 몇 가지 문제가 있다. 분산형 암호화폐 거래소는 해킹이 더 어렵다. 반면 자칫 당신조차 자신의 돈에도 접근하지 못하는 일이 생길 수 있다. 만약 로그인 정보를 잊어버리면 시스템이 당신을 해커로 인식하기 때문에 계정이 아예 잠겨 접근하지 못할 수 있다.

분산형 거래소의 또 다른 문제로는 거래할 수 있는 양이 적어 유동성이 낮다는 점이다. 여기서 유동성이란 시장에서 암호화폐를 얼마나 빨리 사고팔 수 있는지를 말한다. 분산형 거래소는 적어도 중앙집중형 거래소보다는 사람들의 이용도가 높지 않기 때문에 분산형 거래소에서 매수 및 매도 주문을 할 때 그 조건에 일치하는 사람을 찾는 데 더 어려움을 겪을 수 있다. 이 문제는 분산형 거래소의 인기가 높아지지 않는 한 유동성이 계속 낮게 유지되는 악순환으로 이어질 가능성이 있다. 유동성이 높아지지 않으면 분산형 거래소의 인기는 오르지 않을 것이기 때문이다. 중앙집중형 거래소가 분산형 거래소보다 더 인기 있는 이유이기도 하다.

게다가 대부분의 분산형 거래소는 미국 달러 같은 법정통화를 입출금하는 서비스를 제공하지 않는다. 또 비용이 높은 데다가 속도도 느리다. 주문을 취소하거나 암호화폐를 송금하는 등 모든 작업에 수수료를 지불해야 하고 블록이 확인될 때까지 기다려야 한다. 최소 몇 분에서 때로는 몇 시간까지 소요될 수 있다.

가장 인기 있는 분산형 거래소

분산형 거래소는 앞서 열거한 문제들이 발생할 수 있지만 모두 그런 것은 아니다. 계속해서 개선된 프로토콜들이 출시되고 거래 속도나 유동성에서도 발전이 이뤄지고 있다. 현재 인기 있는 분산형 암호화폐 거래소는 다음과 같다.

유니스왑
uniswap.org

스시스왑
www.sushi.com

카이버
kyber.network

▶ **유니스왑(Uniswap):** 유니스왑은 인기 있는 탈중앙화 트레이딩 프로토콜로, 탈중앙화 금융(DeFi) 토큰의 자동화된 트레이딩을 활용한다.

▶ **스시스왑(SushiSwap):** 스시스왑은 유동성 풀과 자동 시장 조성자를 활용하여 시장의 토큰 스왑 유동성을 생성하는 탈중앙형 거래소다. 2020년 시장에 처음으로 선보였다.

▶ **카이버(Kyber):** 카이버는 암호화폐 프로젝트를 지원하기 위해 유동성 기금을 만들고, 이를 필요한 위치에 공급하는 프로젝트다. 토큰 스왑, 전송, 스케일

링과 통합에 친화적인 아키텍처가 이 프로젝트의 목표로 알려져 있다.

▶ dYdX: 탈중앙화 거래소로 특별한 운영주체 없이 유저들에 의해 돌아가는 거래소다. 2021년 9월, 자체 거버넌스 토큰을 발행했다.

▶ 0x: 이더리움 네트워크상의 탈중앙화 거래소를 만들 수 있도록 하는 암호화폐다. 창시자는 윌 워런이다.

▶ IDEX: 이더리움 코인 거래를 위한 분산형 거래소인 IDEX는 가장 사용자 친화적인 분산형 거래소 중 하나이며, 암호화폐 지갑에 쉽게 연결할 수 있다. 이에 대한 세부 내용은 7장*에서 더 자세히 설명할 예정이다.

dYdX
dydx.exchange

0x
www.0x.org

IDEX
idex.io

* 7장 » 122페이지

이런 업체들은 분산형 거래소의 가장 순수한 형태를 취한다. 이들은 전적으로 온체인(Onchain)이다. 즉, 모든 주문이 블록체인을 통해 직접 상호 작용한다는 의미다. 이런 분산형 거래소들에는 자체적인 문제들이 존재한다. 반면 대부분의 중앙집중형 거래소에는 그런 문제들이 없다.

▌혼합형 거래소

기술 자료

혼합형 거래소는 전통적인 거래소의 빠르고 쉬운 유동성에 익숙한 기관 사용자들에게 더 쉬운 암호화폐 거래 서비스를 제공하는 방법을 모색하고 있다. 혼합형 거래소는 중앙집중형 요소를 분산형 요소의 네트워크에 연결하는 접근 방식을 사용하기 때문에 사용자는 중앙집중형 거래소처럼 플랫폼에 접속하고 분산형 거래소처럼 P2P 거래에 참여할 수 있다. 물론 혼합형 거래소는 블록체인상에서 모든 거래를 기록하고 확인한다.

혼합형 암호화폐 거래소 접근 방식은 중앙집중형 거래소와 분산형 거래소의 장점을 결합해 소비자들에게 두 타입의 장점을 모두 제공하는 것을 목표로 한다. 혼합형 거래소는 중앙집중형 거래소의 편리한 기능성과 유동성, 분산형 거래소의 개인정보 보호 및 보안성을 모두 제공하려고 노력한다. 이런 혼합형 거래소가 암호화폐 거래 경험의 진정한 미래라고 보는 이들도 있다.

혼합형 거래소는 온체인과 오프체인 구성 요소를 모두 통합하기 때문에 반분산형 거래소라고 불리기도 한다. 오프체인 거래를 통해 암호화폐 가치를 블록체인 밖으로 이동(현금으로 인출)시킬 수 있다. 최근 주목받고

넥스트
nextchain.dev

있는 혼합형 암호화폐 거래소는 넥스트 거래소다. 이들은 자체 코인인 넥스트(NEXT)를 보유하고 있으며, 비트코인과 유로 간, 이더리움과 미국 달러 간 거래 등 다양한 암호화폐와 법정통화 간 거래를 지원한다.

암호화폐 거래소 선택하기

팁

처음 거래하는 사람들은 다각화로 투자하는 방향도 생각해볼 수 있다. 다각화 전략은 실수를 줄여주는 선택이 될 수 있기 때문이다. 각 거래소는 서로 다른 장단점을 제공하기 때문에, 다양한 매장에서 쇼핑하듯 암호화폐 구매를 시도해볼 수 있다. 더 좋은 품질의 식재료를 사기 위해 정육점과 청과상을 각각 들르는 것처럼 말이다.

앞으로 더 다양한 거래소가 시장에 진출할 것이다. 그렇다면 중앙집중형 거래소, 분산형 거래소, 혼합형 거래소 중 어떤 유형이 자신에게 가장 적합할까? 유형을 선택한 다음엔 어느 거래소를 선택하면 좋을지 생각해보자. 각 거래소의 가장 중요한 몇 가지 특성을 살펴보면 최선의 결정을 내리는 데 도움이 될 것이다. 이제 암호화폐 거래소를 선택할 때 고려해야 할 몇 가지 사항에 초점을 맞춰보자.

▌보안

업비트
upbit.com

빗썸
www.bithumb.com

코인원
coinone.co.kr

고팍스
www.gopax.co.kr

보안은 암호화폐 업계의 가장 중요한 이슈 중 하나다. 거래소는 해킹, 사기 등 지속적인 위험에 노출되어 있다. 작전 세력(Pump and Dump Scheme)도 조심해야 한다. 이들은 누군가가 투자자들에게 암호화폐를 사도록 유인해 인위적으로 가격을 끌어올린 다음(Pump) 자신이 보유한 자산을 높은 가격에 팔아 치운다(Dump). 암호화폐 거래소를 선택하기 전에 거래소에 대해서도 알아봐야 하는 이유다. 레딧 같은 소셜 뉴스 웹사이트나 『포브스』 리뷰를 주의 깊게 살펴보면 합법적이고 안전한 플랫폼을 선택할 수 있다. 국내 암호화폐 거래소로는 업비트, 빗썸, 코인원, 고팍스가 있다. 거래소에서 보안에 대해 확인해야 할 기능은 다음과 같다.

- ▸ **이중 인증(2FA):** 이중 인증 또는 2단계 인증은 거래소가 알고 있는 것(비밀번호)과 거래소가 가지고 있는 것(거래소가 2단계 검증을 위해 당신의 휴대폰이나 이메일 주소로 보내는 여섯 자리 숫자)의 조합을 사용해 당신의 신원을 확인하는 방법이다.
- ▸ **콜드 스토리지(Cold Storage):** 거래소가 온라인 해킹 위험을 낮추기 위해 당신의 자산을 오프라인에 저장하는 것을 말한다. 암호화폐 오프라인 지갑을 콜드 스토리지라고 부르는 반면, 온라인 지갑을 핫 월렛(Hot Wallet)이라고 부른다. 이 기능에 대해서는 7장*에서 자세히 설명할 예정이다.

• 7장 》 122페이지

- ▸ **잔고증명(PoR, Proof of Reserve):** 잔고증명은 거래소가 보유하고 있는 자금 총액이 익명으로 처리된 모든 고객 잔액의 합을 충당할 정도의 금액이 되는지 확인하기 위해 거래소를 감사하는 역할을 한다.

▌ 지원되는 통화(암호화폐와 법정통화)

시장에서 거래되는 수천 가지의 암호화폐 중 어떤 것이 자신에게 적합한지 결정한 다음, 해당 거래소에서 그 암호화폐를 지원하는지 확인하자. 처음 암호화폐를 구매하려는 사람이라면 원화를 예치할 수 있는 거래소가 필요할 것이다. 암호화폐 구입에 암호화폐만을 사용할 수 있는 거래소도 있고 미국 달러나 유로, 또는 자국 통화 같은 법정통화를 사용할 수 있는 거래소도 있다. 다양한 암호화폐 옵션에 대한 자세한 내용은 8장*에서 설명할 예정이다.

• 8장 》 137페이지

▌유동성

유동성이 충분하지 못하다면 가격이 탄력을 받지 못하고 거래 속도도 저하될 수 있다. 어떤 암호화폐를 구매할 것인지 결정했다면 해당 거래소가 빠르고 쉬운 거래를 위해 충분한 유동성과 거래량을 확보하고 있는지 확인해야 한다. 또 유동성이 풍부하면 '큰손'들에 의해 큰 영향을 받지 않고 암호화폐를 사고팔 수 있다. 매수자와 매도자가 많을수록 당연히 유동성도 높아진다.

팁

거래소의 유동성을 측정하는 가장 좋은 방법은 가장 최근의 거래량을 확인해보는 것이다. 코인마켓캡 같은 사이트에서는 거래량과 유동성을 기준으로 거래소의 순위를 확인해볼 수 있다.

코인마켓캡
coinmarketcap.com

▌수수료

거래소는 다양한 방법으로 고객에게 요금을 청구한다. 고객으로부터 받는 수수료가 그들이 사업을 유지하는 수익원이기도 하다. 거래소가 가장 흔하게 사용하는 방법은 거래 금액에서 일부를 떼가는 것이다. 대부분의 거래소는 1% 미만의 수수료를 부과하지만, 경쟁이 치열하다 보니 0.2% 수준의 낮은 수수료를 부과하는 곳도 있다. 월 거래량이 많을수록 낮은 수수료를 부과하는 경향이 있다.

포인트

수수료를 적게 내는 것은 언제나 매력적이지만 거래소 선택에는 수수료보다는 보안과 유동성을 우선시하는 것이 바람직하다. 수수료가 전혀 없는 거래소가 해커의 공격을 당해 당신의 모든 자금을 잃게 된다면, 투자의 목적에 전혀 부합하지 않기 때문이다.

▌편의성

편의성은 초보자들에게 특히 중요하다. 거래소가 이용하기 쉽고 직관적이며 빠른 사용자 인터페이스를 제공하면 훨씬 편리하게 이용할 수 있기 때문이다. 편의성은 당신이 암호화폐 투자 활동에 어떤 기기를 활용하는지에 따라 달라지기도 한다. 당연한 얘기지만 모바일 애플리케이션 서비스가 있는 거래소가 좋다. 좋은 사용자 환경은 거래소에서 더 많은 정보를 얻을 수 있게 해주고 보다 효율적인 거래를 돕는다. 훌륭한 인터페이스와 모바일 지원을 갖춘 거래소의 또 다른 이점은 빠르게 성장해 더 많은 거래량과 더 풍부한 유동성을 제공해준다는 점이다.

▊ 소재지

국제적으로 인기 있는 거래소보다는 국내 사이트가 더 나을 수 있다. 거래소가 어떤 법정통화를 지원하는지, 해외 고객보다 국내 고객에게 유리한 수수료를 부과하는지 등을 반드시 확인해보아야 한다. 거래소의 소재지는 거래소가 준수해야 하는 법과 깊은 관련이 있다. 아직 암호화폐에 대해 구체적으로 규제하고 있는 나라는 거의 없다. 현재 국내 암호화폐 거래소의 사용자 참여 자체를 막는 규제는 없지만, '트래블 룰(Travel Rule, 특정금융법상 자금이동규칙이라 불리는 것으로 암호화폐 이전 시 정보 제공 의무)' 시행으로 국내-해외 거래소 간 입출금이 다소 까다로워지고 있다.

▊ 결제 방법

거래소가 인정하는 결제 방법을 확인해야 한다. 계좌이체로 입금을 요구하는 거래소도 있고, 페이팔, 신용카드, 체크카드로 결제를 요구하는 거래소도 있다. 일반적으로 결제 방법이 쉬울수록 더 높은 수수료를 요구한다. 아직 신용카드나 체크카드로 결제할 수 있도록 하는 거래소는 그렇게 많지 않다. 다양한 서비스를 제공하는 거래소는 반드시 그 편리함에 대한 대가를 요구할 것이다. 신용카드와 페이팔로 비트코인을 교환할 수 있는 엑스코인(xCoins)도 있다. 그들은 자사 시스템을 '대출'이라고 부르지만, 개념은 사고파는 것과 비슷하다.

엑스코인
xcoins.io

▌ 고객지원 서비스

 팁

포럼에서 찾을 수 있는 또 다른 중요 정보는, 고객들이 계정이 잠겨 접근하지 못한다는 불만의 소지를 거래소가 제공했는지 여부다. 만약 이런 불만이 많은 업체라면 다른 거래소를 선택하는 것이 좋다.

 비트코인토크
bitcointalk.org

어느 거래소의 고객지원 서비스가 좋은지 확인하려면 거래소 FAQ 페이지에서 찾아볼 수 없는 문의 사항을 고객지원부에 직접 문의해보거나 비트코인토크 같은 온라인 암호화폐 포럼을 이용해보자. 이런 포럼에는 거래소에 대한 고객들의 불만 사항들이 올라와 있다. 빠르게 성장하는 거래소들은 늘 고객 서비스를 개선하며 이런 불만에 대해 적극 대응한다. 그것이 장기적으로는 거래소의 성장에도 도움이 되기 때문이다.

▌ 거래 옵션

거래 옵션은 특히 숙련된 거래자들에게 중요하다. 투자위험감수도와 재무 목표에 따라 신용 거래 같은 특정 유형의 주문을 할 수 있다. 이 경우, 문제에 휘말리기 전에 투자 활동과 관련된 위험 요소를 충분히 숙지해야 한다. 이에 관련한 내용은 4부*에서 더 자세히 다룰 예정이다.

* 4부 ≫ 241페이지

▌ 거래 한도

대부분의 거래소는 일일 인출 및 입금 한도가 있다. 하루에 수백만 건의 거래를 하는 기관 거래자가 아니라면 이러한 제한은 크게 문제가 되지는 않는다. 그러나 당신의 투자 스타일과 목표에 따라 거래 한도를 유념할 필요가 있다. 반드시 계정을 만들지 않아도 거래소의 웹사이트에서 그 거래소의 거래 한도에 대해 알 수 있다.

▌ 암호화폐 중개업체

온라인으로 암호화폐를 구매하고 투자하는 사람이라면 암호화폐 거래소가 가장 일반적인 방법일 것이다. 하지만 단순히 암호화폐의 가격 움직임, 즉 가격의 등락에 투자를 할 생각이라면 중개업체를 고려해보는 것도 좋다. 암호화폐가 인기를 끌면서 전통적인 외환 중개업체들도 암호화폐까지 서비스를 확대하기 시작했다. 다만 국내의 경우는 아직 장외거래(OTC)를 지원하지 않고 있다. 미국에서도 2022년에 골드만삭스에서 비트코인 옵션거래를 시작했다. 다만 골드만삭스는 현재 인도불가(Non-deliverable) 옵션거래를 지원한다. 인도불가 옵션은 계약 만기 시 비트코인과 같은 기초 자산을 인도하는 것이 아니라 현금으로 결제하는 옵션이다. 이제 전통적인 외환 중개업자들이 어떤 일을 하는지 알아보고, 암호화폐 거래 활동에 그들을 활용하는 것에 대한 찬반양론에 대해 살펴보기로 한다.

중개업체가 하는 일

전통적인 외환 중개업체들은 각 플랫폼에서 거래자들이 거래를 실행하도록 돕는 시장 중개인이다. 이들은 개인 투자자와 대형 은행 네트워크 사이의 중간 중개자다. 외환 중개업체들은 대개 특정 통화에 대해 하나 이상의 은행으로부터 주문(매입 및 매도) 가격을 받은 다음 최고의 가격을 투자자에게 제공한다. 그러면 투자자는 중개업체의 플랫폼에서 스트리밍되는 가격에 따라 원하는 통화를 거래할 수 있다.

중개업체 이용의 장단점

암호화폐 서비스를 제공하는 외환 중개업체 중에서는 투기성 암호화폐

기술 자료

중개업체들은 장외거래. 즉, 중앙집중형 거래소가 아닌 딜러 네트워크를 통해 통화를 거래한다. 중개업체는 거래 위험을 이른바 유동성 제공자(Liquidity Providers)라고 불리는 제3자에게 떠넘긴다. 이런 플랫폼에서 암호화폐 서비스를 제공하는 경우, 그런 유동성 제공자들은 앞서 우리가 살펴본 암호화폐 거래소인 경우가 많다.

거래를 광고하기 위해 노골적인 마케팅을 시작한 곳도 있다. 암호화폐 거래소를 사용하는 것과 비교했을 때, 중개업체를 통한 거래를 진행할 경우 장단점은 다음과 같다.

- ▶ **높은 유동성이라는 장점**: 중개업체들은 여러 거래소 채널을 보유해 고객으로서는 유동성이 크게 높아진 셈이다. 따라서 매수 및 매도 주문을 적시에 완료할 가능성이 더 크다. 중개업체는 주문을 체결할 매수자와 매도자를 찾을 수 있는 여러 채널을 가지고 있어서 매수 및 매도 주문 가격에 최대한 근접한 가격으로 주문을 완료할 수 있다.
- ▶ **즉시 거래가 가능하다는 장점**: 즉시 거래를 시작할 수 있다. 거래소를 통하면 거래가 확인되기까지 며칠을 기다려야 하는 경우도 있다. 반면 대부분의 중개업체는 거래 확인이 훨씬 더 빠르다.
- ▶ **암호화폐를 소유할 수 없다는 단점**: 중개업체를 통해서는 암호화폐를 자산으로 투자할 수 없다. 중개업체를 통해 단순히 시장의 가격 변동성에 투기하는 것이다. 중개업체를 통한 거래는 실제로 암호화폐 시장에 구매하거나 투자하는 것이 아니다. 즉 당신이 중개업체를 통해 암호화폐를 사더라도 그것을 실제로 소유하는 것은 아니다.
- ▶ **지갑 접근성이 낮은 단점**: 지갑에 접근할 수 없다. 위와 같은 이유로, 실제 포트폴리오나 지갑은 제공되지 않는다. 따라서 당신은 암호화폐를 양도하거나 취득할 수 없다.

이와 같은 장단점 외에도, 장단점이 동시에 될 수 있는 조건들도 있다. 물론 중개업체 사이트에 들어가 보면 이런 특징들을 모두 장점으로 소개하고 있지만, 겉으로 드러나지 않은 위험 요소도 판단해야 한다. 다음과 같은 사례는 장점인 동시에 단점인 경우다.

장단점: 하락 장세를 이용할 수 있다

통화(법정통화든, 암호화폐든)를 실제로 구매하는 것이 아니므로 하락 장세에도 돈을 걸 수 있다. 그리고 예측한 대로 가격이 내려간다면 실제로 돈을 벌 수 있다. 이를 공매도(Short-selling)라고 하는데, 이런 공매도는 거래소나 전통적인 주식시장에서도 가능하다. 그러나 중개업체, 거래소 또는 그런 거래 서비스를 제공하는 사람으로부터 돈을 빌려야 하므로 많은 위험이 수반된다.

장단점: 레버리지로 거래할 수 있다

레버리지(차입투자) 거래는 중개업체에서 돈을 빌려 거래하는 것을 말한다. 100달러로 계좌를 개설한 다음 50배 이상의 레버리지를 허용하는 중개업체도 있다. 100달러의 돈을 가지고 5,000달러어치의 주문을 할 수 있는 것이다. 하지만 당신이 노스트라다무스도 아니고 예측이 잘 맞는 수정 구슬을 가지고 있는 것도 아니므로, 레버리지를 사용하는 만큼 리스크도 커진다는 것을 알아야 한다.

레버리지로 계좌를 만드는 방법은 어렵지 않다. 당신에게 1,000달러가 든 계좌가 있다고 하자. 레버리지를 사용하지 않고 거래 주문을 내고 그 거래에서 50달러를 벌었다고 하자. 그런데 만일 당신이 10배의 레버리지를 사용했다면 500달러를 벌었을 것이다. 그러나 반대로 시장이 당신의 예상과 어긋나 50달러의 손실을 보았다고 하자. 이 경우 당신이 10배의 레버리지를 사용했다면 500달러를 잃게 되어 당신 계좌 금액의 절반을 잃게 된다. 멋모르고 레버리지를 사용한 초보자들은 대개 며칠 안에 계좌의 돈을 몽땅 날리게 될 수도 있다. 이처럼 중개업체의 정책에 따라 투자자들의 손실이 그들의 당초 예금 잔고를 초과하는 경우가 자주 발생하는데(이를 깡통 계좌라고 부른다), 이것은 투자자들이 중개업체에

 포인트

자신이 무엇을 하고 있는지를 정확히 알고 있고, 레버리지를 사용해 초기 투자금 중 일부 또는 전부를 잃는 최악의 시나리오에 대비할 수 있을 만큼 당신의 투자위험감수도가 높다면 레버리지를 활용하는 것이 장점이 될 수 있다.

빚지고 있다는 것을 의미한다.

▌중개업체 선택하기

중개업체를 선택하는 단계는 앞서 언급한 거래소 선택 단계와 매우 유사하다. 다만 명심해야 할 몇 가지 추가 규칙이 있다.

팁

이 분야의 주요 중개업체 중 하나가 이토로(eToro)다. 이외에 포레스트 파크 FX(Forest Park FX)에 들어가면 각 국가별 중개업체를 찾을 수 있으나, 국내 업체는 아직 없는 실정이다.

이토로
etoro.com

포레스트 파크 FX
forestparkfx.com

▶ **중개업체가 규제되고 있는지 확인하라.** 각국마다 거래소의 안전을 보장하기 위해 그들을 정기적으로 감사하는 엄격한 국제 규제기관이 있다. 중개업체가 두 개 이상의 규제기관에 의해 규제되고 있는지 확인하자. 중개업체의 웹사이트에 들어가면 규제 정보를 찾을 수 있다.

▶ **입출금이 쉬운 곳을 선택하라.** 좋은 중개업체는 번거로움 없이 자금을 예치하고 수익이 발생하면 바로 현금화할 수 있다. 중개업체들이 당신의 자금을 보유하고 있는 유일한 이유는 거래를 쉽게 하기 위해서인데 당신의 수익을 찾기 어렵게 만들 아무런 이유가 없다.

▶ **과장광고를 조심하라.** 일부 중개업체들은 사람들이 할인을 좋아한다는 것을 잘 알고 있다. 그래서 그들은 고객을 끌기 위해 다양한 프로모션을 한다. 프로모션 자체는 나쁠 게 없지만, 중개업체들은 종종 새로운 거래자들을 위험한 투자에 끌어들이거나, 신뢰할 수 없는 상품을 이용하게 하려고 과대광고를 하는 경우가 있으므로 주의해야 한다. 따라서 투자 전에 중개업체에 대해 충분한 조사를 해야 한다.

암호화폐를 사는 다른 방법

본 장 앞부분에서 암호화폐를 구매하거나 투자하는 가장 일반적인 방법 몇 가지를 살펴보았다. 하지만 이 방법들만 있는 것은 아니다. 이제 암호화폐를 구입할 수 있는 몇 가지 다른 편리한 방법을 알아보자. 다만 암호화폐를 구입한 후 어디에 보관해야 하는지에 대해서는 7장*에서 다룰 예정이다.

* 7장 ≫ 122페이지

▌펀드

많은 사람이 암호화폐 시장에 접근하고 싶어하면서도 비트코인이나 리플 같은 특정 암호화폐에 직접 투자하고 싶어하지는 않는다. 어쩌면 그들은 개별 주식과 지수 등 서로 다른 자산을 한 바구니에 담는 뮤추얼펀드나 상장지수펀드(ETF) 같은 상품을 찾고 있을지도 모른다. 국내에서도 2022년 2월 국민은행이 암호화폐 ETF를 출시할 예정이라고 발표했다. 일부 블록체인 기업에서 암호화폐 ETF를 준비하고 있지만, 여러 규제로 인해 아직은 아주 쉬운 상황은 아니다. 미국의 다양한 ETF에 관련한 내용은 13장*에서 살펴볼 수 있다.

* 13장 ≫ 208페이지

펀드의 장점은 다양성이다. 몇 가지 개별 종목을 일일이 선택해야 하는 번거로움 없이 하나의 펀드를 선택하면 여러 종류의 인기 암호화폐에 투자할 수 있기 때문이다. 다만 높은 비용이 든다는 단점이 있다. 암호화폐 펀드에 가장 가까운 것이 코인베이스 프로(Coinbase Pro)다. 코인베이스의 인덱스펀드는 광범위한 자산을 다각적으로 투자해 투자자가 개별 자산을 선택할 필요 없이 전체 자산의 성과를 추적할 수 있다. 코인

코인베이스 프로
pro.coinbase.com

베이스 프로는 더 광범위한 디지털 자산을 커버하기 위해 국제적으로 접근하기 쉬운 펀드를 출시하는 작업을 계속하고 있다.

▌ 신용카드

코인마마
go.coinmama.com

코인마마 같은 금융 서비스에서는 비트코인, 이더리움, 라이트코인, 비트코인캐시, 카르다노(ADA), 이더리움클래식(ETC) 등의 암호화폐를 신용카드로 구매할 수 있다. 다만 아직 모든 국가에서 이 서비스를 이용할 수 있는 것은 아니다. 코인마마 사이트에 들어가면 신용카드로 구매 가능한 서비스를 확인할 수 있다. 바이낸스 등 일부 거래소에서도 신용카드를 사용해 소액 암호화폐를 구입할 수는 있지만 현재 국내 거래소에서는 불가능하다.

▌ 페이팔

팁

암호화폐 시장이 아직 변동이 심하기 때문에 언제든 이런 정보들은 변경될 수 있다. 암호화폐 시장의 주요 뉴스를 살피고 싶다면 뉴스비트코인(www.newsbtc.com)이나 코인데스크(www.coindesk.com) 같은 웹사이트를 둘러보자.

뉴스비트코인
www.newsbtc.com

코인데스크
www.coindesk.com

페이팔도 자금 이체를 지원하는 또 다른 형태의 온라인 결제 시스템으로, 전통적 화폐에 대한 전자적 대안 역할을 하고 있다. 페이팔은 일찍이 2014년부터 비트코인 통합 작업을 시작했다. 몇몇 거래소들은 여전히 페이팔 송금을 수용하고 있는데, 이는 앞으로 언젠가 암호화폐를 간접적으로 구매하는 데 페이팔을 사용할 수 있다는 것을 의미한다. 그러기 위해서는 앞서 언급했듯이, 페이팔 결제를 지원하는 거래소나 중개업체 같은 제3자, 즉 중간 매개자를 선택해야 한다. 현재 페이팔의 송금을 지원하는 거래소는 벌웍스(VirWox)인데, 벌웍스의 가장 큰 문제점은 높은 수수료다. 중개업체를 통해 암호화폐를 거래하는 경우라면 이토로가 페이팔을 지원하는 주요 중개업체 중 하나다.

▌현금

팁

비트코인 같은 암호화폐를 사기 위해 현금을 지불하는 사람은 암호화폐를 소유하고 있으면서 이를 언제든 현금으로 팔 의향이 있는 사람을 찾아야 한다.

로컬비트코인
localbitcoins.com

팁

현금으로 암호화폐를 사는 방법으로 스퀘어 캐시(Square Cash)를 언급하는 사람들도 있다. 그러나 이곳은 개인끼리 비트코인을 사고팔도록 도와주는 애플리케이션으로 정확하게 현금 결제 거래소는 아니다.

비트퀵
www.bitquick.co

팍스풀
paxful.com

현금으로 암호화폐를 사고파는 사람들을 찾을 수 있는 곳은 로컬비트코인(local bitcoin)이다. 이 웹사이트에 무료로 가입하고 구입 또는 판매하려는 금액을 입력한 다음 원하는 결제 방법(이 경우 현금)을 선택하면 상대방을 찾을 수 있다.

다른 현금 거래 사이트들은 판매자가 은행 정보를 제공하면 구매자가 은행에 돈을 예치하는 방식으로 구매자와 판매자를 연결한다. 영수증을 보관해야 돈을 보낸 것을 증명할 수 있으며 판매자가 비트코인을 보내줄 수 있다. 이러한 형태의 거래소로는 시카고에 위치한 아테나비트코인(Athena Bitcoin)에 속한 비트퀵(BitQuick)과 델라웨어에 위치한 팍스풀(Paxful)이 있다.

▌암호화폐 ATM

암호화폐 ATM의 인기도 차츰 높아지고 있다. 심지어 개인들조차 추가 소득을 얻기 위해 별도 ATM을 설치하는 방법을 모색하고 있다. 비트코인(또는 다른 암호화폐) ATM도 일반 ATM과 똑같은 방식으로 작동한다. ATM에서 암호화폐를 구매하는 첫 단계는 당신 가까운 곳에 있는 ATM을 찾는 것이다. 빠른 온라인 검색이나 사이트를 통해 찾을 수 있다. 2021년 미국에서는 월마트 내 200개 체인점에 비트코인 ATM을 설치했다. 이 ATM을 통해 비트코인을 현금으로 인출할 수 있을 뿐 아니라, 현금으로 비트코인을 살 수도 있다. 대략 미국에서는 3만 대 정도의 ATM이 설치되어 있다. 국내의 경우, 블록체인 결제시스템인 키퍼(Keeper)를 개발한 블록웨어가 지난 2019년 '부산 블록체인 콘퍼런스'에서 비트코인(BTC), 이더리움(ETH) 인출이 가능한 ATM을 최초로 선보였다. 블록웨어는 티오스페이(TiOS Pay) 애플리케이션과 연동돼 비트코인과 이더리움을 인출할 수 있는 ATM을 부산에 10곳, 서울에 1곳 설치했다.

ATM 브랜드마다 개인의 아이디와 암호화폐 주소(암호화폐 지갑에 있는 코드)를 확인하는 방법이 각각 다르다. 당연히 평판이 좋고, 안전하고 신뢰할 수 있는 ATM을 찾아야 한다. 가장 간단한 조사 방법은 구글에 ATM 이름을 입력하고 부정적 여론이 있는지 확인해보는 것이다. ATM에서 암호화폐를 구매하는 과정은 기계마다 다를 수 있지만 대부분의 ATM이 요구하는 단계는 다음과 같다.

 포인트

디지털 코인을 구매하는 것뿐만 아니라 판매하는 서비스까지 제공하는 ATM도 있다. 이런 종류의 암호화폐 ATM은 당신의 은행 계좌와 연결되어 있는 전통적인 의미의 ATM이 아니다. 암호화폐 ATM은 인터넷에 연결되어 있어서 당신에게 암호화폐를 제공할 수 있는 거래소로 직접 당신을 안내한다.

❶ 구매자의 신원을 확인한다.

❷ 구매하고 싶은 암호화폐를 선택한다.

❸ 암호화폐가 예치될 암호화폐 주소를 입력한다. 암호화폐 주소에 대해서는 바로 다음 장에서 설명할 예정이다.

❹ 구매하고 싶은 암호화폐의 수량을 선택한다.

❺ 암호화폐 ATM에 현금을 넣는다.

❻ 작동이 되는지 확인한다.

암호화폐 지갑을 알아보자

7장에서는

▶ 암호화폐 지갑이 어떻게 작동하는지 이해할 수 있다.

▶ 다양한 암호화폐 지갑을 알아본다.

▶ 각자에게 적합한 암호화폐 지갑을 고르는 방법을 알아본다.

▶ 암호화폐 지갑의 보안을 강화하는 방법을 살펴본다.

전통적인 지갑은 현금, 신용카드, 신분증 등과 같은 개인정보를 보관하는 물리적인 물품이다. 하지만 이제 우리는 암호화폐를 사용할 예정이므로 이에 어울리는 완전히 새로운 형태인 암호화폐 지갑이 필요하다. 암호화폐 지갑은 디지털 화폐의 가치를 저장할 뿐만 아니라, 디지털 화폐를 직접 주고받을 수도 있다. 또 은행 계좌를 관리하는 것처럼 잔고를 모니터링할 수도 있다. 이제 암호화폐 지갑이 무엇인지 이해하고, 이 지갑을 어떻게 선택할지에 대해 단계별로 살펴보자.

암호화폐 지갑이 뭐야?

암호화폐 지갑은 쉽게 말하면 암호화폐를 관리하기 위한 소프트웨어

다. 암호화폐를 사용하려면 디지털 암호화폐 지갑이 있어야 한다. 다른 방법은 없다. 암호화폐는 금이나 현금 같은 다른 전통 자산들처럼 은행에 넣어둘 수 없다. 암호화폐 지갑은 암호화폐 시스템이 살아 숨 쉬게 하는 공기 같은 존재다.

이론적으로 비트코인은 분산되어 있어서 누구도 그것을 통제하지 않지만 사실은 사토시 나카모토라는 이름 뒤에 숨어 있는 누군가에 의해 통제되고 유지되는 네트워크에 의해 운영된다. 비트코인은 분산되어 있고 채굴자들도 어느 정도 익명성을 띠고 있지만 실제 블록체인은 네트워크에 의해 통째로 저장되고 있다. 네트워크 규모가 매우 크기 때문에 채굴자들은 30일 분량의 거래와 블록들을 자신의 기기에 저장할 수 있으며 전체 블록체인은 네트워크에 의해 어느 정도 집중되어 저장된다.

▌암호화폐 지갑과 관련된 주요 용어

우선 암호화폐 지갑의 세계를 탐험하면서 접하게 될 몇 가지 용어를 알아보고 이제 이 항목들이 어떻게 협력해 암호화폐 거래를 어떻게 완성하는지 알아보자.

- ▶ **핫 월렛(Hot Wallet):** 인터넷에 연결된 지갑
- ▶ **콜드 월렛(Cold Wallet):** 인터넷에 연결되지 않은 지갑
- ▶ **지갑 주소:** 전통적인 은행 계좌번호와 같은 기능을 하는 암호화폐 번호
- ▶ **공개 키:** 계좌나 지갑으로 암호화폐를 받을 수 있는 코드. 지갑 주소는 은행 계좌번호와 같은 역할을 한다면, 공개 키는 은행의 계좌를 식별하고 접근하기 위한 고유번호다.

▶ **개인 키**: 보안을 위해 공개 키와 짝을 이루는 키. 오프라인에서 은행 계좌에 들
어가기 위해 사용하는 개인 비밀번호와 같은 기능을 한다.

▌암호화폐 지갑은 어떻게 작동하나

 포인트

두 지갑 주소가 같은 경우는 절대 없다. 지문이 사람마다 다른 것과 비슷하다. 따라서 누군가가 실수로 당신의 암호화폐를 찾아갈 가능성은 매우 낮다. 또 만들 수 있는 지갑 주소의 개수는 제한이 없다.

암호화폐 지갑은 암호화폐 자체를 실제로 저장하는 것이 아니라 암호화폐의 개인 키와 공개 키를 저장한다. 이 키는 은행 계좌에 접속하기 위해 사용하는 PIN 코드(개인식별번호)와 유사하다.

그럼 암호화폐 주소가 어떻게 생겼는지 살펴보자. 다음은 비트코인의 창시자인 사토시 나카모토의 것으로 추정되는 지갑 주소다.

1A1zP1eP5QGefi2DMPTfTL5SLmv7DivfNa

주의

최근 지갑 ID를 가로채 바꿔치기를 해서 엉뚱한 지갑으로 암호화폐가 입금된 사례들이 발생하고 있다. 최근 악성 소프트웨어가 개인 컴퓨터에 있는 지갑 ID를 범인의 ID로 대체시켜 버린 것이다. 해킹당한 사용자는 그저 ID를 복사한 다음 붙여넣었는데 실제 붙여넣어진 ID는 원래 보내려는 수신자 ID가 아니라 범인의 ID였던 것이다.

지갑 주소는 영문 대소문자와 숫자의 조합으로 되어 있다. 이 복잡하고 긴 주소를 어떻게 기억하느냐고? 걱정하지 않아도 된다. 안전한 지갑을 가지고 있다면 암호화폐 지갑 주소를 외울 필요가 없기 때문이다. 개인적으로는 지갑 주소와 다른 키를 컴퓨터 문서에 비밀번호를 걸어두고 보관한다. 키를 인쇄해서 당신이 절대 잊어버리지 않는 안전한 곳에 보관하는 것도 고려해볼 수 있다. 개인 키는 암호화폐 지갑 주소를 열 수 있는 고유한 개별 패스워드 역할을 한다. 거기에 공개 키가 별도의 보안층을 추가해 지갑이 해킹되지 않도록 안전하게 지킨다. 이 키는 이런 형식으로 보인다.

개인 키: 03bf350d2821375158a608b51e3e898e507fe47f2d2e8c774de4a9a7edecf74eda

공개 키: 99b1ebcfc11a13df5161aba8160460fe1601d541

이 주소들은 겉보기에는 완전히 다르지만 소프트웨어 기술은 두 개의 키가 서로 특별히 연결되어 있다는 것을 알고 있다. 따라서 당신이 지갑의 주인이라는 것을 증명하고 원할 때 언제든지 돈을 이체할 수 있게 해준다. 누군가가 암호화폐를 보낸다는 것은 송금자가 그 암호화폐의 소유권을 지갑 주소로 보내는 것이다. 이 암호들을 풀고 자금을 사용하려면, 당신의 지갑에 저장된 개인 키가 통화가 할당된 공개 키와 맞아야 한다. 공개 키와 개인 키가 맞으면, 수신자 지갑의 잔액이 늘어나고 발신자 지갑의 잔액은 그만큼 줄어든다. 코인의 교환이 실제로 이루어지는 것은 아니다. 거래는 단지 블록체인의 거래 기록(4장*을 참조하자)과 당신의 암호화폐 지갑의 잔액 변화만으로 나타날 뿐이다.

● 4장 >> 64페이지

암호화폐 지갑의 종류를 알아보자

기존의 디지털 지갑과 암호화폐 지갑의 차이점을 명확히 할 필요가 있다. 이미 우리는 휴대폰을 통해 전자 지갑이라고 알려진 디지털 지갑을 여럿 사용하고 있다. 기차표 구매, 주차권 정산, 삼성페이, 애플페이(iOS 애플리케이션에서 직접 결제를 할 수 있는 애플사의 모바일 결제 및 디지털 지갑 서비스) 같은 서비스가 이에 속한다. 암호화폐 지갑은 이런 지갑 애플리케이션과는 완전히 다른 형태다. 게다가 암호화폐 지갑은 용도와 목적도 전혀 다르다. 다음 그림은 일반적인 암호화폐 지갑과 그 사례를 요약한 것이다.

암호화폐 지갑의 종류

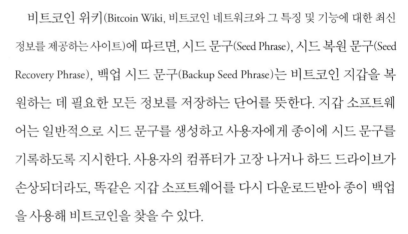

	소프트웨어 지갑	온라인 지갑	하드웨어 지갑	종이 지갑
장점	• 사용자 제어 보안 • 지분증명(PoS) 코인은 새 화폐 발행도 가능	• 높은 편의성 • 블록체인을 다운로드할 필요 없이 모든 브라우저에서 접속	• 기기에 저장된 사용자 개인 키 보호 • PIN과 시드로 복원 가능	• 최고의 보안 • 디지털 수단으로 해킹 불가 • 장기 보관에 최적
사례	• 일렉트럼(Electrum) • 아모리(Armory)	• 블록체인 • 메타마스크(Metamask)	• 레저(Ledger) • 트레저(Trezor)	

▶ **그림 7-1**
암호화폐 지갑의 형태

비트코인 위키(Bitcoin Wiki, 비트코인 네트워크와 그 특징 및 기능에 대한 최신 정보를 제공하는 사이트)에 따르면, 시드 문구(Seed Phrase), 시드 복원 문구(Seed Recovery Phrase), 백업 시드 문구(Backup Seed Phrase)는 비트코인 지갑을 복원하는 데 필요한 모든 정보를 저장하는 단어를 뜻한다. 지갑 소프트웨어는 일반적으로 시드 문구를 생성하고 사용자에게 종이에 시드 문구를 기록하도록 지시한다. 사용자의 컴퓨터가 고장 나거나 하드 드라이브가 손상되더라도, 똑같은 지갑 소프트웨어를 다시 다운로드받아 종이 백업을 사용해 비트코인을 찾을 수 있다.

이제 보안 수준(최소한의 보안에서 최고의 보안까지) 순으로 가장 인기 있는 다섯 가지 유형의 암호화폐 지갑을 살펴보자.

 포인트

지갑이 여기에 소개된 것만 있는 것은 아니다. 게다가 여기 언급되었다고 해서 그 지갑을 권장한다는 의미도 아니다. 거주 지역, 필요, 선택한 암호화폐에 가장 적합한 지갑을 찾으려면 스스로 좀 더 알아봐야 한다.

▌1. 온라인 지갑

온라인 지갑은 안전성은 떨어질 수 있지만 적은 양의 암호화폐를 보관하기에는 좋다. 온라인(또는 웹) 지갑을 사용하면 인터넷을 통해 암호화폐에 접근할 수 있다. 인터넷(클라우드)에 연결되어 있다면 코인을 저장하고 암호화폐 결제도 할 수 있다. 온라인 지갑 제공자는 당신 지갑의 개인 키를 자체 서버에 저장해놓는다. 지갑 제공자가 당신에게 암호 코드를 보내주지만, 당신의 키를 직접 저장하고 있기 때문에 키에 접근할 수 있게 해주는 것이다. 휴대폰, 태블릿 및 컴퓨터 등 여러 기기에 연결해 다양한 기능의 다양한 서비스를 제공한다. 온라인 지갑의 장점은 다음과 같다.

- ▶ 빠른 거래가 가능하다.
- ▶ 여러 개의 암호화폐를 관리할 수 있다.
- ▶ 자주 이동하는 사람이나 활발한 거래자에게 편리하다.

단점은 다음과 같다.

- ▶ 해킹이나 사기에 취약해 온라인 보안 위험 문제가 있다.
- ▶ 컴퓨터 바이러스에 노출될 가능성이 있어 개인 보안이 뚫릴 수 있다.
- ▶ 당신의 암호화폐를 제3자가 보관한다.

▌ 2. 모바일 지갑

모바일 지갑은 휴대폰 애플리케이션을 통해 사용할 수 있다. 암호화폐를 취급하는 곳이 많아지면서 실제 매장에서 쇼핑할 때 모바일 지갑을 사용할 수 있다. 참고로, 온라인 지갑 같은 다른 유형의 지갑도 모바일 버전을 제공하지만, 모바일 지갑은 휴대폰 전용 지갑이다. 모바일 지갑 (소프트웨어 지갑의 범주에 속함)은 다음과 같은 장점이 있다.

- ▸ 온라인 지갑보다 안전하다.
- ▸ 이동 중에도 사용하기 편리하다.
- ▸ QR 코드 스캔 같은 추가 기능을 제공한다.

모바일 지갑의 단점은 다음과 같다.

- ▸ 휴대폰을 분실하거나 고장 나면 암호화폐 자산을 잃어버릴 위험이 있다.
- ▸ 모바일 바이러스와 악성코드에 감염될 위험이 있다.

▌ 3. 데스크톱 지갑

데스크톱에서 돌아가는 애플리케이션 지갑(Desktop Wallet)을 다운로드 받아 컴퓨터에 설치할 수 있다. 컴퓨터가 인터넷에 연결되어 있지 않으면 데스크톱 지갑이 더 안전하다고 주장하는 사람들도 있다. 데스크톱 컴퓨터가 인터넷에 연결되어 있지 않으면, 기본적으로 콜드 월렛이 된다. 다만 인터넷에 연결되지 않은 컴퓨터는 인터넷 연결에 필요한 소프트웨어 업데이트가 불가능하므로 컴퓨터에 연결한 지갑 드라이브에서 자동으로 구동해 데스크톱을 감염시킬 수 있는 악성 프로그램에 노출될 위험이 있다. 보안과 편리성 중 무엇이 우선일지 생각해봐야 한다. 데스

팁

인터넷에 연결되지 않은 컴퓨터에 지갑을 설치하기 위해서는 인터넷에 연결된 컴퓨터에서 최신 버전의 지갑을 다운로드받아야 한다. 그다음 파일을 USB에 옮겨서 오프라인 컴퓨터에 설치할 수 있다.

크톱 지갑(소프트웨어 지갑의 범주에 속함)의 장점은 다음과 같다.

▶ 컴퓨터에서 암호화폐를 거래할 경우 편리하다.
▶ 당신의 개인 키가 제3자의 서버에 저장되지 않는다.
▶ 컴퓨터를 인터넷에 연결하지 않는 경우, 온라인 지갑보다 더 안전하다.

그러나 데스크톱 지갑에도 몇 가지 단점이 있다.

▶ 이동 중에 암호화폐 자산을 사용하는 것이 어렵다.
▶ 지갑을 인터넷에 연결하는 순간, 덜 안전한 핫 월렛으로 변한다.
▶ 컴퓨터를 백업하지 않은 상태에서 다운되면 암호화폐를 잃어버리게 된다.

▌ 4. 하드웨어 지갑

 팁

당신이 많은 양의 암호화폐를 거래한다면, 보안 목적상 하드웨어 지갑은 필수다. 많은 양의 암호화폐 자산을 덜 안전한 다른 형태의 지갑에 보관하는 것은 복구할 수 없는 해킹 공격의 위험에 노출되어 있는 것이기 때문이다.

하드웨어 지갑이 가장 안전한 암호화폐 지갑 중 하나라는 데에는 이론의 여지가 없다. 이 지갑은 개인 키를 USB에 저장한다. 온라인 거래도 가능하지만, 지갑이 대부분 오프라인 상태에 있기 때문에 콜드 월렛이라고 간주할 수 있다. 하드웨어 지갑의 장점은 다음과 같다.

▶ 가장 안전한 암호 지갑 중 하나다.
▶ 거래에는 불편하지만, 많은 양의 암호화폐를 저장하기에는 매우 적합하다.

하드웨어 지갑의 단점은 다음과 같다.

▶ 지갑의 형태 중 가장 비싼 지갑이다.
▶ 특히 초보자들에게는 다른 지갑들만큼 사용자 친화적이지 않다.

▌5. 종이 지갑

종이 지갑은 최고 수준의 콜드 월렛이다. 이 지갑을 사용하려면 개인 키와 공개 키를 실제로 출력해야 한다. 지갑의 공개 주소로 돈을 이체하는 방식으로 돈을 보낼 수도 있고, 개인 키를 입력하거나 종이 지갑의 QR 코드를 스캔하는 방식으로도 암호화폐를 인출하거나 보낼 수 있다. 종이 지갑의 장점은 다음과 같다.

▶ 해커에게 공격당할 위험이 없다.
▶ 지갑을 컴퓨터, 휴대폰, 제3자 서버에 저장하지 않는다.

그러나 종이 지갑에도 몇 가지 단점이 있다.

▶ 암호화폐 마니아가 아닌 사람들에게는 사용자 친화적이지 않다.
▶ 다른 지갑보다 일상거래에 사용하기가 어렵다.
▶ 분실 가능성이 있다.

암호화폐 지갑을 선택하는 기준

포인트

지갑을 선택하기 전, 특정 지갑에 대해 알아야 할 정보를 충분히 수집했는지 확인하자.

암호화폐에 투자하는 필요와 목표에 따라, 하나 이상의 암호화폐 지갑이 필요할 수 있다. 개인적으로는 많은 양의 암호화폐를 보관하는 용도로는 콜드 월렛을 사용하고 활발한 거래용으로는 핫 월렛을 사용한다. 각자의 필요와 특성에 따라 암호화폐 지갑을 선택할 수 있다.

▮ 보안은 철저히

당신이 암호화폐 거래에 익숙해도 많은 양의 암호화폐 자산을 보관하려면 가장 안전도가 높은 콜드 월렛을 권장한다. 온라인 지갑은 아무리 편리해도 가장 안전한 방식은 아니다. 평소에는 콜드 월렛에 보관하고 있다가 투자나 쇼핑할 기회가 생기면 언제든 온라인 지갑으로 코인을 이체할 수 있다. 가장 안전한 하드웨어 지갑이 대개 가장 비싼 지갑이라는 점도 명심하자. 각자가 보유하고 있는 암호화폐의 양을 고려해 특정 지갑을 갖기 위해 높은 비용을 지출하는 것이 적당한 수준인지도 판단해야 한다. 다음은 가장 안전한 지갑을 선택하기 전에 반드시 해야 할 질문이다.

▶ 지갑이 어떤 종류의 인증을 사용하는가?

▶ 지갑의 웹사이트는 안전한가?

▶ 온라인 리뷰에서 사람들의 평가는 어떠한가?

메타마스크
metamask.io

레저 나노 S
www.ledger.com

트레저 비트코인
trezor.io

보통은 메타마스크(Metamask)를 제일 많이 사용하지만, 미국에서는 레저 나노 S(Ledger Nano S)나 사토시랩(SatoshiLabs)이 만든 트레저 비트코인(Trezor Bitcoin) 하드웨어 지갑도 사용한다. 다만 이런 지갑들의 한 가지 단점은 USB가 고장나면 모든 암호화폐도 함께 잃어버린다는 것이다. 따라서 자산을 복원할 수 있도록 항상 백업해두고, 보안 코드를 다른 곳에 별도로 보관해야 한다.

▌ 암호화폐 소유권(전용 지갑)

모든 암호화폐 지갑이 여러 종류의 암호화폐 자산을 다룰 수 있는 것은 아니다. 한 가지 암호화폐만을 위해 만들어진 지갑도 있다. 실제로 많은 암호화폐는 자신들의 전용 공식 지갑을 가지고 있다. 비트코인 전용 지갑으로 비트코인 코어 월렛(Bitcoin Core Wallet), 마이셀리움, 일렉트럼(Electrum) 등이 있다. 이더리움 전용 지갑으로는 이더리움 지갑(Ethereum Wallet), 마이이더월렛(종이 지갑) 같은 선택도 가능하다. 여러 종류의 암호화폐에 투자하는 게 아니라면 전용 공식 지갑이 적합할 수 있다. 대부분 해당 암호화폐 홈페이지에 들어가면 그 암호화폐 전용 공식 지갑을 찾을 수 있다.

비트코인 코어 월렛
bitcoin.org/en/bitcoin-core

마이셀리움
mycelium.com

일렉트럼
electrum.org

멀티 화폐 지갑은 두 가지 이상의 암호화폐를 보유하려는 사람들을 위한 옵션이다. 거래소에서 제공되는 대다수의 온라인 지갑(6장* 참조)은 여러 종류의 암호화폐를 보관하고 거래할 수 있는 기회를 제공한다. 하지만 암호화폐 자산을 저장하기 위해 거래소 지갑을 사용하고 있다면, 지갑 보안의 위험이 있다는 것을 명심하라.

주의

나는 암호화폐 거래소가 제공하는 지갑에 코인을 보관하는 것은 권장하지 않는다.

* 6장 ≫ 101페이지

▌거래 수수료

평소에도 암호화폐 쇼핑을 자주 하고 모바일로도 사용할 계획이라면 거래 수수료를 염두에 둘 필요가 있다. 특히 활발한 거래자들에게는 거래 수수료가 꽤 중요하다. 당신이 소위 단타 매매를 하는 데이 트레이더(Day Trader)일 경우, 거래에서 버는 것보다 더 많은 거래 수수료를 지불하고 있다면 그 거래가 무슨 소용이 있겠는가?

▌익명성 보장

암호화폐 지갑을 선택할 때 보안을 한층 더 높이기 위해 고려할 수 있는 것이 바로 익명성이다. 익명 지갑을 사용하면 암호화폐에서 개인정보를 분리할 수 있으므로 개인의 자산을 추적하거나 훔치기 어렵다. 그러나 이 요소는 매우 개인적인 선택 기준이다. 시중에는 완전한 익명성을 제공하는 지갑이 있지만, 그렇지 않은 지갑도 많다. 익명성이 정말로 중요한 선택 기준이라면 익명성을 보장하는 지갑을 선택할 수 있지만 익명성 보장이 거래 수수료와 지갑 가격에 영향을 미칠 수 있다는 점에 유의하자.

익명 보장 지갑은 모바일 지갑, 하드웨어 지갑, 소프트웨어 지갑 등 다양한 형태로 제공된다. 필요에 따라 하나 이상의 익명 지갑을 가질 수도 있다. 익명 지갑의 종류로는 다음과 같은 것이 있다.

비트록스
www.bitlox.com

> ▶ **비트록스(BitLox)**: 이 하드웨어 비트코인 지갑은 보안과 익명성을 모두 보장한다. 지갑 하나에 수백만 개의 주소를 만들 수 있는 기능이 있어 100개 이상

의 지갑을 담을 수 있다.

▶ **일렉트럼:** 이 데스크톱 비트코인 지갑은 암호화폐 커뮤니티에서 가장 신뢰하는 소프트웨어 지갑 중 하나다.

▶ **사무라이(Samourai):** 모바일 비트코인 지갑이다. 해당 웹사이트에 '우리의 목적은 당신의 거래를 비공개로 유지하고, 당신의 신분을 숨기고, 당신의 자금을 안전하게 하는 것'이라고 되어 있다.

일렉트럼
electrum.org

사무라이
samouraiwallet.com

암호화폐 지갑을 안전하게 지키려면

목표에 맞는 암호화폐 지갑을 선택한 후에도 당신의 자산을 안전하게 보관하기 위한 노력을 게을리해서는 안 된다. 지갑이 아무리 안전하다 해도 보안을 강화하기 위한 개인적인 조처를 해야 한다. 지갑에 보관된 암호화폐의 가치가 더 높아질 수 있어서 안전하게 보관하는 것은 더 중요해졌다. 이런 노력은 기본적으로 제3자, 정부나 대형 은행에 의존하지 않고 당신의 돈을 관리하기 위해 치르는 대가라고 할 수 있다. 지갑을 안전하게 지키기 위한 몇 가지 팁을 살펴보자.

▎백업해야 한다

영화〈섹스 앤 더 시티〉에서 여주인공 캐리 브래드쇼는 컴퓨터를 백업하지 않아 저널리즘 포트폴리오를 몽땅 날려 버렸다. 그런 일이 당신의 암호화폐 지갑에 생겨서는 안 된다. 사진, 업무 파일, 데이터를 백업하는 것처럼 암호화폐 지갑을 백업해두자. PIN 코드, 사용자 이름, 패스워드 같은 정보는 별도로 저장해두는 것이 좋다. 이런 정보를 지금은 기억할 수 있겠지만 오랜 시간이 지났을 때를 대비하기 위해서다.

▌ 여러 개의 지갑을 사용하자

투자도 다각화해야 살아남을 수 있는 시대다. 아직까지도 암호화폐 지갑 중에서 무엇을 고를까 어려움을 겪고 있다면 걱정하지 않아도 된다. 자산을 여러 지갑에 나누어 보관해보자. 그래야 그중 어느 한 지갑이 훼손되더라도 피해를 최소화할 수 있다.

▌ 보안 조치를 추가할 것

다양한 방법으로 지갑의 보안 수준을 높일 수 있다. 방법은 다음과 같다.

▶ **이중 인증(2FA)을 사용한다.** 2단계 인증은 지갑의 보안수준을 한 단계 높일 수 있는 방법이다. 여러 방법이 있지만 가장 쉬운 방법으로는 개인정보를 확인하는 단계를 이중으로 정하는 것이다. 구글 인증 애플리케이션을 사용하면 매분마다 바뀌는 6자리 코드를 제공하는데, 그것이 당신의 고유 코드가 되어준다.

▶ **지갑을 암호화한다.** 지갑이나 휴대폰을 암호화하는 것은 패스워드를 설정하는 것과 같다. 이 조치가 키 로깅 하드웨어나 소프트웨어(키 입력을 추적하는)에 대해서는 보호할 수 없지만(즉, 키 해킹 자체를 막을 수는 없지만) 적어도 도둑으로부터는 보호할 수 있다. 백업을 암호화하는 것도 좋은 방법이다. 다만 일부 암호화 방법은 기술적으로 좀 더 친숙해야 할 수 있다.

▶ **강력한 패스워드를 사용한다.** 강력한 패스워드에는 문자, 숫자, 기호 등을 포

키보드의 패턴을 암기하면 매우 길고 강력한 암호를 만들 수 있다. 예를 들어, 키보드의 왼쪽에서 시작해 위에서 아래로 한 번, 시프트(Shift) 키를 사용해 대문자로 다시 한번 똑같은 패턴을 반복하면 다음과 같은 패드워드가 생성된다. '1qaz2wsx!QAZ@WSX'와 같은 암호는 매우 강력하지만 외울 필요가 없다.

함하고 길이는 16자 이상이어야 한다. 문자만, 숫자만, 기호만 들어 있는 암호는 피하고, 알기 쉬운 영어 단어들도 해독하기 쉬우므로 피한다.

▎소프트웨어를 업데이트하자

모바일이나 데스크톱 지갑을 사용한다면 지갑의 최신 버전을 사용하자. 평판이 좋은 기업은 안정성과 보안 수정 사항을 보완해 지속적으로 업데이트를 한다. 소프트웨어를 정기적으로 업데이트해 작은 문제에서 심각한 문제까지 모두 예방할 수 있는 최신 안전 기능을 최대한 활용하자. 물론 지갑 소프트웨어를 업데이트하는 것은 앞서 언급한 백업과는 다른 개념이다.

▎어디에 숨겨두었는지 반드시 기억하자

좀 바보같이 들릴지 모르지만 내 경우 귀중한 것을 숨기려다가 영원히 잃어버릴 뻔한 적이 많았다. 물건을 잘 숨겨놓고 나중에 숨겨놓은 곳을 잘 기억하지 못하는 사람이라면 반드시 잊을 수 없는 장소를 선택해야 한다.

주요 암호화폐를 알아보자

8장에서는

▶ 시가총액 기준으로 가장 유명한 암호화폐를 살펴본다.

▶ 카테고리별로 암호화폐를 분류하고 각 특징을 이해한다.

시장에 잘 알려져 있고 투자할 가치가 있는 암호화폐에 비트코인만 있는 것은 아니다. 오히려 요즘은 비트코인이 소유하거나 투자하기에는 최악의 암호화폐라고 생각하는 사람들도 있다. 게다가 비트코인의 단점을 극복하고, 비트코인 모델을 대대적으로 개선한 다른 암호화폐들이 나와 있다. 이제 몇 가지 암호화폐의 장단점을 살피려 한다.

암호화폐 시장은 끊임없이 변화하고 있으므로 앞으로 몇 년 내에 새로 출현할 모든 암호화폐까지 함께 내다볼 수 있는 길도 함께 제시하고자 한다. 상위 1, 2위의 암호화폐뿐 아니라 독특한 특징을 지닌 암호화폐 몇 종류를 알아보자.

시가총액 기준에 따른 암호화폐

시장에서 인기 있는 암호화폐를 탐색하는 가장 빠른 방법의 하나는 시가총액을 기준으로 순위를 확인해보는 것이다. 시가총액이란 주식시장에서 거래되는 기업의 가치를 말한다. 간단하게는 총발행주식 수에 현재 주가를 곱하면 시가총액이 된다. 암호화폐 시장에서의 시가총액은 현재 거래되고 있는 특정 암호화폐의 모든 단위의 가치를 말한다. 암호화폐의 시가총액을 계산하려면 암호화폐의 현재 가격에 유통되고 있는 공급량(발행량이 아니다)을 곱하면 된다. 유통되고 있는 공급량이란 시장과 일반인들의 손에 유통되고 있는 코인의 가장 근사치를 말한다.

시가총액 = 가격 × 유통되고 있는 공급량

시가총액이 그 암호화폐의 투자 잠재력에 대한 모든 것을 말해주지는 않는다. 시가총액 외에, 포크(Fork, 암호화폐의 버전을 업그레이드하는 것), 규제, 루머 등 많은 다른 요소들이 암호화폐의 가치에 영향을 미칠 수 있다. 코인의 시가총액이 시장에서 어떤 역할을 하는지를 알면, 이를 바탕으로 암호화폐를 평가할 수 있다. 암호화폐의 성과 분석에 대해서는 9장*에서 살펴볼 수 있다. 이제 비트코인을 비롯한 주요 암호화폐에 대해 알아보자.

 포인트

암호화폐의 시가총액과 그 순위를 다른 코인들과 비교해보는 것은 중요하다. 그 정보가 그 코인이 얼마나 인기 있는지, 그리고 얼마나 많은 돈을 벌 수 있는지를 빠르게 보여주기 때문이다. 각각의 웹사이트를 방문하면 모든 암호화폐의 시가총액에 대해 알아볼 수 있다.

 코인마켓캡
coinmarketcap.com

 크립토컴페어
www.cryptocompare.com

 코인코덱스
coincodex.com

 코인게코
www.coingecko.com

 팁

시가총액이 높다고 해서 반드시 좋은 것은 아니다. 더 높은 위험을 감수하려는 투자자들은 시가총액이 더 올라갈 수 있는 여지를 예상하고 시가총액이 낮은 암호화폐를 선호할 수 있다. 다만 안전을 위해 변동성이나 소멸 위험을 피하고 싶다면 시가총액이 높은 암호화폐를 따라가는 게 좋다.

* 9장 ≫ 157페이지

비트코인

 기술 자료

사토시 나카모토는 자신이 1975년 4월 5일생이며 일본에 거주하는 남성이라고 주장했다. 막상 비트코인이 세상에 모습을 드러냈을 때 일본에서는 그다지 화제가 되지 않았다. 사토시의 진짜 정체를 두고 모두가 설왕설래하는 가운데, 미국과 유럽 등지에 거주하는 비 일본인 암호학자거나 컴퓨터 전문가 중 하나라고 추측하는 이들도 많다.

● 5장 ≫ 83페이지

현재 시가총액 1위인 비트코인은 2008년에 발표되었다. 2018년 10월 기준 비트코인의 시가총액은 약 1,150억 달러였고 2022년 5월 기준, 비트코인 시가총액은 6,800억 달러를 넘었다(한화 868조 원).

5장●에서 설명했듯이 비트코인은(다른 암호화폐도 마찬가지지만) 오픈소스와 분산화를 지향하기 때문에 사토시가 누구인지 아는 것은 큰 문제가 아니다. 실제로 비트코인 사이트(bitcoin.org)에 언급된 대로, '이메일에 관련한 기술을 누구도 소유하지 않는 것처럼 비트코인 네트워크를 소유한' 개인이나 실체는 없다. 전 세계 비트코인 사용자들은 소프트웨어를 개선하는 개발자와 몇 가지 급진적인 변화를 일으키는 포커(Forker)들과 함께 비트코인을 통제한다. 하지만 비트코인과 비트코인의 프로토콜의 기반을 이루는 기본 생각은 변하지 않는다.

사토시가 비트코인 백서를 발간한 2009년에서 12년쯤 지난 2021년 말에 비트코인의 시가총액은 무려 12억 달러(1조 원)를 넘겼다. 만약 당신이 2011년에 비트코인 하나를 사기 위해 100달러를 투자했다면 2022년에 당신이 보유한 비트코인의 가치는 4만 달러가 되었을 것이다. 물론 많은 초기 투자자들이 당시에 한 개 이상의 비트코인을 샀기 때문에 그 많은 비트코인 백만장자들이 생겨났다. 당신이 2011년에 비트코인을 100개 샀다면, 2022년에 그 가치는 400만 달러가 되었을 것이다.

그런데 사람들이 너도나도 비트코인에 관해 이야기하기 시작하던 2019년경 비트코인의 시가총액은 1,200억 달러 정도로 폭락했고, 거의 그해 내내 그 가격대에 머물렀다. 그런데도 비트코인의 시가총액은 여전히 1위를 유지했다. 당시 대부분 사람들은 비트코인에 대해서는 많이 들어봤지만 다른 암호화폐에 대해서는 별로 들어보지 못했기 때문이었다. 수백 가지의 다른 암호화폐들이 있음에도, 심지어 그런 암호화폐들이 장기적으로 비트코인보다 더 나은 대안일지라도 시장에 진입하고 싶어하는 초보자 대부분은 비트코인으로 암호화폐 투자를 시작한다.

비트코인의 시가총액이 큰 이유는 접근성 때문이기도 하다. 거의 모든 암호화폐 거래소(6장* 참조)가 비트코인을 거래한다. 하지만 적어도 현재로서는 모든 거래소가 비트코인 외의 모든 암호화폐를 거래하지는 않는다. 비트코인의 주요 특징은 다음과 같다.

* 6장 ≫ 101페이지

팁

비트코인은 그동안 모든 암호화폐의 슈퍼스타였기 때문에 전체 시장을 이끄는 경향이 있다. 일반적으로 전체 시장 심리는 장기적인 차원에서 볼 때 비트코인의 변동성을 따른다(과거 많은 예외가 있지만). 16장(243페이지)에서 다루겠지만 이런 단편적인 정보도 투자를 위한 기술 분석에 사용할 수 있다. 비트코인에 대한 더 자세한 내용은 웹사이트(bitcoin.org)를 참조하자.

비트코인
bitcoin.org

* 5장 ≫ 83페이지

- ▶ 거래소에서 사용되는 비트코인의 종목코드명은 BTC다.
- ▶ 비트코인은 채굴 가능한 코인이다.
- ▶ 코인 생성은 작업증명(PoW, 5장* 참조)을 통해 이루어진다.
- ▶ 거래 소요 시간은 30분에서 24시간 사이다.
- ▶ 거래는 익명으로 진행되지 않는다.
- ▶ 비트코인은 분산되어 있다.
- ▶ 비트코인 채굴에는 많은 에너지가 필요하다.

이더리움

이더리움
www.ethereum.org

2022년 현재 시가총액 기준 2위에 오른 이더리움은 여전히 주목해야 할 주요 암호화폐다. 2022년 5월, 이더리움 시가총액은 3,000억 달러(410조 원)를 넘었다. 비트코인에 비하면 이더리움은 꽤 젊은 암호화폐다. 이 암

기술 자료

비탈릭 부테린은 1994년생이다. 이 해는 아일랜드 록그룹 크랜베리스 (The Cranberries)가 히트곡 〈좀비 (Zombie)〉를 부른 바로 그해이며, 백스트리트보이즈(Backstreet Boys)나 스파이스걸스(Spice Girls)가 유명해지기도 전이다.

• 5장 ›› 83페이지

 팁

인텔이나 마이크로소프트 같은 주요 기술 회사와 JP모건체이스나 크레디트스위스 같은 금융사도 이더리움 플랫폼을 활용해 새로운 상품을 만들고 있다. 다양한 블록체인 스타트업, 연구 단체, 『포춘』 500대 기업들이 이더리움 기업연합(EEA, Enterprise Ethereum Alliance)라는 그룹을 만들었는데 여기에는 현재 다국적 컨설팅 기업 액센츄어(Accenture), 미국의 반도체 회사 AMD, 크레디트스위스, 대시, 화이자, 삼성, 도요타 등 500개 이상의 기업이 가입되어 있다. EEA에 대한 자세한 내용은 웹사이트 (entethalliance.org)에서 확인할 수 있다.

EEA
entethalliance.org

• 4장 ›› 64페이지

호화폐는 2013년, 러시아계 미국인 비탈릭 부테린(Vitalik Buterin)이 만들었다. 이더리움은 비트코인보다 약 5년 젊지만, 암호화폐 세계에서 손꼽히게 많은 거래량을 자랑한다.

이더리움은 비트코인의 지혜와 철학을 활용하지만 애초부터 목적과 기능이 달랐다. 이더리움 홈페이지에 따르면 '이더리움은 스마트 계약을 운영하는 분산 플랫폼'이다. 5장•에서 설명했듯 스마트 계약은 중간자 없이 계약을 체결할 수 있는 시스템이다. 이더리움은 비트코인과 동일한 블록체인 기술을 사용해 스마트 계약을 제공한다. 비트코인의 블록체인과 네트워크가 비트코인 소유권을 검증해주는 것처럼 이더리움의 블록체인은 암호화된 규칙이 실행하는 스마트 계약을 검증한다.

█ 비트코인과의 차이점

이더리움은 비트코인과 차이가 있다. 이더리움은 사용자들이 분산화된 애플리케이션을 실행하기 위해 찾는 장소가 되고자 한다. 이더리움의 목표는 스마트 계약을 실행하는 일종의 거대하고 분산된 컴퓨터가 되는 것이다. 그러므로 다른 많은 암호화폐가 이더리움 플랫폼에서 실행될 수 있는 것이다. 이더리움 블록체인은 이런 프로그램들이 실행될 수 있는 분산형 네트워크를 형성한다.

이런 점에서 비트코인은 좀 다르다. 4장•에서 언급한 대로 비트코인의 플랫폼은 채굴자들이 서로 경쟁해 복잡한 블록체인 수학 문제를 해결하도록 유도한다. 가장 먼저 문제를 푼 사람이 승자이고 보상을 받는다. 그러나 이더리움 채굴자들은 이더리움의 플랫폼을 공동 작업 공간으로 사용해 자신들만의 제품을 만든다. 그들은 발명가들이 자신만의 새로운 종류의 제품을 요리할 수 있는 기반시설을 제공하는 대가로 보상을 받는다.

▌이더리움의 특징

이더리움의 주요 특징은 다음과 같다.

 팁

다음 사이트를 방문하면 다양한 암호 화폐의 채굴 수익성을 확인할 수 있다.

 크립토컴페어
www.cryptocompare.com

- ▶ 거래소에서 사용되는 이더리움의 종목코드명은 ETH다.
- ▶ 이더리움은 채굴이 가능한 코인이다.
- ▶ 코인의 생성은 작업증명을 통해 이루어진다.
- ▶ 거래소요 시간은 14초 정도로 짧지만 확인 요건에 따라 더 걸릴 수도 있다.
- ▶ 거래는 익명으로 진행되지 않는다.
- ▶ 이더리움은 비트코인보다 더 분산화되어 있다.
- ▶ 이더리움 채굴은 비트코인 채굴보다 에너지 낭비가 적다.

리플

 리플
ripple.com/xrp

2018년 한 해 동안 리플은 시가총액 기준으로 약 190억 달러로 세 번째로 큰 암호화폐였다. 2022년 4월 기준, 리플의 시가총액은 370억 달러(4조 4,000억 원)이다. SEC 소송 문제로 인해 시장에서 급격하게 가격이 하락해 현재는 2달러대를 유지하고 있다.

2020년 12월, 미국증권거래소가 리플의 발행사인 리플랩스를 상대로 소송을 제시했다. 리플랩스의 CEO 브래드 갈링하우스(Brad Garlinghouse), 전 CEO 크리스 라슨(Chris Larsen)이 개인 투자자를 대상으로 미등록 증권을 판매했다고 보았기 때문이었다. 리플은 미등록 증권 XRP를 판매해 불법 매출이 발생했다고도 판단했다. 그러나 리플은 XRP가 가상화폐이고 증권이 아니라는 점을 강조하며 현재 소송은 진행 중이다. 리플의 특징이 독특하고, 과거에는 인기 있었던 암호화폐임을 기준으로 전체적인 특징을 살펴보자.

▌ 리플의 배경

리플의 아이디어는 2004년으로 거슬러 올라간다. 사실 리플의 아이디어는 비트코인보다 훨씬 이전이다. 2004년, 라이언 푸거(Ryan Fugger)는 리플페이(RipplePay)라는 회사를 설립했다. 웹사이트에 따르면 이 프로토콜의 이면에 있는 생각은 '은행을 대체하고 신뢰할 수 있는 P2P 신뢰 네트워크'였다(이 말이 친숙하게 들린다면 P2P가 블록체인이 작동하는 방식이기 때문일 것이다).

그러나 2011년이 되도록 리플의 아이디어는 실현되지 못했고 리플이 타깃으로 생각했던 인구층은 이제 막 대중에게 알려지기 시작한 비트코인에 주목하기 시작했다. 비트코인은 P2P 결제 네트워크로서 리플보다 빠르게 성장했다. 2011년 5월, 비트코인 개척자 제드 맥칼럽(Jed McCaleb)이 리플 네트워크에 합류하면서 리플의 아키텍처는 바뀌기 시작했다. 이어서 다른 사람들도 리플에 합류했다.

마침내 금융기관의 디지털 결제 네트워크 역할도 할 수 있는 리플의 암호화폐 XRP가 2012년에 출시되었다. 리플 웹사이트에 따르면 리플은 다른 암호화폐와 마찬가지로 공개 체인의 암호화 서명에 기반을 두고 있다. 그러나 리플은 비트코인이나 이더리움 같은 전통적인 암호화폐와는 매우 다르다.

포인트

의외로 리플을 진정한 암호화폐로 여기지 않는 사람들도 있다. 또 기업 리플과 암호화폐 리플은 서로 연결되어 있긴 하지만 서로 다른 별개의 존재다. XRP로 거래되는 리플코인은 회사의 결제 시스템으로 함께 사용되는 암호화폐다. 기업 리플의 정식 명칭은 리플랩스(Ripple Labs, Inc.)로 대형은행 등에 블록체인 기술을 활용한 글로벌 결제 솔루션을 제공하는 사업을 영위하고 있다. 앞에서도 언급했듯 현재 미국증권위원회와 소송 중에 있다.

▌ 비트코인과의 차이점

비트코인과 리플의 주요 차이점은 다음과 같다.

• 5장 >> 83페이지

- ▶ **소유권 및 분산:** 비트코인은 특정인이나 기관의 소유가 아니며 암호화폐 비트코인은 오픈소스 플랫폼 비트코인과 거의 일치한다. 따라서 비트코인은 고도로 분산되어 있고 오픈소스이며, 변화에 동의하는 커뮤니티가 소유한다. 이런 구조가 업그레이드를 어렵게 만들었고 이로 인해 그동안 수많은 포크(하드 포크와 소프트 포크, 5장* 참조)가 일어났다. 이에 비해 리플은 리플랩스라는 민간기업으로 전 세계에 지사를 두고 있다. 리플의 디지털 자산인 암호화폐는 XRP라고 부르며 리플랩스가 소유하고 있다. 회사는 개발자들이 네트워크를 변경하기 전에 합의를 구하는 수정 시스템을 가지고 있다. 대부분 수정안이 2주 동안 80%의 지지를 받으면 효력이 발생하며 이후 모든 원장은 이를 지지해야 한다. 리플은 하드 포크나 지저분한 분열을 피하려고 노력하는 민주주의 체제를 유지한다.
- ▶ **거래 속도 및 수수료:** 비트코인의 거래 속도는 수수료에 따라 최대 1시간까지 길어질 수 있다. 수수료도 수요에 따라 최고 40달러까지 오를 수 있다. 반면 리플의 거래는 단 4초면 끝난다.
- ▶ **초당 거래 횟수:** 비트코인은 초당 보통 10개 정도 거래할 수 있다. 하지만 리플은 초당 1,500개까지 거래할 수 있다. 비트코인에서 이 문제를 해결하기 위해 포크가 일어났지만, 여전히 리플이 앞서고 있다.
- ▶ **코인 수량 한도:** 비트코인 등 채굴이 가능한 암호화폐들은 비록 그 수량은 한정되어 있지만 채굴을 통해서 추가로 시장에 들어올 수 있다. 그러나 리플은 현재 유통되고 있는 1,000억 개의 코인으로 제한되어 있는데 이는 주로 리플의 가장 큰 고객들인 대형 금융기관들에 어필하기 위한 것이다.

▌ 리플의 특징

리플의 주요 특징은 다음과 같다.

- ▶ 거래소에서 사용되는 리플의 종목코드명은 XRP다.
- ▶ 리플의 XRP는 채굴되지 않는다. 따라서 채굴자도 존재하지 않는다.
- ▶ 코인 생성과 알고리즘 처리는 작업증명이 아닌 합의를 통해 이루어진다.
- ▶ 거래 시간이 4초밖에 걸리지 않는다.
- ▶ 익명 거래도 가능하다.
- ▶ 리플은 완전히 분산되어 있지 않다.
- ▶ 거래당 에너지 비용도 매우 적다.

이러한 특징들이 비트코인과 너무 달라 리플의 XRP가 진정한 암호화폐가 아니라고 주장하는 사람들도 있다. 리플은 사실 법정통화와 암호화폐 개념이 혼합된 형태다.

라이트코인

라이트코인
litecoin.org

라이트코인은 2011년 출시된 이후 오랫동안 시가총액 기준 상위 10위권을 맴돌았다. 한때 2위까지 올라갔지만 7위까지 떨어지기도 하는 등 인기 암호화폐 중에서도 시가총액 변동성이 큰 편에 속한다. 2018년 기준 시가총액은 약 30억 달러로 비트코인, 이더리움, 리플, 비트코인캐시,

EOS, 스텔라에 이어 일곱 번째로 큰 암호화폐였으나 2022년 라이트코인의 시가총액은 67억 달러(8조 5,000억 원)로 23위를 차지하고 있다.

▌ 라이트코인의 배경

• 5장 ≫ 83페이지

라이트코인은 2011년에 발생한 비트코인 하드포크의 결과물이다(암호화폐 포크에 대해서는 5장•을 참조하자). 라이트코인은 이름처럼 더 가볍고 빠른 버전의 비트코인이 되고자 했다. 라이트코인은 MIT를 졸업한 뒤 구글에서 일하던 찰리 리(Charlie Lee)에 의해 출시되었다. 출시 2년 만인 2013년 11월 라이트코인의 시가총액은 10억 달러에 달했다.

▌ 비트코인과의 차이점

 기술 자료

당신이 2016년 말에 비트코인에 투자했다면 2017년 말에는 무려 2,204% 성장을 거두었을 것이다. 하지만 그때 라이트코인에 투자했다면, 9,892%가 넘는 성장을 기록했을 것이다.

라이트코인의 기술은 비트코인과 크게 다르지 않다. 찰리 리는 자신이 분리한 코인이 비트코인과 경쟁하기를 원하지 않았다. 그래서 그는 옛날에 은이 금을 보완했던 것처럼 라이트코인이 비트코인을 보완하기 원했다. 비트코인은 암호화폐의 금 같은 존재로 주택이나 자동차 같은 비싼 물건을 사기에 적합했고, 라이트코인은 보안에 대해서는 크게 신경쓰지 않고 거래 속도가 더 중요한 저렴한 물건이나 일상용품을 사는 데 더 적합한 암호화폐가 되기를 원했던 것이다. 사실 암호화폐 열혈 애호가들은 그 어느 쪽도 정말로 안전하지 않다는 것을 알고 있었지만, 보통 사람들은 비트코인이 라이트코인보다 더 안전하다고 여겼다. 두 가지의 주요 차이점은 다음과 같다.

- **채굴 난도**: 라이트코인과 비트코인의 진짜 차이점은 채굴의 난도일 것이다. 비트코인 채굴은 시간이 지날수록 더 어려워지고 비용도 많이 들어간다. 비트코인을 채굴해 돈을 벌기 위해서는 매우 강력한 컴퓨터가 필요하다. 반면 라이트코인은 일반 컴퓨터로도 채굴할 수 있다. 비트코인 채굴은 SHA-256이라고 부르는 알고리즘을 사용한다. 라이트코인은 스크립트(Scrypt)라는 새로운 알고리즘을 사용한다. SHA-256은 스크립트보다 더 복잡한 알고리즘인데 동시에 더 높은 수준의 병렬 처리를 할 수 있다. 하지만 속도는 스크립트가 더 빠르다.
- **총 코인 수**: 비트코인은 그 양이 2,100만 개로 한정되어 있다. 라이트코인은 그 4배인 8,400만 개까지 될 것으로 추정된다.
- **거래 속도 및 수수료**: 비트코인 네트워크에서 거래 확인 시간은 평균 10분 정도고, 때로는 1시간까지 걸릴 수 있다. 비트코인 인포메이션 차트 웹사이트(bitinfocharts.com)의 자료에 따르면 라이트코인의 경우, 거래 시간은 약 2.5분이다. 라이트코인의 거래 수수료도 비트코인보다 상당히 낮은 평균 0.08달러 미만이다. 2018년 10월까지 가장 수수료가 높았던 때는 암호화폐 수요가 초강세를 보였던 2017년 12월로 이 때도 1.4달러 수준에 불과했다.

▌ 라이트코인의 특징

라이트코인의 주요 특징은 다음과 같다.

- 거래소에서 사용되는 라이트코인의 종목코드명은 LTC다.
- 라이트코인은 채굴이 가능한 코인이다.
- 코인의 생성 및 알고리즘의 처리는 작업증명을 통해 이루어진다.
- 거래 시간은 약 2.5분이다.

팁

비트코인 팀과 라이트코인 팀은 자신이 암호화폐가 최고라고 주장하지만 아직 둘 다 확실한 승자는 아니다. 당신의 투자 전략을 진행하기 위한 가장 좋은 방법은 이 두 가지 선택지뿐만 아니라 이 장에서 설명하는 다양한 암호화폐를 이해하고 자산을 다각화하는 것이다. 다각화에 대한 자세한 내용은 10장(172페이지)에서 살펴볼 수 있다.

 포인트

인기 암호화폐에 무슨 일이 생기면 이를 구하기 위해 하드 포크가 나올 가능성이 있다. 당신이 이미 투자한 어느 암호화폐가 포크를 하면 같은 양의 새로운 코인을 얻게 된다.

▶ 익명 거래도 가능하다.

▶ 라이트코인도 분산형이다.

▶ 거래당 에너지 비용이 비트코인보다 낮다.

상위 10위 암호화폐

평균적으로 시가총액이 큰 암호화폐 몇 종을 소개했다. 그러나 이런 암호화폐가 유명하고 시가총액이 크다고 해서 반드시 더 좋은 것이라는 의미는 아니다. 실제로 많은 전문가와 투자자들은 유명 암호화폐 중 일부는 10년 이내에 사라질 수도 있다고 생각하고 있다. 또 시가총액이 크다고 해서 반드시 미래가 밝은 것도 아니다. 그들의 현재 인기는 단지 15분 동안의 명성일 수도 있으며, 현재 덜 알려진 암호화폐에 비해 성장 가능성이 더 낮을 수도 있다.

상위 10위권 암호화폐 목록은 계속 변한다. 다음 표는 2018년의 주요 암호화폐와 2022년의 주요 암호화폐의 순위를 비교한 것이다. 2018년 10대 코인 안에 포함되어 있던 비트코인캐시(BCH)는 2022년 5월 기준 20위대에 머물러 있고, 스텔라(XLM)는 30위대에 머물러 있다. 아이오타(MIOTA)는 70위대, 이오스(EOS)는 50위대, 대시(DASH)는 90위대에 남아 있다. 암호화폐의 변동성은 상대적으로 큰 편인 만큼, 순위 변동은 언제든 일어날 수 있다. 2022년의 주요 상위 암호화폐에서는 새로운 프로젝트들이 시가총액 상위에 랭크되었고 2개의 스테이블코인이 자리 잡은 것이 눈에 띈다. 이렇듯 암호화폐는 3~4년 안에 시가총액 순위가

2018년 주요 암호화폐

암호화폐의 종류	약어	개요
비트코인	BTC	정부나 중앙은행, 금융회사의 개입 없이 온라인 상에서 개인과 개인이 직접 돈을 주고받을 수 있도록 암호화된 가상자산으로, 결제나 거래 관련 시스템, 즉 화폐로서의 기능에 집중되어 있다.
이더리움	ETH	이더리움은 2015년 7월 비탈릭 부테린이 창안한 퍼블릭 블록체인 플랫폼이자, 이 플랫폼의 자체 통화 이름이다.
비트코인캐시	BCH	거래 비용이 더 저렴하고, 더 개방적인 개발 프로세스를 제공하는 비트코인 포크다.
카르다노	ADA	이더리움의 공동 창업자가 만든 코인으로 스마트 계약 플랫폼이다. 일본의 이더리움으로 불린다.
대시	DASH	디지털 현금 제공. 마스터노드(Masternode, 초기 투자비용[채굴기 구매], 유지비용 [전기료 등]이 필요한 채굴 방식이 아니라, 본인의 코인을 담보로 클라우드서버에 마스터노드를 구축하여 코인을 채굴하는 방식)를 통한 비밀 거래(코인 원장의 전체 사본을 호스팅하는 컴퓨터 지갑) 방식이다. 빠른 확인 시간, 낮은 수수료가 장점이다.
이오스	EOS	이더리움과 유사하지만 성능과 확장성이 우수한 스마트 계약 플랫폼이다.
아이오타	MIOTA	블록체인 기반이 아니라, 탱글(Tangle) 알고리즘(새로 발생한 거래가 이전에 발생한 2개의 거래를 확인해 주는 방식으로 작동하는 알고리즘) 기반으로 채굴되지 않으며, 거래 수수료도 없다.
스텔라	XLM	리플과 유사하며 모든 사람을 연결하는 금융상품을 구축하기 위한 개방형 플랫폼이다.

2022년 상위 10개의 암호화폐

(기준: 2022년 5월 23일)

순위	암호화폐의 종류	약어	시가총액
1	비트코인	BTC	5,795억 달러
2	이더리움	ETH	2,496억 달러
3	테더	USDT	732억 달러
4	BNB	BNB	536억 달러
5	USD코인	USDC	531억 달러
6	리플	XRP	204억 달러
7	바이낸스USD	BUSD	185억 달러
8	카르다노	ADA	185억 달러
9	솔라나	SOL	181억 달러
10	도지코인	DOGE	115억 달러

▶ 표 8-1
2018년과 2022년의 주요 암호화폐

많이 바뀔 정도로 빠르게 변화하는 시장이다.

카테고리별 암호화폐 분류

시가총액 기준으로 암호화폐를 고르는 것 외에도 가치와 성장성을 모두 고려해 포트폴리오를 다양화할 수 있는 가장 좋은 방법은 카테고리 별로 암호화폐를 고르는 것이다. 암호화폐의 카테고리별 분류를 살펴보고 각자의 투자위험감수도에 가장 적합한 암호화폐를 선택해보자. 이에 대해서는 9장*과 10장*, 그리고 4부*에서 추가로 설명할 예정이다.

여기에서는 가장 많이 사용되는 암호화폐 카테고리 분류 방식과 카테고리 별 대표 암호화폐를 살펴보기로 한다. 흥미 넘치는 암호화폐 세계의 여러 카테고리를 보면 이 장 앞부분에서 살펴본 암호화폐의 적용 범위와 어느 정도 관련이 있다는 것을 알게 될 것이다. 다른 방식으로 카테고리를 분류하는 사람도 있겠지만, 일반적인 카테고리는 다음과 같다.

• 9장 » 157페이지
• 10장 » 172페이지
• 4부 » 241페이지

 포인트

이 책을 쓰는 시점에 인기가 높았던 카테고리와 당신이 이 책을 손에 들고 있는 시점에 인기가 많은 카테고리는 다를 수 있다. 또 여러 카테고리에 해당되어 어느 한 카테고리에만 들어가기 어려운 암호화폐들도 있다. 다음의 웹사이트에 들어가면 분야별로 카테고리를 분류하고 있다.

 업폴리오
www.upfolio.com

 인베스트인
www.investitin.com

▶ 게임 분야
▶ 공급망 분야
▶ 교통 분야
▶ 의료 분야
▶ 사물 인터넷 분야

▌ 결제용 암호화폐

시가총액 기준으로는 결제용 암호화폐가 단연 최대 카테고리를 차지하고 있다. 미국 달러 같은 법정통화처럼 주로 가치 저장, 거래, 결제의 수단으로 활용되는 것을 목표로 하는 암호화폐를 발견할 수 있다. 이 카테고리에 속하는 암호화폐들은 다음과 같다.

🔨 **팁**
───────────
비트코인을 선구자로 하는 이 카테고리는 꾸준히 인기가 높다. 블록체인 기술은 단순한 결제 시스템 이상의 것에 적용될 수 있다. 그러니 다른 카테고리에 얼마나 중요한 것들이 있는지도 세심히 살펴보기 바란다.

▶ 비트코인(BTC)
▶ 라이트코인(LTC)
▶ 비트코인캐시(BCH)
▶ 오미세고(OMG)
▶ 대시(DASH)
▶ 리플(XRP)
▶ 테더(USDT)

▌ 익명성 암호화폐

익명을 보장하는 암호화폐들은 결제용 암호화폐보다 거래 보안과 익명성에 훨씬 더 초점을 맞추고 있다. 흔히 사람들은 비트코인을 비롯한 결제용 암호화폐가 완전히 익명이며 추적이 불가능하다고 오해한다. 많은 블록체인은 사용자의 신분을 위장하지만, 블록체인에서 발생한 모든 거래에 대한 공개 기록은 그대로 남는다. 원장의 데이터에는 사용자가 과거 거래에서 얼마나 많은 토큰을 받았고 보냈는지, 그리고 사용자의 지갑에 있는 모든 암호화폐의 잔고까지 포함되어 있다. 익명성 암호화폐들이 논란의 대상이 되는 것은 범죄자들이 그런 암호화폐를 돈세탁 등과 같은 불법에 이용한다는 우려 때문이다. 그럼에도 여전히 인기를 끌고 있는 익명성 암호화폐들이 있다.

모네로
web.getmonero.org

지캐시
z.cash

클록코인
www.cloakcoin.com/en

대시
www.dash.org

- ▶ **모네로(XMR)**: 모네로는 익명 보장 암호화폐다.
- ▶ **지캐시(ZEC)**: 지캐시는 모네로와 유사하지만, 다른 프로토콜(규칙)을 가지고 있다. 사이트에서 더 자세한 내용을 확인할 수 있다.
- ▶ **클록코인(CloakCoin, Cloak)**: 클록코인은 그다지 알려지지는 않았지만 여러 보안 계층을 갖추고 있는 코인이다.
- ▶ **대시(DASH)**: 결제용 카테고리에도 포함된 대시는 혼합형이다. 비트코인의 핵심 기능 외에 즉석 비밀 거래 옵션이 포함되어 있다.

▌ 플랫폼 암호화폐

플랫폼 암호화폐는 분산형 애플리케이션 프로토콜 암호화폐, 스마트 계약 암호화폐 또는 이 세 가지가 모두 혼합된 암호화폐라고도 표현할 수 있다. 이 카테고리에는 중앙집중식 블록체인 플랫폼을 기반으로 구축된 암호화폐가 있는데 개발자들은 이를 이용해 분산형 애플리케이션을 구축한다. 즉, 개발자들이 블록체인 애플리케이션(과 다른 암호화폐)을 기반으로 플랫폼을 구축하는데, 이런 암호화폐들이 그 플랫폼 역할을 한다.

실제로 결제용 암호화폐 대신 플랫폼 암호화폐에 투자하는 것이 좋다고 제안하는 분석가들이 있다. 플랫폼 암호화폐들은 더 많은 애플리케이션이 그들의 블록체인에 구축될수록 가치가 상승하기 때문에 일반적으로 좋은 장기 투자로 간주한다. 앞으로 블록체인 기술이 대세가 되면 애플리케이션의 수와 사용처도 늘어나고 그에 따라 코인 가격도 상승할 것이다. 이 카테고리의 대표적 암호화폐에는 이더리움이 있고 그 외에 다음과 같은 암호화폐들이 이 카테고리에 속한다. 몇 개의 예를 들었지만 이는 플랫폼 카테고리에서 부상하고 있는 수백 개의 암호화폐 중 일부에 불과하다.

네오
neo.org

리스크
lisk.com

이오스
eos.io

아이콘
icon.community

퀀텀
qtum.org

비체인
www.vechain.org

아크
ark.io

서브스트라텀
substratum.net

▶ **네오(NEO)**: 이더리움과 유사한 스마트 계약 생태계인 네오는 새로운 스마트 경제를 위한 플랫폼이 되고자 한다. 네오는 중국 시장 최대의 암호화폐다.

▶ **리스크(Lisk, LSK)**: 리스크는 이더리움과 유사한 스마트 계약 플랫폼이지만 자바스크립트를 기반으로 하고 있다.

▶ **이오스(EOS)**: 이더리움과 유사한 또 다른 스마트 계약 플랫폼인 이오스는 수익성과 확장성에서 이점을 보인다.

▶ **아이콘(Icon, ICX)**: 아이콘은 가장 큰 분산형 글로벌 네트워크를 구축해 '초연결된 세계'를 꿈꾼다.

▶ **퀀텀(Qtum, QTUM)**: 퀀텀은 싱가포르에 기반을 둔 이더리움과 비트코인의 혼합형이다.

▶ **비체인(VEN)**: 비체인은 블록체인 기반 플랫폼으로, 소매업체와 소비자가 구매한 제품의 품질과 진위를 판단할 수 있는 기능을 제공한다.

▶ **아크(ARK)**: 아크는 개발자와 스타트업을 위한 원스톱 블록체인 솔루션을 제공한다.

▶ **서브스트라텀(Subratum, SUB)**: 서브스트라텀은 새로운 세대의 인터넷 세상을 추구한다.

▌거래소 자체 암호화폐

거래소 자체 암호화폐는 암호화폐 거래소가 직접 도입해 사용하는 암호화폐다. 이런 암호화폐들은 해당 거래소의 플랫폼에 사람들을 끌어들이는 인센티브라고 볼 수 있다. 각자에게 적합한 거래소 자체 암호화폐를 선정하기 위해서는, 6장*에서 설명한 단계에 따라 당신에게 맞는 암호화폐 거래소를 선택하는 것이 가장 좋다. 거래소 자체 암호화폐에는 다음과 같은 화폐들이 있다.

* 6장 ≫ 101페이지

바이낸스 코인
www.binance.com

쿠코인 쉐어
www.kucoin.com

비박스 토큰
www.bibox.com

코스 코인
coss.io

> ▸ **바이낸스 코인(BNB)**: 홍콩의 바이낸스 거래소가 발행하는 바이낸스 코인은 이더리움 플랫폼에서 실행되며 최대한도 2억 개를 엄수하고 있다.
> ▸ **쿠코인 쉐어(KuCoin Shares, KCS)**: 쿠코인 쉐어는 쿠코인 거래소가 발행한 코인으로 바이낸스 코인과 유사하다.
> ▸ **비박스 토큰(Bibox Token, BIX)**: 비박스 토큰은 소규모 거래소로서 자체 토큰을 성공적으로 출시한 사례 중 하나다.
> ▸ **코스 코인(COSS Coin, COSS)**: 코스 코인은 쿠코인보다 규모가 훨씬 작은 거래소지만, 새로운 기능의 도입을 적극 추진하는 야심 찬 거래소다.

▌금융/핀테크 암호화폐

순수 금융용 암호화폐와 금융 기술(핀테크) 암호화폐가 이 카테고리에 속한다. 이런 암호화폐들은 블록체인 금융 시스템 구축을 쉽게 만들어 전 세계 사람들을 돕겠다는 목표를 가지고 있다.

- ▶ **리플(XRP):** 리플은 은행, 결제서비스 제공자, 디지털 자산 거래소, 기타 기업들을 위한 블록체인 결제 시스템이다. 리플은 큰 금액의 돈을 빠르고 안정적으로 이동할 수 있도록 설계된 암호화폐다.
- ▶ **스텔라 루멘스(XLM):** 스텔라 루멘스는 세계의 새로운 금융 시스템을 개발하는 것을 목표로 한다. 소득 수준과 관계없이 모든 사람이 금융 서비스에 접근할 수 있는 개방형 시스템을 구축하고 있다.
- ▶ **파퓰러스(PPT):** 파퓰러스는 기업들을 돕기 위한 글로벌 송장 거래 플랫폼이다. 스마트 계약으로 제3자 없이 자금조달과 지급이 자동으로 이뤄진다.
- ▶ **오미세고(OMG):** 오미세고는 은행 계좌가 없는 사람들에게 금융 서비스를 제공하기 위해 고안되었다. 전 세계적으로 운영되며, 전통적인 화폐(법정통화)와 암호화폐를 모두 지원한다.
- ▶ **쿠오인(Quoine, QASH):** 쿠오인은 자사의 리퀴드(LIQUID) 플랫폼을 통해 암호화폐 시장의 유동성 문제를 해결하고자 한다.
- ▶ **방코르(Bancor, BNT):** 방코르는 제3자 개입 없이 사용자가 선택한 두 개의 암호화폐를 전환할 수 있다.
- ▶ **크립토닷컴(Crypto.com, 이전의 모나코[MCO]):** 이 암호화폐가 지원하는 비자 직불카드로 일상 구매에서 코인을 사용할 수 있다.

쿠오인(리퀴드)
www.liquid.com

방코르
www.bancor.network

크립토닷컴
crypto.com

▮ 법적 및 자산용 암호화폐

법적 카테고리와 자산용 카테고리에 속하는 암호화폐들이 점점 더 많이 등장하고 있다. 두 카테고리는 밀접한 관계가 있으므로 여기서는 한데 묶는다. 다음 암호화폐가 이 카테고리에 속한다.

폴리매스
polymath.network

프로피
propy.com

▶ **폴리매스(Polymath, POLY):** 폴리매스는 토큰 투자자와 스마트 계약 개발자를 위한 법률 자문을 제공한다.

▶ **프로피(Propy, PRO):** 프로피는 법정통화나 암호화폐를 사용해 해외 부동산을 구매할 때 발생하는 문제를 해결한다. 블록체인 상에서 비트코인을 사용해 부동산을 매각한 것은 이 회사가 처음이다.

그 외 떠오르는 부동산 암호화폐로는 리얼 렐름(Real Realm, REAL)과 임브렉스(Imbrex, REX)도 주목할 만하다.

수익을 내는
암호화폐를 찾아보자

9장에서는

▶ 다이아몬드 분석을 사용해 수익을 내는 암호화폐를 찾아본다.

▶ 기본 분석 방법을 사용해 수천 개의 암호화폐를 분야별로 한눈에 훑어본다.

▶ 시장 심리 분석을 통해 자신에게 맞는 암호화폐를 찾는 방법을 살펴본다.

▶ 최적의 매수 및 매도 시기를 판단하는 방법을 알아본다.

이제 다양한 종류의 암호화폐를 볼 수 있는 거대한 문이 열렸다. 암호화폐 산업에는 비트코인이나 한두 번쯤 들어본 유명 암호화폐만 있는 것이 아니다. 선택지가 많다는 것은 신나는 일이지만 선택해야 할 사항이 너무 많은 것도 쉬운 일은 아니다. 따라서 언제나 차선책도 생각하고 있어야 한다.

여러 개의 암호화폐를 가질 수 있다는 것은 다행스러운 일인 동시에 무엇을 찾고 있는지 정확히 알지 못한다면, 이 많은 암호화폐를 다 뒤지는 것은 어렵고 어리석은 일이다. 이제 다이아몬드 분석(IDDA)을 통해 개인에게 가장 잘 맞는 최고 수익의 암호화폐를 찾아볼 것이다.

다이아몬드 분석

대부분의 개인 거래자들은 실전에 뛰어들어 투자 전략을 실행하기 전에 단지 한두 가지 정도의 시장 분석 방법만을 배운다. 초보 투자자 대부분은 기술적인 분석을 다룬 유튜브나 평소 즐겨 보는 경제뉴스에 의존한다. 하지만 한두 가지 유형의 분석에만 의존하는 것은 매우 위험할 수 있다. 따라서 인베스트 디바의 다이아몬드 분석은 다음과 같이 5가지 관점에서 시장을 분석할 것을 제안한다.

❶ 펀더멘털 분석

❷ 심리(시장 심리) 분석

❸ 기술 분석

❹ 자본 분석(개인 리스크 관리)

❺ 총괄 분석

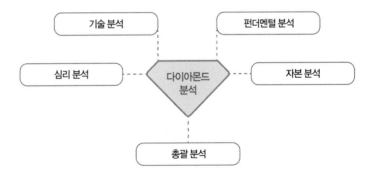

▶ **그림 9-1**
다이아몬드 분석의 5가지 포인트

여기에서는 펀더멘털 분석과 시장 심리 분석에 대해 설명하고, 각자가 포트폴리오에 맞는 암호화폐를 선택하는 데 도움이 되는 기술 분석을 소개할 것이다. 먼저 각 분석방법의 개념을 간략히 살펴보자.

 팁

트레이더들이 특정 주식의 가격 상승을 예상하면 시장 심리가 '황소 같다(Bullish, 강세)'라고 하고, 반대로 대부분의 트레이더들이 가격 하락을 예상하면 시장 심리가 '곰 같다(Bearish, 약세)'라고 말한다.

* 16장 >> 243페이지

▶ **펀더멘털 분석:** 사실에서부터 소문에 이르기까지 모든 데이터를 살펴보고 코인이 정말 살 가치가 있는지 여부를 결정한다.

▶ **심리 분석:** 특정 주식에 대한 트레이더들의 심리와 태도를 나타낸다. 심리 분석을 통해, 동물인 황소와 곰에 비교해 시장을 예상하는 방식이다.

▶ **기술 분석:** 암호화폐 실적을 보고 자신에게 맞는 투자 결정을 내린다. 유망하다고 생각하는 암호화폐의 가격 움직임을 분석해 거래에 뛰어들기 가장 좋은 시기와 빠져나오기 가장 좋은 시기를 판단한다. 암호화폐의 가격 흐름은 암호화폐 거래소 차트에서 확인할 수 있다. 기술 분석 방법에 담긴 세부적인 비밀은 16장*에서 설명할 예정이다.

펀더멘털 분석을 통해 암호화폐를 고르자

펀더멘털 분석은 암호화폐, 재정 상태, 시장에 영향을 줄 향후 위험 요소 등에 대한 모든 소문, 이야기, 기타 정보들을 모아 종합적으로 이용하는 분석이다. 적절한 암호화폐 카테고리를 찾는 것은 여러 사람 중에서 자기 취향의 사람을 선택하는 것과 같다. 각자에게 가장 적합한 암호화폐를 고르기 위한 몇 가지 방법을 알아보자.

팁

주식시장에서 상장지수펀드(ETF)는 일반적으로 동일한 카테고리의 여러 자산으로 구성되어 있다. ETF가 주식 시장에서 매우 인기를 끌고 있는 이유는 선택 과정이 훨씬 쉬워졌기 때문이다. 이와 비슷한 대형 헤지펀드인 뮤추얼펀드보다 매입 비용도 저렴하다. 암호화폐 ETF가 대중화된다면 차트를 보고 비교하면서 가장 실적이 좋은 암호화폐 카테고리를 알 수 있게 될 것이다. ETF에 대한 자세한 내용은 13장(208페이지)을 참조하자.

▌익숙한 것에서부터 시작하라

익숙한 방식을 따르는 것은 주식시장에서도 통용되는 간단한 황금률이다. 특정 기업의 주식에 투자하고 있다면 이미 그 기업의 정보를 자주 접했거나 이미 그 기업의 제품을 사용하고 있을 가능성도 있다. 게다가 그 기업의 실적에 대해서도 만족하고 있다면 이런 것들부터 각자의 투자 포트폴리오에 추가할 것이다.

주식시장에서 많은 초보 투자자들은 그들의 과거 구매 습관에 따라 투자해 수익을 거두기도 한다. 만약 맥도날드보다 치폴레 같은 건강한 음식 서비스를 선호한다면 주식투자에서도 포트폴리오에 치폴레를 추가할 가능성이 크다. 마찬가지로 마음에 드는 온라인 쇼핑몰의 결제 페이지에 특정 암호화폐 결제 옵션이 생겨, 특정 암호화폐로 쉽게 제품을 주문할 수 있다는 것을 알게 되었다고 하자. 결제할 수 있다는 사실 자체만으로도 그 암호화폐의 거래량이 증가할 것임을 시사하는 것이므로 그 암호화폐는 당신의 포트폴리오에 귀중한 자산이 될 수 있다.

▌시의적절한 카테고리를 선택하라

특정 시기에는 특정 카테고리의 암호화폐가 시장에서 더 좋은 실적을 보일 수 있다. 예를 들어, 금융 기술(핀테크) 부문이 상승하고 있고 모두가 인공지능(AI)에 관해 이야기하고 있다면 관련 카테고리를 살펴보고 그와 관련된 암호화폐를 고려해보는 것이 좋다.

장기 투자에 가장 적합한 카테고리를 선택하는 또 다른 방법의 하나는 전체 시장의 실적을 뛰어넘는 실적을 보이는 카테고리 중에서 선택하는 것이다. 하루 이틀 반짝 오른 카테고리를 말하는 것이 아니라, 몇

포인트

암호화폐 시장은 기존의 다른 자산 시장을 항상 따르지는 않는다. 암호화폐는 이제 시작하는 새로운 산업이기 때문에 전통적인 주식시장에서 찾을 수 없는 기회를 발견할 수 있다. 주식시장이 폭락하면 암호화폐 산업이 안전망이 될 수도 있다.

• 10장 » 172페이지

달 혹은 몇 년 동안 좋은 실적을 보여왔거나 회복될 조짐을 보이는 분야를 말하는 것이다. 가장 인기 있는 카테고리를 1순위로 선택한 다음, 두 번째와 세 번째 카테고리로 다각화해 나갈 수 있을 것이다. 다각화에 대해서는 10장*에서 더 자세히 다룰 예정이다.

▌웹사이트를 확인하라

경험을 바탕으로 여러 암호화폐를 염두에 두고 있든, 카테고리 분류에서 가장 적합한 암호화폐를 선택하려 하든, 최종적인 후보 물망에 오른 암호화폐에 대해서는 보다 상세한 분석을 해보아야 한다. 암호화폐를 고를 때 고려해야 할 몇 가지 아이디어를 소개한다.

1. 백서 훑어보기

백서는 암호화폐를 출시할 때 내놓는 사업 제안서다. 여기에는 관련 기술, 목적, 재무 세부 정보 등 잠재적 투자자들이 해당 암호화폐에 대해 알아야 할 모든 것이 들어 있다. 기존의 암호화폐들은 이미 이 모든 중요한 정보를 이해하기 쉬운 비디오 클립과 멋진 인포그래픽으로 만들어 '회사 소개(About Us)'나 '운영 방법(How It Works)' 같은 제목 안에 넣어두었을 것이다. 혹은 각 회사의 웹사이트에 들어가서 백서를 찾으면 필요한 정보를 읽을 수 있다. 백서들은 그 분야의 전문가가 아닌 사람들도 쉽게 이해할 수 있는 단어를 사용하는 편이다.

2. 각 암호화폐의 배경을 살펴보기

비트코인은 실제로 누가 만들었는지 아는 사람이 없지만, 그 외의 암호화폐들에는 대개 그 암호화폐를 만든 회사와 해당 블록체인 기술(4장* 참

• 4장 » 64페이지

조)을 이끄는 암호화폐 팀이 있다. 암호화폐 팀은 그 플랫폼이 누구나 접근해서 수정할 수 있는 완전한 오픈소스인 경우에도 매우 중요한 의미를 갖는다. 주식에 투자하든 신생 스타트업에 투자를 하든 그 배경과 생성 과정을 이해하는 것은 매우 중요하다. 암호화폐 배후에 있는 경영진에 대해 다음 사항을 살펴보자.

▶ 출생 및 성장 과정
▶ 이력서
▶ 해당 분야의 경험

경영진 외에 자문 위원회 위원의 배경도 가능하면 확인해볼 것을 권한다. 이런 정보는 보통 회사 웹사이트의 회사 소개나 '팀 소개(Our Team)' 같은 제목의 탭에서 찾을 수 있다. 암호화폐에 투자하는 것은 스타트업이나 기업가에 투자하는 것과 같다. 때로는 이런 기업가들은 메타의 마크 저커버그(Mark Zuckerberg)나 이더리움의 창업자 비탈릭 부테린 같은 창업자들처럼 초창기에는 이렇다 할 이력서도 없는 젊은이들이다. 그때는 창업자의 개성이 의사결정의 요소가 될 수 있다. 미국 프로농구 댈러스 매버릭스(Dallas Mavericks) 구단주 마크 큐반은 CNBC와의 인터뷰에서 "기업에 투자할 때 나는 그 기업가의 개성을 본다. 그의 개성이 적절하지 않거나 옳지 않다고 생각되면, 과감하게 다른 주식을 산다"고 했다.

3. 파트너십 참고하기

기존의 암호화폐들은 IBM이나 마이크로소프트 같은 전통적인 거대 기업이나 골드만삭스 같은 은행들과 제휴하고 있다. 이런 기업은 전문가로 구성된 분석팀이 새로운 투자와 파트너십에 참여하기 전에 실사를 수행한다. 평판이 좋은 파트너가 있다는 것은, 그 회사가 경쟁에서 앞서기 위한 건실하고 올바른 길을 걷고 있다는 증거가 될 수 있다. 평판이 좋은 파트너가 있는 것은, 그 암호화폐가 대중에게 받아들여질 가능성이 그만큼 더 크다는 의미이기도 하다. 어느 암호화폐가 유명 대기업과 파트너십을 맺고 있다면 대개 웹사이트의 '파트너 소개(Our Partners)' 탭 안에 표시되어 있다.

4. 기술 숙지하기

많은 암호화폐는 여러 다른 제품을 보유한 블록체인 회사가 만든 토큰이다. 잘 만들어진 웹사이트는 그리 위압적이지 않은 방법으로 자신의 기술과 제품을 안내하고 있다. 암호화폐와 관련 있는 제품과 기술을 더 많아 알수록, 최종 후보에 관한 결정을 쉽게 내릴 수 있다. 5장*은 결정을 내리는 데 도움이 될 '암호화폐 사전' 역할을 할 것이다.

* 5장 » 83페이지

5. 사회공헌 확인하기

후보에 오른 암호화폐들은 당신의 어떤 문제를 해결해주고 있는가? 그 문제들은 당신에게 중요한가? 당신은 단지 빨리 부자가 되기 위해 그들을 선택했는가? 아니면 그 암호화폐들은 사회 개선을 위한 장기적인 계획을 세우고 있는가? 이러한 질문에 대한 답을 찾는 것도 최종 후보 리스트를 좁히는 데 도움이 된다. 리플 같은 회사는 웹사이트의 '리플 임팩트(Ripple Impact)'라는 하위 탭에서 지속 가능한 협력에 대해 설명하고 있다. 다른 기업들도 비슷한 형식으로 자사의 사회공헌을 알리거나 홈페이지에 사회공헌 내용을 올리고 있다.

6. 로드맵 분석하기

많은 기업이 자사의 웹사이트에 로드맵 페이지를 두고 있다. 이곳에서 회사가 어디에서 왔고 무엇을 달성했는지, 그리고 앞으로 무엇을 달성하려고 계획하고 있는지 등에 관해 설명하고 있다. 각 회사의 로드맵을 읽어보는 것은 해당 암호화폐에 대한 기본 정보를 몇 분 안에 발견할 수 있는 훌륭한 방법이다.

7. 더 깊이 알아보기

* 12장 » 198페이지

대부분의 암호화폐 플랫폼도 팔로잉을 늘리고 웹사이트에 많이 언급되기를 원한다. 암호화폐의 경우 채굴(12장* 참조)에서부터 소셜 포럼에 참여하거나 블록체인 플랫폼 상에서 새로운 암호화폐 프로젝트를 시작하는 것(이더리움의 경우처럼)에 이르기까지 다양하다. 많은 시간을 투자해야 할 수 있으므로 균형을 찾아야 한다.

심리 분석을 통해 암호화폐를 고르자

암호화폐 후보에 대한 배경 조사를 마쳤다면 다이아몬드 분석의 두 번째 포인트인 심리 분석으로 넘어간다. 심리 분석은 암호화폐와 트레이더 간의 심리적 요소를 알아보는 것이다.

▌중요한 심리적 요소들

좋아하는 암호화폐를 선택하기 전에 감정에 치우치지 않고 확인해야 할 몇 가지 중요한 요소가 있다.

 팁

사용자 기반과의 의사소통을 위해 텔레그램 채널을 사용하는 암호화폐가 늘어나고 있다. 여기에 가입하려면 휴대폰에 텔레그램 애플리케이션을 다운로드해야 한다. 자세한 내용은 텔레그램 애플리케이션과 사이트(telegram.org)를 참조하자.

 텔레그램
telegram.org

 레딧
www.reddit.com

 비트코인토크
bitcointalk.org

 스팀잇
steemit.com

* 4장 ≫ 64페이지

1. 암호화폐 커뮤니티

암호화폐가 나아갈 방향에서 모기업이 역할을 할 수 있지만, 성공에 더욱 더 중요한 역할을 하는 것은 그 암호화폐의 블록체인 기술(4장* 참조)에 참여하는 네트워크다. 많은 암호화폐는 채굴자나 개발자들 같은 사람들의 커뮤니티 참여를 매우 중요하게 여긴다. 대부분의 암호화폐 커뮤니티들은 다음과 같은 자체 포럼을 운영하고 있다.

▶ 레딧(www.reddit.com)
▶ 비트코인토크(bitcointalk.org)
▶ 스팀잇(steemit.com)

이런 포럼들이 유익한 이유는, 어떤 유형의 사람들이 해당 암호화폐에 관여하고 있는지 뿐만 아니라 해당 암호화폐 자체에 대해 더 많은 것을 알 수 있게 해주기 때문이다.

2. 해당 암호화폐를 취급하는 거래소의 수

암호화폐 거래소는 전체 생태계에서 큰 비중을 차지한다. 각자가 선택한 거래소가 당신이 선택한 암호화폐를 취급하는지를 확인하는 것도 중요하지만 반대로 많은 거래소가 취급하는 암호화폐를 선택하는 것도 좋은 방법이다. 거래소들은 자신이 취급할 암호화폐를 신중하게 선택한다.

어떤 암호화폐를 많은 거래소에서 취급하고 있다면 이는 거래소들이 해당 암호화폐가 취급할 만한 충분히 가치가 있다고 생각하고 있음을

코인마켓캡
coinmarketcap.com

보여주는 것이다. 특정 암호화폐에 대한 수요가 높아질 가능성이 크고, 당신의 투자도 이익을 낼 가능성이 크다고 할 수 있을 것이다. 어느 거래소가 어떤 암호화폐를 취급하는지 여부는 코인마켓캡(coinmarketcap.com) 등의 웹사이트에서 확인할 수 있다.

예를 들어, 어느 거래소가 리플의 XRP를 취급하는지 알고 싶다면 코인마켓캡 웹사이트에서 리플의 XRP를 선택한 후, 다음 그림처럼 마켓(Markets)이라는 탭으로 이동한다. 웹 페이지를 조금 아래로 스크롤하면 XRP를 취급하는 모든 거래소 목록을 볼 수 있다.

# ▲	Source	Pairs	Price	+2% Depth	-2% Depth	Volume	Volume %	Confidence	Liquidity	Updated
1	Binance	XRP/USDT	$0.4057	$1,036,196.94	$2,061,627.21	$649,225,839	12.44%	High	716	Recently
2	Bithumb	XRP/KRW	$0.4293	$356,049.79	$68,454.50	$181,643,447	3.48%	High	441	Recently
3	KuCoin	XRP/USDT	$0.406	$525,186.04	$827,047.11	$144,730,181	2.77%	High	607	Recently
4	FTX	XRP/USD	$0.4056	$1,282,126.60	$1,601,986.34	$129,707,999	2.49%	High	607	Recently
5	Bybit	XRP/USDT	$0.4063	$254,770.35	$330,663.52	$123,816,877	2.37%	High	532	Recently
6	Gate.io	XRP/USDT	$0.406	$174,170.43	$205,254.55	$99,773,620	1.91%	High	551	Recently
7	Huobi Global	XRP/USDT	$0.406	$130,413.96	$989,800.36	$75,225,160	1.44%	High	534	Recently
8	Binance	XRP/BUSD	$0.4064	$68,181.66	$131,522.42	$72,156,053	1.38%	High	537	Recently
9	Binance	XRP/BTC	$0.4061	$104,187.45	$175,568.60	$61,926,399	1.19%	High	505	Recently
10	Coinone	XRP/KRW	$0.43	$50,705.84	$152,830.78	$46,863,809	0.90%	High	417	Recently
11	FTX	XRP/USDT	$0.4056	$263,527.45	$598,117.98	$31,177,280	0.60%	High	486	Recently
12	Bitstamp	XRP/EUR	$0.4055	$357,691.61	$523,404.00	$29,307,218	0.56%	High	504	Recently
13	Bitstamp	XRP/USD	$0.4053	$305,389.45	$698,748.21	$28,946,638	0.55%	High	544	Recently
14	Bitfinex	XRP/USD	$0.4071	$630,381.89	$303,725.08	$28,908,407	0.55%	High	498	Recently

▶ 그림 9-2
코인마켓캡에서 XRP를 취급하는 거래소 찾기

출처: CoinMarketCap.com

3. 거래량

거래량은 특정 기간 내에 얼마나 많은 수량의 암호화폐가 거래되었는지를 말한다. 거래량이 중요한 이유는 그것이 해당 암호화폐를 얼마나 쉽게 사고팔 수 있는지를 알려주기 때문이다. 당연히 거래량이 많을수록 거래하기가 더 쉽다. 웹사이트에 들어가면 최근 24시간 동안 거래된 코인의 수를 확인할 수 있고 비교도 할 수 있다. 또 어느 거래소에서 얼마나 거래되었는지도 확인할 수 있다. 일반적으로 가장 규모가 크고 인기 있는 코인이 가장 많이 거래되는 것이 당연하지만, 당신이 단지 유명한 암호화폐를 선택하려는 것이 아니라 특정 카테고리의 암호화폐를 선택하려 한다면 거래량은 그 결정에 매우 중요한 지표가 될 수 있다.

4. 코인 시가총액

암호화폐를 탐색하는 가장 빠른 방법의 하나는 시가총액에 따른 순위를 확인하는 것이다. 시가총액이 클수록 현재 판매되고 있는 암호화폐의 단위 가격도 더 높다. 이는 특정 카테고리의 암호화폐를 선택할 때도 유용하다. 시가총액 분석에 대한 자세한 내용은 8장*을 참조하자.

* 8장 » 137페이지

5. 유통 공급량

유통 공급량은 그동안 사람들이 채굴했거나 모기업이 생성시킨 토큰의 수를 말한다. 유통 공급량은 현재 시장에 얼마나 많은 코인이 있는지, 그리고 일반 대중이 접근할 수 있는 수량이 얼마나 되는지를 보여주는 것이다. 유통 공급량의 중요성은 다음 여러 가지 방식으로 이해할 수 있다. 그리고 암호화폐의 유통 공급량에 대한 정보는 코인마켓캡 등의 웹사이트에서 확인할 수 있다.

> ▶ 유통 공급량의 관점에서 수량이 적을수록 더 좋다고 생각하는 투자자들도 있다. 가격 하락을 공급 과잉의 문제로 본다면 그럴 수 있다. 모든 시장은 일반적으로 수요와 공급의 원칙에 따라 움직인다. 예를 들어 상점에 사과는 많이 있는데 살 사람이 충분하지 않으면, 상점들은 사과가 상하기 전에 재고를 처분하고 싶어하기 때문에 사과 가격을 떨어뜨린다. 암호화폐에도 같은 이론이 적용될 수 있다. 코인에는 유통기한이 없지만 단기 또는 중기적으로 투자하려면 유통

9장 | 수익을 내는 암호화폐를 찾아보자 **167**

공급량이 적은 것이 더 매력적일 수 있다. 공급 가능한 코인이 적고 수요가 많아지면 가격이 더 오를 수도 있다는 신호이기 때문이다.

▶ 반면 유통 공급량이 적다는 것은 인기가 없다는 신호일 수도 있다. 코인을 채굴하려는 사람들이 줄어들면, 그 암호화폐의 장기적인 전망에 영향을 미칠 수 있다.

6. 총 공급량

신규 채굴된 암호화폐를 유통 공급량에 더하면 총 공급량을 구할 수 있다. 즉, 총 공급량은 유통되는 코인뿐만 아니라 현재 존재하는 코인의 총 개수를 말한다. 사실 일부 코인들은 몇 가지 이유로 유보되어 있거나 잠겨 있어서 공개 시장에서 팔리지 않는다. 따라서 총 공급량은 코인의 가격에 실제로 영향을 주지 않기 때문에 유통 공급량보다 중요하게 간주되지는 않는다.

▌ 뉴스에서 확인해야 할 사항

뉴스는 누군가를 또는 무언가를 엄청나게 인기 있게 만드는 힘이 있다. 그 유명한 예니/로럴 논쟁(Yanny/Laurel, 소셜뉴스 웹사이트 레딧에 누군가 음성 파일을 하나 올렸는데, 60%는 이를 로럴로, 40%는 예니로 들어 논쟁이 일었음), 그리고 틱톡 덕분에 유행하는 댄스 챌린지를 생각해보자. 암호화폐도 마찬가지다. 암호화폐의 열풍 뒤에는 미디어가 있었다. 최종적으로 코인을 선택하기 전에 다음 사항을 검토해보라.

1. 최근에 자주 다루어지고 있는가?

당신이 생각하고 있는 암호화폐가 최근 뉴스에 자주 나왔는가? 화제가 되고 있는가? 그렇다면 그 뉴스 보도가 실제로 자연스럽게 발생한 것인지 광고성 기사인지 확인할 필요가 있다. 암호화폐 회사들은 미디어의 영향을 잘 알고 있으므로 자사의 암호화폐를 인기 있는 검색엔진의 검색 순위 상위에 올려놓기 위해 많은 돈을 지불한다. 신뢰할 만한 암호화폐 뉴스 제공자로는 뉴스비트코인(www.newsbtc.com), 나스닥(www.nasdaq.com), 코인데스크(www.coindesk.com) 등이 있다.

해당 암호화폐가 최근 뉴스에 자주 나오는지 알 수 있는 또 다른 방법은 검색엔진의 '뉴스' 탭에 들어가 보는 것이다. 예를 들어 구글에서 주제어를 검색하면, 광고에서부터 뉴스, 일반 정보까지 모든 내용이 포함된 탭이 전부 나타난다. 거기에서 '뉴스' 탭을 찾아 들어가면, 광고성 기사일 가능성이 적은 실제 뉴스를 볼 수 있다. 국내에서는 쟁글(xangle.io) 등의 사이트에서도 확인 가능하다.

뉴스비트코인
www.newsbtc.com

나스닥
www.nasdaq.com

코인데스크
www.coindesk.com

쟁글
xangle.io

2. 어떤 이벤트들이 계획되어 있는가?

당신의 암호화폐를 찾기 위한 초기 단계나 맨 마지막 단계에서 어떤 이벤트들이 계획되어 있는지를 살펴볼 수 있다. 물론 이 두 가지 방법을 모두 사용해볼 수도 있다.

코인마켓캡
coinmarketcap.com

뉴스비트코인
www.newsbtc.com

▶ 첫 번째 방법으로는 코인마켓캡이나 뉴스비트코인과 같은 웹사이트에 들어가 긍정적인 영향을 미칠 수 있는 공지사항 및 이벤트를 확인해본다. 그런 다음 앞서 설명한 여러 다른 방법을 사용해 해당 암호화폐가 자신의 포트폴리오에 적합한지 점검한다.

▶ 두 번째 방법으로는 최종 후보 목록을 정리한 다음 각 후보 암호화폐의 웹사이트에서 향후 이벤트를 공유하는 블로그가 있는지 확인하거나, 제3의 암호화폐 캘린더에서 추가적인 정보가 있는지 확인한다.

3. 부정적인 보도는 없는가?

사람들은 부정적인 기사를 더 잘 읽는 경향이 있다. 사람들이 한 번 부정적 보도에 푹 빠지면 나중에 시간이 흐른 뒤에도 그 부정적 기사와 관련된 기업을 오랫동안 기억한다. 게다가 반드시 나쁘게만 기억하는 것도 아니다. 확실히 연예인들은 좋든 나쁘든 일단 많이 보도되면 장기적으로는 좋은 결과를 가져온다고 생각하는 것 같다. 마케팅 이론에 비록 나쁜 내용으로라도 어떤 인물이나 제품이 화제에 오른 경우, 시간이 흐른 뒤에는 나쁜 내용은 기억에서 사라지고 그 인물이나 제품만 사람들이 기억한다는 이론이 있다.

암호화폐 투자 세계에서도 얼추 사실인 것 같다. 부정적 뉴스가 화제가 되는 동안에는 가격이 폭락할 가능성이 크다. 하지만 생각하는 것과는 달리, 모두가 자산을 처분할 때가 구매하기에 가장 적합한 시기일 수 있다. 가격이 내려갔을 때 잡아서(매입해서), 올라갈 때 꼭대기까지 같이 올라가라.

주의

그러나 부정적 보도가 나오는 시기에 매입하는 것은, 다른 모든 다이아몬드 분석 포인트가 해당 암호화폐가 장기적으로 가치가 있음을 나타낼 때에만 유효하다. 부정적 기사가 해당 암호화폐의 피해가 너무 커서 회복하기 어렵다는 내용을 담고 있다면 구매하지 마라.

기술 분석을 통해 암호화폐를 고르자

포트폴리오에 추가할 몇 개의 암호화폐를 마음속에 결정했다면, 이제 그것들을 살 최적의 시기를 판단할 준비가 된 것이다. 모든 유형의 투자에 대한 황금률은 다음 한 문장으로 귀결된다. **"싸게 사서 비싸게 판다."**

하지만 최적의 매입 시점이 언제인지 어떻게 판단할 것인가? 다이아몬드 분석의 세 번째 포인트인 기술 분석이 필요한 지점이 바로 이때이다. 기술 분석은 과거의 실적 흐름을 사용해 미래를 예측하는 기술이다.

▶ **기술 분석의 기초:** 암호화폐 가격의 역사적 흐름과 패턴을 이해하도록 도와줄 멋진 분석 틀이 많다. 각 패턴과 지표들이 어떻게 움직였는지 알면 미래의 가격 흐름을 보다 정확하게 예측할 수 있다. 당신이 선택한 암호화폐에 대한 성공적 투자 전략을 개발하는 데 도움이 될 중요한 차트 패턴과 지표에 대해서는 16장*에서 살펴볼 것이다.

* 16장 ≫ 243페이지

▶ **최근 가격 흐름:** 코인의 현재 가격이 그 암호화폐 전체의 가치를 보여주는 좋은 지표는 아니지만, 언제 사고팔아야 할지를 판단할 때 가격 흐름을 분석하는 것은 매우 중요하다. 코인마켓캡 같은 웹사이트에 들어가면, 각자가 선택한 암호화폐의 최근 가격 흐름을 알 수 있다. 이런 가격 흐름을 분석하는 것은 단기 거래자들에게 특히 더 중요하다. 단기 거래 전략에 대해서는 17장*에서 자세히 설명할 것이다.

* 17장 ≫ 257페이지

▶ **큰 그림:** 장기 투자자에게는 기술 분석에서 큰 그림을 보는 것이 더 유용할 수 있다. 대부분의 암호화폐들은 너무 역사가 짧아서 가격 흐름의 변동성이 잘 개발되어 있지 않지만, 동일한 카테고리 내의 비교적 오래된 암호화폐와 비교해 큰 그림을 적용함으로써 유사한 기술 분석을 할 수 있다. 장기 투자자를 위한 기술 분석 방법은 18장*에서 살펴볼 수 있다.

* 18장 ≫ 271페이지

암호화폐 투자를 다각화하자

10장에서는

▸ 투자 다각화가 포트폴리오에 어떻게 도움이 되는지 이해한다.

▸ 암호화폐 장기 투자에서의 다각화 방법을 알아본다.

▸ 단기 거래에서의 다각화 전략을 알아본다.

이제 다각화가 왜 중요한지 알아본 다음, 각자의 포트폴리오에 어떤 다각화 수단이 있는지 확인해볼 것이다. 자산을 적절히 다각화함으로써 투자 포트폴리오를 짤 때 어떻게 위험 요소를 관리할 수 있는지에 대해 알아보자.

다각화의 핵심은 무엇인가

소액 투자자라도 개인 주식 포트폴리오의 다각화라는 주제에 대해 자주 들어봤을 것이다. 당신이 처음 투자를 시작할 때 재무 전문가가 가장 먼저 해주는 말 중 하나가 바로 "다각화하는 것을 잊지 마라!"라는 말이다. 당신도 한 바구니에 모든 달걀을 넣고 싶지는 않을 것이다. 그 바구니가

포인트

서로 상관관계가 없는 업종, 자산, 투자상품 간에 다각화를 하면 어느 한 카테고리가 부진해도 자산 가치가 크게 떨어질 가능성이 낮아진다. 그렇다고 해서 다각화가 손실 위험이 전혀 없다는 뜻은 아니다. 다각화를 올바르게 수행하면 위험을 줄일 수 있다는 뜻이다.

주식이든 암호화폐든 마찬가지다. 이제 암호화폐 투자에서 다각화가 무엇을 의미하는지 자세히 살펴볼 것이다.

▌전통적 다각화 방식을 살펴보자

주식 투자 포트폴리오를 구축할 때, 다각화란 보통 한두 가지 종목 이상의 주식을 보유하는 것을 의미한다. 주식 포트폴리오에서 가장 전통적인 다각화 방식은 여러 다양한 업종에 걸쳐 15개에서 20개 종목의 주식을 보유하는 것이다.

▌다각화가 어떻게 리스크를 줄일 수 있을까?

팁

다음과 같은 웹사이트에 들어가 보면 각 업계의 최신 동향에 대해 알 수 있으므로, 더 좋은 다각화 결정을 내릴 수 있을 것이다.

벤징가
pro.benzinga.com

주식 포트폴리오는 크게 비체계적 리스크와 체계적 리스크 두 가지 유형으로 나눌 수 있다. 비체계적 리스크는 하나의 포트폴리오에 여러 업종을 결합함으로써 완화할 수 있는 리스크 유형으로 다음과 같은 것들이 포함된다.

- ▸ **기업 리스크**: 이 리스크는 기업의 수익, 그리고 그 기업이 재무상의 의무를 이행할 수 있는 능력이 있는지와 관련이 있다. 이 리스크는 해당 기업이 속한 산업과도 관련이 있다. 같은 카테고리 내의 기업들은 대개 비슷한 수준의 불확실성에 노출되는 경우가 많기 때문이다.
- ▸ **국가 리스크**: 이 리스크는 해당 기업이 사업을 영위하는 국가의 정치 및 경제적 불안정 리스크를 말한다.
- ▸ **디폴트 리스크**: 이 리스크는 기업이 채무를 상환할 능력이 없어 채무불이행의 대상이 되는 리스크를 말한다.

- **경영진 리스크:** 이 리스크는 회사를 운영하는 경영진의 도덕성과 관련이 있다. 그들에게 법적 또는 윤리적으로 문제가 있다면 회사의 주가는 단기적으로는 물론 장기적으로도 타격을 입을 수 있다.
- **재무 리스크:** 이 리스크는 해당 기업이 운용하는 레버리지(부채의 수준을 나타내는 척도)의 정도와 관련이 있다. 부채가 많을수록 그 회사는 더 높은 레버리지를 운용하는 것이므로 리스크가 높아질 수밖에 없다.
- **정부 및 규제 리스크:** 이 리스크는 국가가 해당 기업이 속한 산업에 부정적인 영향을 미치는 법률이나 규정을 통과시킬 가능성을 가늠하는 리스크를 말한다.

체계적 리스크는 여러 업종에 걸친 다각화만으로는 제거할 수 없는 리스크 유형으로 다음과 같은 것들이 포함된다.

- **시장 리스크:** 정치적 이유, 사회적 이유, 그 전반적인 시장 심리의 변화 등 다양한 이유로 인해 시장이 당신의 입장과 반대로 움직이는 리스크를 뜻한다.
- **환율 리스크:** 환율이 상승하거나, 환율 변동이 투자에 부정적인 영향을 미치는 리스크를 말한다.
- **금리 리스크:** 금리 변동이 자산 가치에 악영향을 미칠 가능성이 있는 경우가 이에 속한다.
- **정치적 불안정 리스크:** 정치적 불확실성이나 변화가 시장에 부정적인 영향을 미치게 된다.
- **재투자 리스크:** 더 좋은 수익률을 보이는 자산에 자금을 재투자할 수 없는 경우다.
- **이벤트 리스크:** 자산을 보유하고 있는 회사나 거래소, 중개업체와 지갑 등에 예측할 수 없는 사태(파산이나 해커의 공격 등)가 발생해 시장에 악영향을 미칠 수 있는 리스크를 뜻한다.

환시장에 눈을 뜨다

2008년, 당시 나는 전기공학을 공부하고 있는 대학생에 불과했고 금융시장이 어떻게 돌아가는지 전혀 몰랐다. 하지만 주식시장이 폭락하고 있다는 것과 엔에 대한 미국 달러 가치가 하락하고 있다는 것 정도는 들어서 알고 있었다(이는 앞서 언급한 체계적 리스크 중 환율 리스크에 해당된다). 아무리 투자 포트폴리오를 다각화한다 해도 미국 주식 포트폴리오만으로는 환율 리스크를 막을 수 없었지만, 투자자들에게는 달러 하락을 이용할 수 있는 유일한 방법이 있었다. 바로 엔 강세에 맞서 달러를 파는 것이었다.

나는 친구의 도움을 받아 환투자에 나섰다. 다른 시장이 속절없이 무너지는 동안, 한 달 만에 환시장에서 초기 투자를 두 배로 늘렸다. 대학생에 불과한 내가 시장에서 한 달 만에 1만 달러를 번 사건은, 전기공학 학위(무려 6년간 교육받고 딴 학위!)를 버리고 금융시장 투자로 전환하고 싶게 하기에 충분했다.

결국 나는 새로운 꿈을 찾아 뉴욕에 왔고, 이후 환시장뿐 아니라 주식, 상장지수펀드(ETF), 그리고 오늘날 암호화폐에 이르기까지 포트폴리오를 확장시켰다.

주식 포트폴리오에서 구사하던 전통적 다각화는 비체계적인 리스크를 줄이는 데에는 도움이 된다. 하지만 체계적인 리스크는 배제할 수 없다. 따라서 여기서부터가 더 흥미로워지기 시작하는 지점이다. 주식 포트폴리오의 다각화만으로 체계적인 리스크를 배제할 수 없다면, 다른 자산으로까지 다각화를 넓히면 어떨까?

이제 암호화폐 같은 비전통적인 투자 수단을 포트폴리오에 추가하는 것이 그 어느 때보다 중요하다. 암호화폐 시장은 초창기에는 규제가 없었기 때문에 정치적 불안정이나 금리 리스크 같은 전통적인 체계적 리스크는 적용될 여지가 없었다. 사실, 투자자들은 암호화폐 투자를 큰 경제 위기 동안 다른 시장에서 상황이 악화될 때를 대비한 안전망으로 간주하고 있는 것인지도 모른다.

장기 투자를 위한 다각화

각자의 포트폴리오에 암호화폐를 추가할 경우, 다음 두 가지 유형의 장기적인 다각화를 선택할 수 있다.

▶ 비암호화폐 자산과의 다각화
▶ 암호화폐 간 다각화

▌ 비암호화폐 자산과의 다각화

팁

더 많은 위험을 감수할수록 투자수익률이 높아질 가능성이 크다. 물론 그 반대의 경우도 성립한다. 당신이 이제 막 투자를 시작해서 안전하게 투자하고 싶고 투자위험감수도가 낮다면, 채권에 더 큰 비중을 둔 다음 체계적으로 주식, 귀금속, 암호화폐를 추가하는 것을 고려할 수 있다. 개인 투자위험감수도 계산은 3장의 박스(60페이지)를 참조하라.

* 2장 ≫ 28페이지

* 3장 ≫ 46페이지

포트폴리오 전반에 걸쳐 다각화를 고려할 때 선택할 수 있는 금융 자산은 매우 많다. 주식, 외환, 귀금속, 채권도 도움이 된다. 2장*에서 설명했듯이 이들 자산은 각각 고유한 특성이 있다. 어떤 자산의 내재적 리스크는 장기간에 걸친 시장의 상승과 하락을 통해 다른 자산의 리스크를 상쇄할 수도 있다.

장기적으로 암호화폐와 비암호화폐 자산을 한 포트폴리오에 함께 운영하는 방법에 대해 설명한다. 다각화에 있어서, 모든 투자자에게 적용되는 단 한 가지만의 규칙이 있는 것은 아니다. 다각화의 비율과 전체적인 배합은 3장*의 개인 투자위험감수도 측정하기를 살펴보자.

법정통화 거래

법정통화는 여러 나라의 공식 기관이 합법적 통화라고 공인한 전통적 화폐를 말한다. 예를 들어, 미국 달러는 미국의 공식 통화다. 유로는 유럽 연합과 그 영역의 공식 통화이고, 엔은 일본 정부의 후원을 받고 있다.

환시장은 트레이더들이 이런 법정통화를 서로 거래하는 거대한 시장이다. 환시장의 배경을 조금 이해하면 어떻게 다른 법정통화를 서로 거래할 수 있는지를 이해하는 데 도움이 될 것이다. 나는 이 환시장을 거대한 국제 파티에 비유하곤 하는데, 이 파티에서 온 모든 커플은 다른 지역의 파트너와 짝을 맺는다. 어느 한쪽이 일본 엔이라면 유로가 엔의 파트너가 될 수 있다. 미국 달러일 경우 영국 파운드, 일본의 엔 등이 파트너가 될 수 있을 것이다.

환시장에서는 이런 국제 커플들이 모여 춤을 추기 시작한다. 그러나 때로는 짝을 이룬 파트너들이 서로 조화를 이루지 못하고 각각 따로 움직인다. 예를 들어, 미국 달러가 좋은 움직임을 보일 때마다 달러의 파트너는 계속 발을 헛디디며 춤을 망친다. 달러의 파트너는 이전 동작에서 헤어나오지 못한다. 이런 비호환성이 두드러지면, 이 둘을 지켜본 사람들이 다음에 어떤 파트너가 또 춤을 망칠지에 돈을 건다. 그들이 바로 외환 트레이더다.

호가통화 대 기준통화

통화 쌍을 거래할 때 기준통화(Base Currency)를 먼저(왼쪽) 쓰고 호가통화(Quote Currency)를 나중에(오른쪽) 쓴다. 특정 쌍에서 어느 통화가 기준통화고 어느 통화가 호가통화가 되는지는 대개 정해져 있다. 예를 들어, 미국 달러를 엔과 거래할 때는 항상 미국 달러가 우선(기준통화)이고, 그다음에 일본 엔이 뒤(호가통화)를 잇는다(USD/JPY). EUR/USD 쌍에서는 항

포인트

통화(법정통화든 암호화폐든)를 거래할 때는 쌍을 이루어서만 거래할 수 있다. 예를 들어, 미국 달러(USD)와 일본 엔(JPY)을 교환할 수 있는데 이를 USD/JPY 쌍이라고 부른다. 호주 달러(AUD)와 캐나다 달러(CAD)를 교환하는 경우, 이를 AUD/CAD 쌍이라고 부른다.

상 유로가 먼저 나오고 미국 달러가 뒤에 나온다.

기준통화와 호가통화가 결합되면 이 쌍은 기준통화 한 단위를 구입하는 데 필요한 호가통화의 양을 나타낸다. 예를 들어, USD/JPY가 100으로 거래되고 있다면, 1달러가 100엔으로 평가되고 있음을 의미한다. 즉, 1달러(기준통화)를 구입하려면 100엔(호가통화)이 필요하다는 의미다.

같은 개념이 암호화폐 쌍에도 적용된다. 대부분의 암호화폐 거래소들은 주로 미국 달러 같은 법정통화를 기준 화폐로 하고, 비트코인, 이더리움, 거래소 자체 암호화폐 등 선별된 숫자의 암호화폐를 호가화폐로 설정해 제공한다. 그다음, 이런 호가화폐들과 그들이 지원하는 다른 수백 개의 암호화폐들을 비교해 거래 기회를 제공한다. 이 주제에 대해서는 이 장의 뒷부분에 나오는 '암호화폐 간 거래'에서 자세히 설명할 것이다.

▌암호화폐와 법정통화 거래

환시장과 마찬가지로 암호화폐도 다른 통화와 거래할 수 있다. 일반적인 접근방식은 암호화폐를 자국 통화와 거래하는 것이다. 미국에서는 대부분 비트코인과 미국 달러를 거래한다. 그래서 미국인들은 마치 주식을 거래하는 것처럼 생각해 암호화폐와 미 달러가 쌍을 이루고 있다는 인식을 거의 하지 않는다. 하지만 만일 당신이 시세차익을 기대하며 미국 달러로 비트코인을 산다면 향후 미국 달러 대비 비트코인의 가치가 상승할 것이라는 움직임에 베팅한 것이다. 미국 달러가 하락하고(비트코인에 대해서뿐만 아니라 다른 통화에 대해서도) 동시에 비트코인의 가치가 상승한다면, 당신은 이 투자에서 더 많은 이익을 얻게 될 것이다.

바로 이 지점에서 다각화가 리스크를 줄일 수 있다. 대부분의 암호화폐는 법정통화보다 더 단기간에 비트코인과 상관관계가 있으므로 법정통화를 다양화하면 투자 포트폴리오를 다각화할 수 있다. 예를 들어 미국 달러와 일본 엔의 상관관계 변화가 거의 없다고 생각되면 비트코인을 두 가지 법정통화(미국 달러와 일본 엔)로 거래할 수 있다. 물론 그렇게 하기 위해서는 당신이 이용하는 거래소나 중개업체가 그런 다양한 법정통화들을 취급하고 그런 거래 기회를 제공하는지 확인해야 한다.

▌ 암호화폐 간 다각화

대부분의 암호화폐 거래소는 법정통화/암호화폐 쌍보다는 다양한 암호화폐 간 거래를 제공한다. 꽤 많은 거래소가 법정통화를 취급하지 않는다. 이에 따라 상당수의 거래자는 암호화폐 간 거래를 할 수밖에 없는 실정이다. 예를 들어 비트코인(BTC)과 이더리움(ETH)간 거래인 BTC/ETH 쌍을 제공한다.

이미 시장에는 수천 종류의 암호화폐가 나와 있으므로 암호화폐 간 쌍 조합은 거의 무한할 수 있다. 많은 암호화폐 거래소들은 여러 개의 다른 '방'을 만들어 이런 조합들을 분류하고 있는데, 거래자들은 그 방에서 거래소가 취급하는 주요 암호화폐를 다른 인기 있는 암호화폐와 교환할 수 있다.

예를 들어 다음 그림은 바이낸스 거래소가 4개의 주요 암호화폐(BTC, ETH, BNB, USDT) 방을 만들어 각 방에 방의 주인 암호화폐와 다른 암호화폐 간 쌍의 조합 거래를 제공하고 있음을 보여준다. 각 방을 클릭하면 앞서 설명한 것처럼 다양한 암호화폐를 방 주인인 호가통화와 거래할 수 있다.

앞에서 설명한 바와 같이 포트폴리오를 다각화하는 목적은 완전히 상관관계가 없는 자산을 한 포트폴리오에 포함시킴으로써 위험 요소를 줄

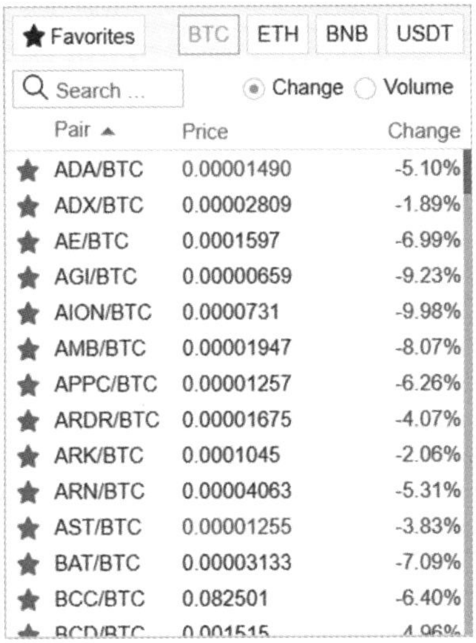

★ Favorites	BTC	ETH	BNB	USDT

⊙ Change ◯ Volume

Pair ▲	Price	Change
★ ADA/BTC	0.00001490	-5.10%
★ ADX/BTC	0.00002809	-1.89%
★ AE/BTC	0.0001597	-6.99%
★ AGI/BTC	0.00000659	-9.23%
★ AION/BTC	0.0000731	-9.98%
★ AMB/BTC	0.00001947	-8.07%
★ APPC/BTC	0.00001257	-6.26%
★ ARDR/BTC	0.00001675	-4.07%
★ ARK/BTC	0.0001045	-2.06%
★ ARN/BTC	0.00004063	-5.31%
★ AST/BTC	0.00001255	-3.83%
★ BAT/BTC	0.00003133	-7.09%
★ BCC/BTC	0.082501	-6.40%
★ BCD/BTC	0.001515	-4.96%

▶ 그림 10-1
바이낸스 거래소의 암호화폐 쌍 옵션

출처: Binance.com

팁

암호화폐 간 또는 법정통화와 암호화폐를 거래할 때 제일 나은 선택은 항상 강력한 기준통화와 약한 호가통화를 쌍으로 하는 것이다. 반대의 경우도 마찬가지다. 그런 조합에서 그 쌍이 원하는 방향으로 강하게 움직일 가능성을 극대화할 수 있기 때문이다.

이는 것이다. 다만 암호화폐 포트폴리오 다각화의 가장 큰 문제는 대부분의 암호화폐가 비트코인과 관련성이 높다는 것이다.

암호화폐 단기거래가 다른 금융자산보다 더 위험한 이유는 바로 이런 상관관계 때문이다. 따라서 포트폴리오에 암호화폐를 추가할 때에는 장기적인 투자를 고려하는 것이 좋다. 그러면 서로 다른 카테고리의 암호화폐로 다각화함으로써 투자 리스크를 줄일 수 있다. 긍정적인 측면은, 암호화폐 시장이 계속 발전하면서 다각화 방식도 개선될 수 있고 시장 전체의 비트코인과의 상관관계도 줄어들 수 있다.

단기 거래에서의 다각화

* 3장 ≫ 46페이지

3장*의 투자위험감수도 계산에서 결과가 상당히 공격적인 것으로 나타

낮다면, 당신은 암호화폐 단기 거래를 고려해볼 수 있다. 이제 단기 거래에서 명심해야 할 몇 가지 제안들을 살펴보자. 단기 전략 개발에 대한 보다 자세한 내용은 17장[*]에서 더 자세히 다룰 예정이다.

* 17장 » 257페이지

* 6장 » 101페이지

- ▶ **수수료를 만만히 봐서는 안 된다.** 일반적으로 암호화폐 거래소는 환시장이나 주식시장보다 낮은 수수료를 요구한다. 하지만 지갑에 들어가는 수수료 비용을 무시해서는 안 된다. 특히 당신이 매일 트레이딩(Day Trading)을 하는 사람이어서 수익을 계산하지 않고 너무 자주 손을 바꾸거나 시장에 들어오고 나가는 것을 너무 빨리 하게 되면, 거래에서 실제로 번 돈보다 더 많은 수수료를 지불하게 될 수도 있다. 이미 6장[*]에서 언급했지만, 거래소를 선택할 때 수수료가 싼 곳이 항상 가장 좋은 선택은 아니다. 싼 게 비지떡일 수도 있다.
- ▶ **포트폴리오를 계속 확장하라.** 투자 포트폴리오에 자신의 돈 전부를 투자하고 위험한 데이 트레이딩으로 돈을 몽땅 날리는 사람들도 있고, 수익을 극대화하지 못하고 찔끔찔끔 버는 전략에서 헤어나오지 못하는 사람들도 있다. 건강한 포트폴리오에는 꾸준한 영양 공급이 필요하다. 목돈을 투자하는 대신 월급에서 매달 일정액의 투자금을 따로 떼어 포트폴리오를 확장하자. 돈이 당신을 위해 일하게 하자.
- ▶ **'3'의 법칙을 지켜라.** 거래에는 수많은 선택권이 있다. 자금이 허락한다면, 마치 내일이 없는 것처럼 암호화폐/암호화폐, 법정통화/암호화폐 조합을 무수히 만들 수 있다. 포트폴리오를 안정적으로 다각화하기 위해 중요한 것은 당신의 거래에서 같은 호가통화의 반복 선택을 피하는 것이다. 각 호가통화에 대한 단기 포지션을 세 가지로 제한해볼 것을 제안한다. 예를 들어, 어느 한 암호화폐/비트코인, 또 다른 암호화폐/이더리움, 또 다른 암호화폐/거래소 암호화폐 식으로 다각화하는 것이다. 이런 식의 접근방법을 사용하면, 포트폴리오를 적절한 규모로 유지할 수 있고 모니터링하기에도 적당하다.

PART ③

암호화폐 투자를 위한
다양한 옵션을 알아보자

PART 3에서는

- 새 암호화폐가 자금을 어떻게 조달하는지 알아보고 IEO와 IDO에 대해 배운다.

- 암호화폐 채굴에 대해 자세히 알아보고,
  채굴이 암호화폐 매매보다 더 나은 대안인지 알아본다.

- 주식이나 ETF 같은 전통적 자산에 투자하면서도
  암호화폐와 블록체인 산업과 연계하는 방법을 알아본다.

- 암호화폐 선물과 옵션에 대한 기본 사항을 살펴본다.

- 암호화폐가 정부 기반 법정통화 및 환시장과 어떤 관계가 있는지 이해한다.

암호화폐 공개 투자로
남들보다 앞서 가기

11장에서는

▶ 암호화폐 공개에 대한 기본적 사항을 배워본다.

▶ 암호화폐 공개에 투자하는 법을 알아본다.

▶ 암호화폐 공개가 어떻게 시작되는지 살펴본다.

암호화폐 공개(ICO, Initial Coin Offering)는 규제를 받지 않으므로 사기 행위로 가는 가장 쉬운 길이라고 부르는 사람들도 있다. 그리고 실제로도 ICO 관련 사기 건이 많이 일어나고 있으므로 주의할 필요가 있다. 그러나 동시에 이 분야를 잘 알게 된다면 다이아몬드 원석을 발견할 수도 있다. 2017년 미국증권거래위원회가 ICO를 통해 판매된 토큰을 두고 증권에 해당한다고 경고하면서 거품이 일던 ICO 붐은 가라앉았다. 또한 2018년 이후 ICO가 금지되고 IEO, IDO 등으로 업그레이드되어 시장이 개편되었다. 그러나 2022년 대한민국 정부에서 국정과제 중 하나로 기존 금지되었던 암호화폐 발행 관련한 내용을 허용하겠다고 언급한 만큼, ICO에 대한 기본 개념을 파악하고 IEO, IDO 등 변형된 토큰 발행 방식을 간단하게 살펴볼 예정이다.

ICO의 기본적 이해

새로운 아이디어가 사업 아이디어나 제품이 아니라 새로운 암호화폐를 중심으로 진행된다는 점을 제외하면 ICO는 새로 시작하는 스타트업의 자금조달과 비슷하다. 자본 조달을 하는 데 비트코인이나 이더리움 같은 기존의 암호화폐 등 현금이 아닌 다른 형태의 '돈'을 조달하는 것이다. ICO는 멋진 제품과 연결된 새로운 암호화폐를 위해 다른 암호화폐를 사용하는 크라우드 펀딩이라고 할 수 있다.

▋ ICO는 어떻게 작동하고 어떻게 처음 시작되나

ICO는 스타트업이 자금을 조달하는 방식과 똑같이 작동한다. 당신이 암호화폐에 대한 멋진 아이디어를 생각해냈다고 하자. 그 암호화폐는 기존 제품에 사용될 수도 있고, 어쩌면 완전히 새로운 암호화폐와 잘 연동될 수 있는 제품에 대한 아이디어를 갖고 있을 수도 있다.

예를 들어, 뉴욕의 한 패션 웹사이트에서 실시간으로 반응하는 디스플레이 윈도를 선보인다고 해보자. 실제 이는 기업가 존 해라러리(Jon Hararari)의 윈도웨어(WindowWear) 이야기다. 존이 자신의 사업 전략을 바꿔서 웹사이트를 대중에 공개하고 사람들이 윈도웨어의 자체 디지털화폐를 사용해 앱에서 쇼핑할 수 있게 하려 한다고 생각해보자. 그리고 이 새 암호화폐를 웨어코인(WARE)이라고 하자.

하지만 그가 이 아이디어에 가진 돈을 모두 쓸 여유가 없다면, 이 암호화폐를 현실로 만들기 위해 자금을 모아야 한다. 그는 벤처투자자, 은행, 엔젤투자자에게 투자를 요청할 수 있다. 다만 이런 방식으로 접근하면 그가 회사 소유권의 일부를 포기해야 할 가능성이 크다. 그래서 그는 그렇게 하는 대신 ICO를 할 수 있다. ICO를 시작하는 일반적인 절차는 다음과 같다.

❶ 백서를 작성한다. 백서는 사업 모델과 자신이 제안하는 코인이 실제로 성공할 수 있는 이유를 설명하는 상세한 문서다. 존은 웨어코인 백서에 이 코인이 실제로 인기 있고 대량 거래되는 코인이 될 수 있음을 보여주는 사례를 많이 담을수록 더 좋다.

❷ 웹사이트에 ICO 자금조달 전용 탭을 추가한다.

❸ 자신이 알고 있는 모든 사람들에게 이를 알린 다음 투자를 요청한다.

❹ 디지털 자산을 의미하는 토큰의 형태로 일정량의 크라우드 펀딩 코인을 판매한다. 일반적으로 ICO에서는 토큰을 매입하는 대가로 투자자들에게 비트코인이나 이더리움을 요구한다. 하지만 미국 달러 같은 전통적인 법정통화를 받을 수도 있다.

❺ 투자자들에게 코인 토큰을 보낸다. 이 사례에서 존은 투자자들에게 웨어코인 토큰을 보낸다.

주의

새로운 암호화폐가 미래에 가치가 상승할 것이라는 보장은 없다. ICO 투자가 과거에는 믿을 수 없을 정도로 수익성이 높았지만, 앞으로의 ICO는 그렇지 못할 수도 있다. 경영진, 성공에 대한 회사의 헌신, 그리고 사업 모델과 업계에 대한 회사의 지식을 진정으로 신뢰하지 않는 한, ICO에 투자하는 것은 도박에 가까운 일이다.

웨어코인이 나중에 정말로 히트해서 사용량이 많아지고 많은 암호화폐 거래소에 상장된다면, 초기 투자자들은 상당한 투자 수익을 보게 될 것이다.

▌ICO와 IPO의 차이

많은 사람이 ICO와 일반적인 기업 공개(IPO, 즉 기업이 주식을 일반에게 처음 매각하는 것)의 차이에 대해 약간의 혼란을 겪는다. 사실 이 두 가지 개

넘은 비슷하게 들리고 실제로 많은 면에서 비슷하지만, 주요 차이점은 다음과 같다.

- ▶ **이론적으로는 누구나 ICO를 할 수 있다.** 대부분의 나라에서 ICO는 규제를 받지 않고 있다. 말 그대로 누구나 ICO를 시작할 수 있다는 뜻이다. ICO에 필요한 것은 백서, 멋진 웹사이트, 그리고 기꺼이 돈을 댈 수 있는 풍부한 인맥뿐이다. 그러나 IPO는 일정 기간 운영해온 기존의 비공개 기업에만 허용된다.
- ▶ **ICO를 시작하는 데 제품이 필요하지 않다.** ICO를 실시하는 기업 대부분은 사실 대중에게 공개할 어떤 구체적인 것도 가지고 있지 않다. 개념증명(자신의 아이디어가 성공할 것임을 증명하는 것)이나 지분증명을 가지고 있는 정도에 불과하다. ICO를 시작하는 것은 제대로 된 스타트업이 크라우드 펀딩을 시작하는 것보다 더 쉽다. 스타트업이 자금을 조달하기 위해서는 보통 초기 투자자들을 만족시키고 미래 개발을 위한 피드백을 생성하기에 충분한 기능을 갖춘, 이른바 최소기능제품(MVP/Minimum Viable Product, 완전한 제품 출시 전에 고객들의 반응을 살펴보기 위해 최소 실행 가능한 형태로 출시한 제품)이라는 것이 필요하다. 그러나 ICO 과정에서는 최소기능제품을 백서, 파트너십, 미디어 관계 등을 보여주는 문서로 대체할 수 있다.
- ▶ **ICO는 투자하기 쉽다.** ICO 투자를 시작하는 데 필요한 것은 인터넷 접속뿐이다. 투자를 주관하는 증권사도 필요 없다. 그러나 최근 규제를 추가하거나 ICO를 전면 금지하기 시작한 나라들이 생기기 시작하고 있다. 미국에서는 ICO에 관한 법이 주마다 다르기 때문에 더 복잡하다. 국내에서는 허용될 가능성이 있다.

규제기관들이 ICO 토큰을 유가증권으로 간주함에 따라, 많은 국가가 ICO 투자를 금지하고 있다. 이 같은 철저한 규제는 공인된 투자자들에게만 ICO 참여를 허용하고, 일반 투자자 풀을 엄격히 제한해 그들의 ICO 참여를 어렵게 만들고 있다. 그런데도 사람들은 가상 사설 통신망

(VPN)을 통해 지오 블로킹(Geo-blocking, 특정 지역에서 콘텐츠에 접근하지 못하도록 차단하는 것)을 우회함으로써 마치 허가된 나라에서 온 것처럼 보이게 만들어 어떻게 해서든 투자를 하고 있어, 많은 법적 문제가 발생하고 있다.

▶ **ICO는 프로젝트의 소유권을 부여하지 않는다.** IPO에 투자하면 당신은 그 회사의 부분적인 소유주가 된다. 그래서 투자자들을 주주라고 부른다. 물론 당신이 추구하는 바가 주식 가치가 상승하면 주식을 파는 것에 그치는 것이라면 주주라는 자격 부여는 그다지 중요하지 않다. ICO의 경우, 투자자들은 앞으로 여러 면에서 이익을 볼 수 있겠지만 회사 자체와는 무관하다(주주가 아니다). 그들이 얻는 것은 미래에 가치가 오를 수도 있고 아닐 수도 있는 디지털 동전(토큰) 다발뿐이다.

ICO에 대한 미국의 경계

미국증권거래위원회는 미국의 ICO 시장을 예의주시하며 투자에 큰 위험이 될 것으로 판단되는 ICO의 대부분을 금지하고 있다. ICO의 사전 판매 옵션은 공인된 투자자들에게만 공개될 수 있다(따라서 일반인은 제외된다). 미국증권거래위원회가 해당 토큰을 플랫폼 토큰(플랫폼을 실행하기 위해 필요한)이 아닌 유가증권으로 간주하는 한, 일반인을 위한 ICO는 문제가 될 수 있다. 이더리움 같은 새로운 암호화폐를 출시하는 대부분의 ICO는 플랫폼 토큰이라고 정당화되지 못하고 (해당 토큰을 필요로 하는 새로운 플랫폼이 없기 때문에) 유가증권 카테고리로 분류된다.

또, 미국에 근거지를 둔 기업이 ICO를 하는 경우에도, 사전 판매 단계에서 매입하는 투자자들에게 통상 12개월의 거래 금지 기간을 두고 있어서, 이 기간에 투자한 새 암호화폐를 거래할 수 없다. 이 규정은 헐값에 산 다음 허위 뉴스를 퍼트려 가격을 올려 파는 이른바 작전세력을 방지하기 위한 것으로, 미국증권거래위원회가 매우 면밀하게 감시하고 있다. ICO를 하는 기업들은 자금세탁업자나 테러 자금조달업체 같이 금융범죄 단속국(Financial Crimes Enforcement Network)의 블랙리스트에 올라 있는 대량의 지갑 주소에 암호화폐를 보내거나 받는 일을 해서는 안 되는 등, 미국연방고객확인제도(KYC)와 자금세탁방지(AML) 규정을 준수해야 한다.

ICO에 투자하기

ICO 투자에는 큰 위험이 따른다. 따라서 잃어서는 안 되는 돈을 ICO에 투자해서는 안 된다. 투자위험감수도가 낮으면 차라리 대체 투자자산을 고려하는 게 나을 수도 있다. 또 투자를 의도하지 않는 ICO도 있다. 그들은 특정 제품에 사용할 수 있는 도구들이다. 예를 들어 부동산 분야에서 프로피(Propy)라는 암호화폐는 국제적으로 부동산을 구입하는 데 사용할 수 있다. e스포츠 배팅 플랫폼 유니큰의 전 CEO인 라훌 수드(Rahul Sood) 다음과 같이 천명했다. "유니큰 토큰을 사는 것은 유니큰 플랫폼에서 우리가 판매하는 제품을 사는 것이다. 이를 투자로 봐서는 안 된다. 이것을 투자로 본다면 그들은 실수하는 것이다. 토큰은 투자가 아니다."

따라서 ICO에 투자할 때 도움이 될 만한 몇 가지 팁을 소개한다.

▌ICO 공고 찾기

앞으로 있을 ICO에 대해서는 입소문이나 금융 행사, 온라인 광고 등을 통해 알 수 있다. 특정 암호화폐 ICO를 염두에 두지 않고 처음부터 검색해보고 싶다면 ICO 공고 웹사이트에서 도움을 받을 수 있지만, 적절한 ICO 공고 웹사이트를 찾기도 쉽지는 않다. 그런 사이트가 이미 100개 넘게 나와 있으며 매일 새로운 웹사이트가 생기고 있기 때문이다. 다음은 ICO 공고 웹사이트를 검색할 때 기억해야 할 몇 가지 팁이다.

- ▶ 두세 개의 ICO 공고 웹사이트를 한 번에 비교해보라. 모두 맨 위에 동일한 ICO 가 올라 있는가? 이 방식은 그 웹사이트가 검증된 ICO 공고를 제공하는 곳인지 파악하는 데 도움이 된다.
- ▶ 사이트에 ICO 캘린더, ICO 평가, ICO 설명 등의 항목이 있는지 확인한다.
- ▶ 해당 ICO에 관한 시장 통계치, 불량 ICO 걸러내는 정보, 사기 경고 항목 등이 있다면 더 좋다.

결국 검색엔진을 통해 ICO 공고 웹사이트를 찾는 것이 가장 좋은 방법이다. ICO listings, top ICOs 2022, best ICO listing webs 같은 검색어로 검색할 수 있다. 다음은 처음 이용해볼 만한 ICO 공고 웹사이트들이다.

ICO 마켓데이터
www.icomarketdata.com

ICO 벤치
icobench.com

ICO 베이스랭크
baserank.io

- ▶ ICO 마켓데이터(ICO Market Data): www.icomarketdata.com
- ▶ ICO 벤치(ICO bench): icobench.com
- ▶ ICO 베이스랭크(ICO base rank): baserank.io

▌ICO 공고 분석하기

적절한 ICO 공고 웹사이트를 찾았으면, 이제 투자에 관심이 있는 ICO 를 평가하고 선택할 준비가 된 것이다. 매달 수백 건의 ICO가 출시되고 있으므로 이 단계는 시간이 걸리더라도 반드시 소홀히 해서는 안 되는 과정이다. ICO를 평가하기 위한 단계는 9장[*]에서 암호화폐를 선택했던 단계와 유사하다. 이제 ICO 평가 조사에서 유의해야 할 중요 사항들을 살펴본다.

* 9장 » 157페이지

ICO 배후 팀이 누구인가?

ICO 투자에 앞서 ICO의 배후에 있는 개발자들과 경영진들로 이루어진 팀을 알아야 한다. 올바른 ICO 공고 사이트라면 그들이 누구인지, 어떤 자격증을 가졌는지 등 그 팀의 배경을 알려줄 것이다. 그렇지 못하다면, 그런 중요한 정보를 쉽게 제공하는 다음 사이트를 찾아가야 할 것이다. 그들의 이름을 알았으면 글로벌 비즈니스 인맥 사이트 링크드인 (LinkedIn)에서 팀원의 이름을 검색해 그들의 배경(또는 실존 여부)을 확인한다. 또 해당 ICO의 자문 위원회와 자금 후원자가 누구인지 찾아본다. 그들은 당신의 돈을 맡길 만한 믿을 수 있는 사람들인가? 그들은 자신의 아이디어를 다음 단계로 발전시키기 위해 전념하고 있는가?

> **🤖 주의**
>
> 나는 유명한 사람들의 이름을 입에 올리며 '두바이의 왕자가 우리에게 수백만 달러를 투자하고 있다'는 등의 입증할 수 없는 황당한 말을 해대는 ICO 콘퍼런스에 여러 번 참석했다. 이런 경우 나는 대개 뒤도 돌아보지 않고 뛰쳐나간다.

그 암호화폐를 만든 목적은?

가능한 한 암호화폐의 핵심 아이디어를 알아야 한다. 물론 누구나 암호화폐를 만들고 ICO를 할 수 있다. 중요한 것은 이 암호화폐를 만든 이들이 왜 그렇게 하기로 선택했느냐 하는 것이다. 이미 존재하는 다른 암호화폐가 제공하지 않는 이 토큰의 구체적인 가치는 무엇인가? 그들의 경쟁자는 누구인가? 그들이 경쟁자보다 나은 점은 무엇인가? 그들은 어떤 종류의 기술을 사용하고 있는가? 목표로 삼고 있는 고객은 누구며, 그 규모는 얼마나 되는가?

그리고 비현실적인 약속을 남발하는 건 아닌지 주의하라. 사기 프로젝트들은 대개 제품에 대해 대담한 주장을 펼치지만, 새로운 기술이나 파괴력을 전혀 갖고 있지 않다. 누군가가 자신들의 새 암호화폐가 비트코인을 대체한다거나, 1년 안에 세계의 빈곤을 종식시킨다거나, 지구온난화를 해결한다거나, 가치가 10,000% 상승할 것이라고 주장한다면, 그 프로젝트는 사기라고 봐도 무방하다.

시제품이나 암호를 가지고 있는가?

앞서 'ICO와 IPO의 차이'에서 언급했듯이, ICO를 하기 위해 반드시 시제품을 가지고 있을 필요는 없다. 그러나 최소기능제품을 가지고 있다는 것은 자신의 팀이 아이디어에 진지하게 임하고 있으며 미래의 이정표를 달성할 수 있음을 보여주는 것이다. 또 ICO 전에 어떤 형태로든 프로젝트에 작동 중인 암호가 없다면, 그것은 중대한 위험 신호다.

팀에 블록체인 기술이 있는가?

대부분의 ICO에서는 블록체인을 소개하지 않는다. 창업자들은 토큰이 제공할 수 있는 유용성에 대한 아이디어를 제안할 뿐이다. 개인적으로는 굳이 새로운 암호화폐를 만들지 않고도 구축할 수 있는 번지르르한 애플리케이션보다는, 어려운 문제를 해결할 수 있는 확실한 블록체인 기술을 기반으로 하는 ICO를 찾는 것을 선호한다.

ICO 이후 암호화폐 가격을 인상시킬 계획을 가지고 있는가?

ICO에 투자하는 주된 이유는 새로 출시된 암호화폐가 ICO 이후 더 오를 것이라는 예상 때문이다. 따라서 ICO의 배후에 있는 팀은 향후 어떤 계획을 세우고 있는지에 대한 로드맵을 제시해야 한다. 이 부분에 대한 분석은, 8장*에서 언급한 기존에 거래되고 있는 암호화폐의 경우와 비슷할 수 있다. 여기서 주의해야 할 부분은 다음과 같다.

* 8장 » 137페이지

- ▶ 충분한 네트워크 수량을 가지고 있는가?
- ▶ 경쟁 제품보다 우수한가?
- ▶ ICO가 투자자들에게 소비하기보다는 보유할 동기를 부여하고 있는가?
- ▶ 유동성은 충분한가?
- ▶ 경영진은 여러 거래소에서 토큰을 취급하도록 적극적으로 노력하고 있는가?

ICO를 하는 경영진들은 대개 성공에 필요한 유동성과 물량을 창출하기 위해 자체 거래소를 운영하려고 한다. 그러나 그것이 그 토큰의 미래 성공을 위한 충분한 증거라고 보지는 않는다. 많은 거래소에서 취급하게 하는 것은 어려운 일이기 때문에, 그것만으로도 향후 토큰의 성공을 나타내는 중요한 지표가 될 수 있다.

폭넓은 지원 커뮤니티가 있는가?

당신이 단지 남을 따라다니는 사람이 되고 싶지 않다고 하더라도 ICO 커뮤니티에 접근하면 토큰에 대한 정보를 얻을 수 있다. 해당 ICO는 레딧, 트위터, 페이스북 같은 곳에 몇 명의 지지자를 가지고 있는가? 소셜 미디어에서 돈을 받고 ICO에 대해 긍정적인 말을 하는 것을 직업으로 삼는 사기꾼들을 조심하자. 또 관련 ICO에 대한 제대로 된 기사나 보도 자료가 있는지, 경영진들이 소셜미디어에 직접 참여하고 있는지도 확인 해볼 필요가 있다.

▌ICO 투자 절차 개요

팁

대부분의 ICO는 이더리움 블록체인을 기반으로 하기 때문에, ICO에 투자하 기 위해서는 암호화폐 이더리움과 이 더리움 지갑이 필요하다. 이더리움에 대한 자세한 내용은 8장(137페이지) 을 참조하자.

* 7장 ≫ 122페이지

당신이 유니콘 ICO를 발견하면, 대개는 그에 투자하기 위한 합법적인 암호화폐를 가지고 있어야 한다. 하지만 때로는 법정통화를 받는 ICO 도 있다. 가장 중요한 것은 당신이 암호화폐 지갑을 가지고 있어야 한다 는 것이다. 각자에게 적합한 다양한 유형의 지갑에 대해서는 7장*을 참 조하라.

모든 ICO가 동일하게 이루어지는 것은 아니다. 따라서 ICO에서 암호 화폐를 매입하는 절차를 일목요연하게 말하기는 어렵다. 다만 일반적인 가이드라인은 다음과 같다.

* 6장 ≫ 101페이지
* 7장 ≫ 122페이지

❶ ICO의 공식 페이지를 반드시 확인한다.

❷ ICO에서 이더리움이나 비트코인 같은 암호화폐로 결제하도록 할 경우에 대비해, 먼저 이 둘 중 한 가지 암호화폐를 거래소에서 취득 해(6장* 참조) 암호화폐 지갑에 보관해둔다(7장* 참조).

❸ ICO의 성격에 대한 실사를 충분히 완료한 후 웹사이트의 지시에 따라 ICO에 등록한다.

❹ 출시일을 기다린다. 이 단계에서는 대개 암호화폐 지갑에서 ICO 의 공개 주소로 암호화폐 자산을 송금하는 절차가 포함된다. 이 절 차에서 거래 수수료가 부과될 수도 있다.

❺ ICO가 시작되면 회사 경영진이 새 토큰을 당신의 암호화폐 지갑

* 9장 》 157페이지

으로 보낸다.

▎ICO로 구입한 토큰은 언제까지 보유해야 할까

ICO 통해 매입한 암호화폐를 이후에 어떻게 해야 할지 결정하는 것은 그 암호화폐를 매입한 이유에 따라 다를 수 있다. 모든 ICO가 투자를 유 치하기 위한 것은 아니지만, ICO 뒤에 있는 경영진 대부분은 ICO가 끝 난 후에 당신이 토큰을 바로 팔지 않는 것을 선호하기 때문에, 당신이 토 큰을 보유하도록 설득하기 위해 무슨 일이든 할 것이다. 그리고 실제로 그렇게 하는 것이 당신에게 장기적으로 좋은 결과를 가져다줄 것이다.

단지 시세차익만을 목적으로 ICO에 투자했다면 매입한 암호화폐를 잠시 보유할 각오를 하는 것이 좋다. 초기에는 마이너스를 기록해 손실 을 보거나 가격 변동이 없어 실질적인 수익을 보지 못할 수도 있다. 그러 나 손실이나 정체 기간이 지난 후에는 엄청난 폭등이 이어지며 큰 이익 을 얻을 기회가 올 수 있다. 또 큰 폭의 급등이 오더라도 또 다른 상승의 시작이 될 수 있으므로 너무 조급하게 팔면 더 많은 이익을 놓칠 수 있 다. 또 어떤 경우에는 '작전 세력'으로 비난받을 수도 있다. 따라서 최상 의 출구 전략을 수립하려면 9장*에서 설명한 다이아몬드 분석을 다시 실행해보자.

ICO 이후
IEO와 IDO

IEO(Initial Exchange Offering)는 거래소가 프로젝트의 토큰을 위탁 판매해

주는 형태로, 바이낸스의 런치패드(Launchpad)가 대표적이다. 거래소에서는 본인인증과 자금세탁방지(KYC/AML)를 요구하기 때문에 중개자 없는 ICO에 비해 스캠(신용 사기) 가능성이 비교적 낮은 것이 장점이며, 바이낸스의 런치패드를 통해 판매된 많은 토큰이 높은 수익률을 안겨주기도 했다.

IDO(Initial DEX Offering 또는 Initial Discord Offering)는 탈중앙화 거래소에서 진행하는 토큰 위탁 판매라는 뜻으로, 중앙화된 거래소의 IEO보다는 규제로부터 조금 더 자유로운 느낌이 있다. 대표적으로 다오 메이커(DAO Maker), 유니스왑, BSCPad, 폴카스타터(Polkastarter) 등이 있다.

특히 IDO의 경우 디스코드라는 메신저의 특정 프로젝트 서버 안에서 조건 없이, 또는 특정 조건에 따라 화이트리스트(Whitelist, 특정 거래에 참여할 수 있는 자격)를 받아 참여할 수 있다. 다음 내용은 꼭 IDO에만 해당하는 경우는 아닌데, 실제 토큰 판매는 프로젝트가 만든 자체 플랫폼을 통해 모금한 뒤 나중에 토큰을 나눠 주거나(ICO와 유사), 코퍼 런치(Copper Launch)와 같은 유동성 부트스트래핑 풀(스마트 컨트랙트 내 시장 참여자가 판매하는 디지털 자산의 양)을 활용해 더치 옥션(Dutch Auction) 등 다양한 구조로 토큰 판매를 진행하기도 한다. 토큰 판매 방식은 계속해서 변형되고, 개발되고 있다.

12

암호화폐 채굴을
시작해보자

12장에서는

▶ 암호화폐 채굴에 관한 기본 사항을 알아본다.
▶ 채굴을 시작하기 전에 해야 할 일을 살펴본다.

 포인트

모든 암호화폐가 채굴될 수 있는 것은
아니다. 모든 코인의 원조인 비트코인
은 2009년에 채굴 열풍을 일으키며
블록체인 기술의 개념을 확립했다. 하
지만 이후 등장한 많은 새로운 코인들
은 채굴되지 않으며, 가치를 창출하기
위해 다른 방법을 사용한다.

10여 년 전에 처음 비트코인 채굴에 대해 들었을 때, 나는 먼지투성이 남
자가 전등이 달린 헬멧을 쓰고 동굴에 있는 모습을 상상했다. 하지만 나
를 비롯한 대부분의 사람들은 비트코인을 채굴하려면 고속 인터넷과 고
성능 컴퓨터만 있으면 된다는 것도 알았다. 이 장에서는 암호화폐 채굴
에 대한 기본적인 사항을 알아보자.

채굴에 대한
기본적 이해

비트코인 등 채굴이 가능한 암호화폐들은 채굴자들에 의존해 네트워크
를 유지한다. 채굴자들은 수학 문제를 풀고 유효한 거래에 대해 동의를
해줌으로써 블록체인 네트워크를 지원한다. 그렇지 않으면 네트워크는

바로 붕괴되고 말 것이다. 채굴자들은 네트워크에 대한 서비스 제공의 대가로 새롭게 만들어진 암호화폐(비트코인 등)와 거래 수수료를 챙긴다. 채굴을 제대로 이해하기 위해서는 블록체인 기술을 알아야 하는데 요약하면 다음과 같다.

당신이 비트코인 같은 채굴 가능한 암호화폐의 원장(거래 기록)을 업데이트하고 싶다면, 수학 방정식을 풀어 임의의 숫자를 추측해야 한다. 물론 당신은 이 숫자들을 당신 혼자서 힘들여 계산하고 싶지는 않을 것이다. 그래서 고성능 컴퓨터가 필요하다. 컴퓨터가 강력할수록 이 수학 문제를 더 빨리 해결하고 다른 채굴자들을 이길 수 있다. 또 추측 게임에서 더 많이 이길수록 더 많은 암호화폐를 보상으로 받게 된다. 모든 채굴자가 상대적으로 비슷한 성능의 컴퓨터를 사용하는 경우, 확률의 법칙에 따라 매번 같은 채굴자가 승자가 될 가능성은 낮다. 하지만 채굴자들의 절반이 일반 상업용 컴퓨터를 사용하고 있는데 나머지 절반은 슈퍼컴퓨터를 사용한다면, 당연히 슈퍼컴퓨터가 유리한 불공평한 상황이 벌어질 것이다. 슈퍼컴퓨터를 가진 사람들이 항상 이기지는 않더라도 대부분 이길 것이기 때문이다.

비트코인 같은 암호화폐 네트워크는 채굴자들이 수학 문제를 얼마나 빨리 푸느냐에 따라 수학 문제의 난이도를 자동으로 변경한다. 이런 프로세스를 5장*에서 설명했듯이 '작업증명의 난이도 조정'이라고 한다. 비트코인 초창기에는 채굴자들이 주로 소집단의 컴퓨터 전문가나 마니아들이었는데, 이때만 하더라도 작업증명은 매우 쉽게 달성할 수 있었다. 실제로 사토시 나카모토는 비트코인을 처음 출시하면서부터 이미 컴퓨터 CPU에서 비트코인이 채굴되도록 의도하고 있었다. 사토시는 이 분산 네트워크가 노트북이나 PC를 사용하는 전 세계 각지에 분산된 사람들에 의해 채굴되기를 바라고 있었다. 그래서 초창기에는 컴퓨터의

* 5장 » 83페이지

▶ **그림 12-1**
채굴 농장 안에 여러 대의 고성능 컴퓨터가 설치되어 있다.

 포인트

채굴은 빨리 부자가 되는 묘책이 아니다. 효과적으로 채굴하려면 상당히 정교한 장비에 접근해야 한다. 먼저 어떤 암호화폐를 채굴하는 데 필요한 초기 투자보다 그 대가로 얻을 수 있는 암호화폐의 가치가 더 큰지 계산을 해봐야 한다. 또 그 암호화폐를 거래소에서 사는 대신 채굴하는 것을 선택한다고 하더라도, 당신은 여전히 그 가치가 미래에 상승할 것이라는 사실에 베팅하고 있는 것이다.

간단한 프로세서로 쉽게 추측 게임을 풀 수 있었다.

그러나 채굴자 그룹이 커지면서 경쟁자들도 많아졌다. 컴퓨터 게이머들이 네트워크에 대거 참여하면서 게임용 그래픽카드가 채굴에 훨씬 더 적합하다는 것을 알게 되었다. 비트코인이 인기를 끌면서 채굴은 더 대중화되었고 따라서 더 어려워졌다. 게다가 비트코인 가치의 잠재력을 눈치챈 기업들이 비트코인 채굴 전용의 고성능 컴퓨터를 여러 대 갖추고 '채굴 농장(Mining Farms)'이라는 대규모 데이터 센터를 구축하기 시작했다. 위의 그림은 채굴 농장 설치의 예를 보여주는 그림이다.

그러니 당신이 비트코인 채굴자가 되려 한다면 누구와 맞서고 있는지 잊지 않아야 한다. 하지만 그렇다고 겁먹거나 실망할 필요는 없다. 뒤에서 설명하겠지만 채굴에는 마이닝 풀(Mining Pools, 공동 채굴)이라는 방법이 있다.

채굴에 필요한 장비

채굴을 시작하기 전에 몇 가지 채굴 장비를 준비해두어야 한다. 모든 것을 갖추고 가동만 시키면 모든 작업이 자동으로 이루어지기 때문에, 사실 채굴은 아주 쉬운 일이다. 남은 일은 매달 말에 엄청난 전기세를 내는 것뿐이다. 채굴을 시작하기 위해 해야 할 일을 간단히 알아보자.

* 7장 》 122페이지

- 암호화폐 지갑을 준비한다(자세한 내용은 7장*을 참조하자).
- 인터넷이 잘 연결되어 있는지 확인한다.
- 서늘한 장소에 고성능 컴퓨터를 설치한다.
- 채굴하고자 하는 암호화폐를 기준으로 사용할 하드웨어를 선택한다.
- 당신 혼자 채굴 작업을 하려면(권장하지 않는다), 해당 암호화폐의 블록체인 전체를 다운로드받는다. 이미 정착된 암호화폐의 경우 전체 블록체인을 다운로드하는 데 며칠이 걸릴 수 있다.
- 채굴 소프트웨어 패키지를 준비한다.
- 마이닝 풀에 가입한다.
- 비용이 보상을 초과하지 않도록 주의하라.

포인트

특정 암호화폐가 현재는 수익성이 없더라도 코인 가치가 급등하면 향후에 큰 가치가 있을 수 있다. 현재 수익성이 낮은 암호화폐를 채굴하는 것도 투자 리스크를 감수하는 것이다.

▌암호화폐마다 채굴 수익성이 다르다

단지 재미 삼아 채굴을 하는 사람도 있기는 하겠지만 대부분은 이익을 염두에 두고 암호화폐 채굴에 참여한다. 채굴 수익성은 해당 암호화폐의 가치, 채굴 난이도, 전기요금, 채굴 시스템을 설치할 당시의 하드웨어 가

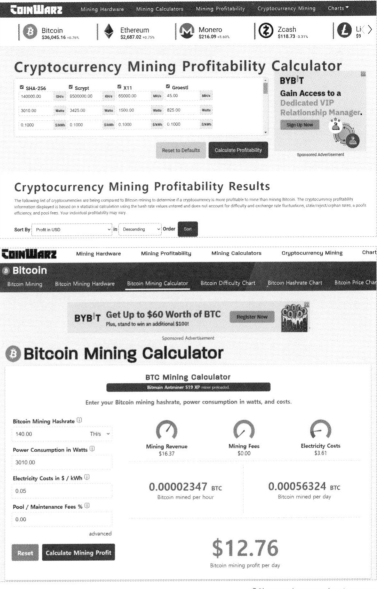

▶ 그림 12-2
2022년 5월, 채굴 수익성 순위

출처: www.coinwarz.com/cryptocurrency

코인워즈
www.coinwarz.com

격에 따라 크게 달라질 수 있다. 코인워즈(Coinwarz) 웹사이트에 들어가면 특정 시점에 어느 암호화폐가 가장 수익성이 좋은지 확인할 수 있다.

채굴 하드웨어

 포인트

암호화폐 열기가 고조에 이르면, 주문형 반도체 같은 채굴 장비 가격이 크게 비싸진다. 채굴에 참여하기 전에 투자 수익률을 고려해야 하는 것도 이 때문이다. 때로는 암호화폐를 그냥 시장에서 구입하는 것이 채굴하는 것보다 더 합리적일 수 있다.

* 5장 » 83페이지

 팁

암호화폐 채굴은 하드웨어에서 많은 열을 발생시키기 때문에 겨울에 진행하는 것이 더 합리적일 수 있다. 추운 날씨 덕분에 컴퓨터를 자연적으로 냉각할 수 있으므로 전기요금을 절감할 수 있을 것이다. 또 이 열을 가정의 난방 시스템으로 사용할 수도 있다. 물론 채굴 컴퓨터에 사용되는 전기 비용은 정상적인 난방 또는 냉방 비용보다 훨씬 비싸다.

최상의 채굴 결과를 얻기 위해서는 다양한 종류의 하드웨어가 필요하다. 예를 들어, 주문형 반도체(ASIC, Application-Specific Integrated Circuits) 하드웨어는 비트코인이나 비트코인 캐시 같은 암호화폐를 채굴하는 데 최적화되도록 맞춤 제작되었다. 그러나 이더리움, 지캐시, 비트코인골드처럼 전용 하드웨어가 없는 암호화폐의 경우 그래픽처리장치(GPU)만 있으면 거래를 처리할 수 있다. 물론 GPU는 채굴 농장보다는 여전히 채굴 속도가 느리다. 당신이 GPU로 비트코인을 채굴하려 한다면, 비트코인 한 개를 채굴하는 데 몇 년을 기다려야 할 수도 있다. GPU는 컴퓨터 하드웨어 장비를 판매하는 매장이면 어디서든 구할 수 있다.

채굴이 점점 어려워짐에 따라 영리한 프로그래머들은 그래픽카드를 이용하기 시작했다. 그래픽카드가 더 많은 해시 파워(채굴 속도)를 제공하기 때문이다(해시에 대해서는 5장*을 참조하자). 이들은 GPU의 처리 능력에 최적화된 채굴 소프트웨어(앞선 채굴 알고리즘)를 개발해 중앙처리장치(CPU)보다 훨씬 빠르게 채굴을 시도했다. 이런 종류의 그래픽카드는 속도는 빠르지만, 훨씬 더 많은 전기를 사용하고 더 많은 열을 발생시킨다. 이에 따라 채굴자들은 그래픽카드를 주문형 반도체로 바꾸기 시작했다. 주문형 반도체 기술은 더 적은 전력으로 더 빠른 비트코인 채굴을 가능하게 만들었다.

채굴 소프트웨어

채굴 소프트웨어는 실세 채굴 프로세스를 진행한다. 개인 채굴자인 경우 소프트웨어가 당신의 컴퓨터를 블록체인에 연결함으로써 당신은 채굴자

CG마이너
cgminer.info

이더마이너
ethermine.org

XMR STAK
github.com/fireice-uk/
xmr-stak/releases

또는 채굴 노드가 된다. 마이닝 풀을 하는 경우, 소프트웨어가 당신을 마이닝 풀에 연결한다. 이 소프트웨어의 주요 업무는 채굴 하드웨어의 작업을 네트워크 전체에 전달하고, 네트워크 상의 다른 채굴자로부터 완성된 작업을 받는 것이다. 또 채굴기와 팬의 속도, 해시 레이트(Hash Rate, PoW 코인을 채굴하기 위한 컴퓨터 연산력의 총합), 온도 등의 통계도 표시된다. 채굴을 시작할 준비가 되면 최적의 소프트웨어를 찾아야 한다. 이 책을 쓰는 시점 현재 널리 사용되고 있는 소프트웨어는 다음과 같다.

▶ **CG마이너(CGminer):** CG마이너는 가장 오래되고 인기 있는 비트코인 채굴 소프트웨어 중 하나다. 크립토마이너(Cryptominers) 같은 채굴 풀에서 이 소프트웨어를 사용해 다양한 알트코인을 채굴할 수 있다. ASIC와 GPU를 모두 지원한다.

▶ **이더마이너(ethminer):** 이더리움을 채굴하는 가장 인기 있는 소프트웨어다. 엔비디아 및 AMD의 GPU 하드웨어를 지원한다.

▶ **XMR Stak:** 모네로와 에온(Aeon) 같은 암호화폐를 채굴할 수 있다. CPU 및 GPU 하드웨어를 지원한다.

▌마이닝 풀

마이닝 풀은 확실히 채굴자들을 한곳에 모이게 만든다. 즉, 이곳은 거대한 채굴 농장에 접근할 수 없는 일반 채굴자들이 함께 모여 자원을 공유하는 장소를 말한다. 마이닝 풀에 가입하면 혼자 하는 것보다 수학 문제에 대한 답을 훨씬 더 빨리 찾을 수 있다. 다만 당신이 제공한 일의 양에 비례하여 보상을 받는다. 마이닝 풀은 보상을 원활하게 하고 예측 가능성을 높여준다는 점에서 아주 멋진 방법이다. 마이닝 풀이 없다면 당신은 당신 혼자서 직접 블록을 찾았을 때만 보상을 받을 수 있을 것이다. 그래서 나는 '나 홀로 채굴'은 권장하지 않는다. 당신의 하드웨어의 해시 레이트가 혼자서 블록을 찾을 가능성은 매우 낮기 때문이다. 각자에게 맞는 마이닝 풀을 선택할 때 고려해야 할 몇 가지 사항은 다음과 같다.

▶ **채굴 가능한 암호화폐 확인:** 선택한 마이닝 풀에서 당신이 원하는 암호화폐를 채굴하고 있는지 확인한다.

▶ **위치:** 모든 마이닝 풀이 모든 국가에 서버를 가진 것은 아니다. 당신이 선택한 마이닝 풀이 제대로 운영되고 있는지 확인한다.

▶ **평판:** 평판은 매우 중요한 요소다. 지저분한 사람들과 어울리지 마라.

▶ **수수료:** 마이닝 풀마다 수수료가 다르다. 단, 평판보다 싼 수수료를 우선시하지는 않아야 한다.

▶ **이익 공유:** 마이닝 풀마다 이익 공유 규칙이 다르다. 당신이 얼마나 코인을 채굴해야 보상을 지급해주는지 반드시 확인하자.

▶ **편리성:** 기술에 능숙하지 않다면 편리성이 매우 중요하다.

▌ 실제 채굴 사례

다음 그림은 내가 이더리움을 채굴하기 위해 사용했던 컴퓨터의 모습이다. 나는 이미 이런 시스템을 가지고 있었기 때문에 채굴을 위한 투자가 따로 필요하지 않았다. 하지만 하드웨어 지갑에는 어느 정도의 돈을 투자해야 했다.

- ▶ 전문 PC 업체가 만든 맞춤형 고성능 게임용 컴퓨터 2대
- ▶ 첫 번째 PC에는 엔비디아 그래픽카드 GTX 1070 Ti가 두 개 장착되어 있다.
- ▶ 두 번째 PC에는 엔비디아 그래픽카드 Titan X Pascal 가 두 개 장착되어 있다.
- ▶ 레저 나노 X(Ledger Nano X) 하드웨어 지갑 두 개
- ▶ 이더마이너(Ethermine.org) 풀을 통해 채굴

▌채굴은 투자할 만한 가치가 있을까?

가능하면 모든 도구를 완벽하게 갖춘 후에 채굴을 시작해야 한다. 완벽
하게 준비하는 것이 어려운 일이긴 하지만, 채굴 커뮤니티의 역동성으
로 인해 상황이 수시로 변화하기 때문에 최근의 변화에 대한 정보를 계
속 확인하면서 채굴 모험 여행을 떠나기 위한 최신 장비를 준비하는 것
이 매우 중요하다. 앞에 언급한 주요 내용을 검색해가며 가능한 철저히
준비하자.

비트코인을 채굴하려 한다면, 그 수익성이 여러 요소(컴퓨팅 능력, 전기 비용, 마이닝 풀 수수료, 채굴 당시 비트코인의 가치 등)에 따라 달라질 수 있다는 점을 반드시 명심해야 한다. 또 예상과 달리 전혀 수익을 내지 못할 가능성이 매우 높다. 코인워즈에서 수익계산기를 사용하면 비트코인 채굴이 당신에게 얼마의 수익을 가져다주는지 확인할 수 있다.

코인워즈
www.coinwarz.com

이 계산기는 채굴에 들어가는 사용자의 모든 관련 비용을 고려해 당신의 상황에서 암호화폐 채굴이 수익성이 있는지를 보여준다. 계산기는 당신의 해시 레이트, 마이닝 풀 수수료, 전력 사용량 등에 대해 몇 가지 질문을 던질 것이다.

13

암호화폐 관련 주식 및 ETF

13장에서는

▸ 암호화폐 및 블록체인 기술과 관련된 주식으로 투자 포트폴리오를 다각화하는 방법을 고려한다.

▸ 블록체인과 암호화폐 관련 ETF 및 기타 지수들을 살펴본다.

 팁

주식이나 ETF를 사려면 증권회사에 계좌를 개설해야 하는데, 이는 암호화폐 거래소나 암호화폐 중개업체와는 다르다. 로빈후드(Robinhood) 같은 증권회사는 주식이나 ETF와 함께 암호화폐도 지원하지만 암호화폐를 취급하는 미국 증권회사는 매우 제한되어 있다. 미래에셋자산운용 계열사 글로벌X는 블록체인 ETF를 운용하고 있다.

* 3장 ≫ 46페이지

비록 암호화폐 투자에 자신 있다 하더라도 직접 시장에 뛰어들기보다는 이 산업에 간접적으로 노출된 것부터 접근해보는 것도 좋다. 암호화폐 시장과 관련 있는 주식이나 ETF를 살펴봄으로써 다른 분야까지 자산 포트폴리오를 다각화하는 방법을 살펴보고자 한다. 주식, ETF 등 기타 모든 투자자산은 일정 수준의 위험을 수반한다. 각자의 재무 상황과 목표에 맞는 투자 포트폴리오를 만들려면 3장*을 참조하자.

암호화폐와 관련된 주식

자산 전략 개발 프로세스를 시작하고 싶을 때 다이아몬드 분석을 참고해보자. 여기에는 물론, 기초적, 심리적, 기술적 관점에서 시장을 분석한 후 각자의 투자위험감수도와 투자 포트폴리오 다양성을 고려해 각자에게 맞는 전략을 달성하는 것이 포함된다. 주식을 고르는 것도 마찬가지다. 특히 암호화폐나 블록체인 산업과 관련된 주식을 찾고 있다면, 주식 측면과 암호화폐 측면 모두의 관점에서 분석을 수행해야 한다.

▌ 펀더멘털 분석

블록체인과 암호화폐는 서로 연관이 있지만 블록체인 기술에 투자하는 모든 회사가 암호화폐 시장에 직접 노출된 것은 아니다. 글로벌 회계컨설팅 기업 PwC가 전 세계 15개국의 기업 임원 600명을 대상으로 설문조사를 실시한 결과 84%가 블록체인 기술에 '적극적으로 관여하고 있다'고 응답했다. 그뿐만 아니라 IBM, 액센츄어, 딜로이트, JP모건체이스, HSBC 같은 다국적 기업들이 블록체인 사업부를 신설하는 조직 개편을 단행했다. 앞으로 더 많은 글로벌 기업들이 블록체인 기술에 뛰어들 예정이다. 하지만 투자은행 코웬(Cowen)에 의하면 2022년까지는 블록체인 분야에서 고용이 크게 이뤄지지는 않을 것이라고 예측했다. 이 분야 산업에 대한 예측이 이처럼 극명하게 엇갈리기 때문에, 펀더멘털 분석을 수행할 때 최신 연구를 수행하는 것이 매우 중요하다.

암호화폐는 어떨까? 블록체인 기술의 부산물(암호화폐)과 간접적으로 관련된 주식들은 어떻게 알 수 있을까? 암호화폐에 노출되어 있는 주식을 선택할 때 고려해야 할 몇 가지 포인트를 설명할 예정이다. 펀더멘털 분석에 대한 자세한 내용은 9장*을 참조하자.

팁

기업은 다양한 방법으로 암호화폐 시장에 관여할 수 있다. 다음 웹사이트에서 최신 뉴스를 확인할 수 있다.

 크립토브리핑
cryptobriefing.com

 코인프레스
www.coinpress.co.kr

 코인데스크코리아
www.coindeskkorea.com

* 9장 ≫ 157페이지

암호화폐 채굴 관련 주식

주요 암호화폐들은 대체로 채굴 가능한 암호화폐들이다. 앞 장에서 설명한 것처럼 채굴을 하려면 정교한 하드웨어를 갖춘 고성능 컴퓨터가 필요하다. 암호화폐 채굴 열기가 고조되면 이런 기업들의 주가가 함께 치솟는다. 미국의 반도체 회사 어드밴스드 마이크로 디바이스(Advanced Micro Devices, AMD)의 주식이 대표적이다. AMD 주식은 2016년 초에 주당 1.84달러의 가격에서 시작했으나 2022년 5월 86달러 이상이다. 당연히 AMD의 주가 급등을 이끈 원동력은 암호화폐 채굴이었다. 암호화폐 채굴에 참여하는 사람들이 늘어나면서 AMD 그래픽 처리 장치(GPU)에 대한 수요가 증가했고 회사의 주가도 함께 상승했던 것이다.

암호화폐 결제 관련 주식

상장기업을 통해 암호화폐 시장에 간접적으로 관여할 수 있는 또 다른 방법은 알트코인을 자사 서비스의 결제 수단으로 사용하는 기업들을 공략하는 것이다. 인터넷 소매업체 오버스톡닷컴(Overstock.com, OSTK)과 마이크로소프트(Microsoft, MSFT)가 이 분야의 선구자로 등장했다. 어떤 회사들이 암호화폐를 결제 수단으로 인정하고 있는지는 매셔블(Mashable), 뉴스비트코인, 마켓워치(MarketWatch) 같은 사이트를 통해 확인할 수 있다.

　그러나 만일 당신이 이런 종류의 기업에 투자하는 이유가 단지 암호화폐 결제 때문이라면, 포트폴리오 다각화에는 별 효과가 없을 수도 있다는 것을 명심해야 한다. 그런 회사 주식의 가격이 암호화폐 시장 자체와 직접 연관되기 때문이다. 예를 들어 오버스톡이 비트코인을 결제 수단으로 받기 시작하면서 주가가 큰 폭으로 상승했지만, 다음 그림과 같이 비트코인의 가격이 폭락하면서 오버스톡의 주가도 함께 폭락했기 때문이다. 또한 최근에는 결제 사업자가 많아진 만큼 유효성 여부는 조금 더 고려해볼 필요가 있다.

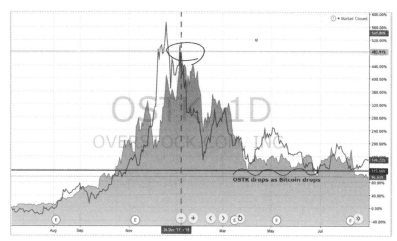

▶ 그림 13-1
2018년 한 해 동안 오버스톡의 주가
변동은 비트코인의 가격과 거의 유사
했음을 보여준다.

출처: tradingview.com

암호화폐 거래 관련 주식

정부에서 암호화폐 규제를 모색하는 동안 많은 상장기업과 증권회사, 전
통적 거래소 등은 발 빠르게 대중에게 암호화폐 거래 기회를 제공하기
시작했다. 글로벌 투자회사 인터랙티브 브로커스 그룹(Interactive Brokers
Group, IBKR)은 2017년 12월 13일 자사 고객에게 비트코인을 쇼트(가격 하
락을 예상하고 매각하는 공매도)하도록 허용하겠다고 발표하자, 회사의 주가
가 하락했다. 당시 비트코인의 가격이 최고조에 달했고, 대부분 비트코
인을 공매도하겠다는 생각을 좋아하지 않았기 때문이었다. 그러나 몇 달
후에 비트코인 가격이 하락하자 인터렉티브의 주가는 급등했다. 물론 그
이후에 비트코인 이외의 다른 요인들로 인해 다시 하락했지만 말이다.

▌시장 심리 요인

다이아몬드 분석의 두 번째 포인트는 시장 심리에 초점을 맞춘다. 시장
심리는 암호화폐나 주식 등의 특정 자산에 대한 시장 참여자의 일반적인

주의

소문과 뉴스를 근거로 하는 투기성 거
래는 매우 위험할 수 있다. 중장기 투
자 전략을 위해 원점에서부터 주식을
분석할 때에는 회사의 경영, 서비스,
산업 전망, 재무제표, 재무비율 등 여
러 다른 요인들을 함께 고려해야 한다.
단기 매매 전략에 대한 자세한 내용은
17장(257페이지)을, 장기 투자 전략
에 대한 자세한 내용은 18장(271페
이지)을 참조하자.

▸ **그림 13-2**
인터랙티브 브로커스 주가는 비트코
인 쇼트 발표 이후 하락했다.

출처: tradingview.com

행동과 정서를 말한다. 암호화폐와 관련된 주식 종목을 검색할 때는 해당 주식뿐만 아니라 암호화폐 업계에 대한 시장 심리도 함께 고려해야 한다. 이런 접근방식을 사용하면 투자의 방향성을 파악할 수 있을 것이다.

펀더멘털 분석 및 기술 분석에 근거해 앞으로 특정 주식의 가격이 하락할 것으로 예상한다고 가정해보자. 이런 흐름을 전문 용어로 약세 반전(Bearish Reversal)이라고 한다. 시장 심리 지표는 다음과 같다.

▸ **이동평균 수렴·확산지수(MACD, Moving Average Convergence Divergence)**: MACD는 이동평균 수렴확산 지수로 제럴드 아펠(Gerald Appel)이 만든 주가의 기술적 분석에 사용되는 지표다. 이동평균 수렴확산 지수는 주가 추세의 강도, 방향, 모멘텀 및 지속 시간의 변화를 나타내도록 설계되었다. 단기이동평균과 장기이동평균의 차이인 MACD선과 n일 간의 MACD 지수이동평균인 시그널(signal)선을 이용하여 매매 신호를 발생시킨다. 이동평균보다 정확하게 고점과 저점을 잡아낸다.

MACD
www.investdiva.com/
investing-guide/macd

- ▶ **상대강도지수(RSI, Relative Strength Index)**: 현재 추세를 백분율로 나타내 주가 추세를 예측하는 데 사용하는 지표다. 이는 시장가격 변동폭 중에서 시장가격의 상승폭이 어느 정도인지를 분석하는 것으로 상승 추세일 경우 얼마나 강한 상승세인지, 하락추세라면 얼마나 강한 하락세인지 퍼센트로 나타낸다. 상대강도지수는 주가 변동에 따라 0에서 100까지의 값을 가지며 70~80% 수준이면 경계신호로 과열을 의미하므로 매도가 적절하며, 상대강도지수가 20~30% 수준이면 경계신호다. 구하는 식은 다음과 같다.

  SI = [100/(1+U/D)]

  U = 일정 기간 동안의 주가상승 변동치 평균

  D = 일정 기간 동안의 주가하락 변동

RSI
www.investdiva.com/
investing-guide/relative-
strength-index-rsi

- ▶ **볼린저 밴드(BOL, Bollinger Bands)**: 투자전문가 존 볼린저(John Bollinger)가 고안해낸 지표를 말한다. 구체적으로는 주가의 변동이 표준정규분포 함수에 따른다고 가정하고 주가를 따라 위아래로 폭이 같이 움직이는 밴드를 만들어 주가를 그 밴드를 기준선으로 판단하고자 고안된 지표를 말한다. 주가는 일정한 기간 동안 과매수나 과매도 상태가 될 수 있기 때문에 상대적으로 가격이 높거나 낮은지를 알면 매도와 매수시기를 가늠할 적기를 선별하는 데 도움이 된다. 볼린저 밴드는 여기에 주가의 상대적인 가격 수준과 변동성을 확인할 수 있고, 가격 움직임이나 기타 지표들과 결합해 신호를 만들고 움직임을 예측하는 데 도움을 준다.

BOL
www.investdiva.com/
investing-guide/
bollinger-bands-bol

▌기타 고려사항

암호화폐와 간접적으로 관련된 주식을 찾아 포트폴리오를 다각화하고 싶다면, 더블디핑(Double Dipping, 동일한 카테고리와 업종에 두 번 투자하는 것)은 피하는 게 좋다. 암호화폐에 노출된 주식도 업종별로 분류했을 때 전체 포트폴리오의 일부분에 그쳐야 한다. 각 투자에서 위험 감수와 더불어 얼마만큼의 투자 수익을 올려야 할지 회사의 주가를 어느 정도 평가해야 할지 알고 싶다면 다이아몬드 분석을 통해 해당 업계를 올바로 분석해야 한다. 그러면 그 카테고리에서 가장 좋은 주식을 고르는 데 집중할 수 있다. 포트폴리오에서 암호화폐 관련 주식을 고르기 전에 다음과 같은 질문을 해보자.

▶ 그 회사는 새로운 기술 개발에 착수하고 있는가?
▶ 그 회사의 잠재적인 혁신이 어떤 영향을 가져올 것인가?
▶ 암호화폐와 관련된 서비스 수요가 주요 경제 변수와 어떤 관련이 있는가?
▶ 회사는 암호화폐와 관련된 서비스에 얼마의 예산을 지출할 계획이 있는가?
▶ 그 지출은 어떻게 조달할 계획인가?
▶ 회사는 암호화폐 및 블록체인과 관련된 새로운 일자리를 빠르게 확장하고 있는가?

* 9장 » 157페이지
* 16장 » 243페이지
* 3장 » 46페이지

이러한 질문에 대한 답변은 회사의 보도자료나 공개 보고서를 통해 찾을 수 있다. 당신이 거래하는 증권회사도 최신 개발 정보를 입수하는 데 도움을 줄 수 있다. 그다음에는 기술적 분석(9장*, 16장*을 참조하자), 리스크 관리(3장*을 참조하자) 같은 다음 단계로 넘어갈 수 있다.

암호화폐 및 블록체인 관련 ETF

각자에게 맞는 적절한 주식을 고르는 데 어려움을 겪고 있다면, 다른 방법을 고려해볼 수 있다. 특정 업종에 가장 쉽게 노출될 수 있는 방법 중 하나는 ETF를 거래하는 것이다. ETF는 동일한 카테고리의 자산 '바구니'라는 점에서 뮤추얼펀드와 비슷하다. 그러나 다음과 같은 이유로 인해 뮤추얼펀드보다 더 많은 인기를 끌고 있다.

▶ 뮤추얼펀드보다 세금 측면에서 유리하다.
▶ 뮤추얼펀드에 비해 거래 비용이 낮다.
▶ 뮤추얼펀드보다 더 간단하고 유연하다.
▶ 뮤추얼펀드보다 일반 투자자가 접근하기 더 쉽다.

이제 ETF를 비롯해 암호화폐 및 블록체인 기술과 관련된 지수들을 소개한다.

▌ 블록체인 관련 ETF 알아보기

2020년 전만 해도 개인투자자가 접근할 수 있는 블록체인 관련 ETF는 손에 꼽을 정도였다. 여러 종류의 비트코인 ETF나 암호화폐 ETF가 미국증권거래위원회에 승인을 신청했지만, 규제 인가를 받지 못했다. ETF를 통해 암호화폐 산업에 접근하기를 원했던 투자자들은 차선책으로 블록체인 관련 ETF를 찾아야 했다.

가장 먼저 시장에 진출한 블록체인 ETF는 2018년 1월 17일(비트코인이 타격을 입던 시점)에 출범한 BLOK와 BLCN이다. 곧이어 1월 29일에 또 다른 블록체인 ETF KOIN이 경쟁에 가세했다. 우선 이 세 가지 초창기 ETF에 대해 간략하게 알아보자.

- BLOK의 풀네임은 'Amplify Transformation Data Shearing ETF'다. 이 바구니에는 디지털거라지(Digital Garage, DLGEF), GMO 인터넷(GMO Internet, GMOYF), 스퀘어(Square, SQ) 등 52개의 자산이 포함되어 있다. 이 ETF의 최신 업데이트는 웹사이트에서 확인할 수 있다.
- BLCN의 풀네임은 'Siren Nasdaq NexGen Economy ETF'다. 보유하고 있는 상위 종목으로는 어드밴스드 마이크로 디바이스(Advanced Micro Devices, AMD), 인텔(INTC), 마이크로소프트(MSFT), SBI홀딩스(SBI Holdings, SBHGF) 등 블록체인과 관련된 회사들이 다수 포함되어 있다.
- KOIN의 풀네임은 'Capital Link Global Fintech Leaders ETF'다. 이 ETF는 처음에는 앞의 두 ETF만큼 많은 인기를 끌지는 못했다. 상위 종목으로 대만의 파운드리 대기업 TSMC(TSM), 아마존(AMZN), 앤비디아(NVDA), 마이크로소프트, 시스코 시스템스(CSCO) 등이 포함되어 있다.

모닝스타
www.morningstar.com

투자자들이 초기에 KOIN에 대해 그다지 관심을 보이지 않았던 이유는 앞의 두 ETF에 비해 블록체인 산업에 대한 직접적인 노출이 가장 적었기 때문일 것이다. 그러나 다음 그림에서 볼 수 있듯이 KOIN의 수익률은 BLOK와 BLCN을 앞질렀다. KOIN의 최신 동향은 왼쪽의 웹사이트에서 확인할 수 있다.

ETF에 투자하면 개별 종목 분석을 할 필요가 없어 주식 분석 프로세스가 다소 쉬워지지만, 자신의 포트폴리오에 가장 적합한 ETF를 선택하기 위해서는 ETF에 포함된 회사에 대한 전반적인 이해가 필요하다. 같은 업종이라도 ETF를 구성하는 종목들의 비중이 크게 다르면 ETF의 가격이 유사하게 움직이지 않을 수 있으므로, 다양한 ETF에 투자하는 것도 고려해볼 만하다. 2021년 12월에는 비트코인 가격이 20%가량 급락했지만 미국에 상장된 관련 ETF에는 자금이 들어오고 있다. 수익률 부진에

▶ **그림 13-3**
각 ETF의 실적 비교

도 비트코인의 미래를 낙관적으로 점치는 투자자가 적지 않다. 비트코인 ETF가 출시되기 한참 전부터 ETF를 통해 비트코인에 투자하고자 하는 수요는 꾸준히 쌓여왔으므로 많은 투자자가 비트코인 등 가상화폐의 장기적인 가능성을 보고 최근 변동성에 흔들리지 않는 것이다. 게다가 미래에셋자산운용의 미국 자회사인 글로벌X가 2021년 7월 블록체인 기업에 투자하는 ETF를 나스닥에 상장했다. 미국에 상장된 첫 블록체인 ETF였다. 이 글로벌X 블록체인 ETF(BKCH)는 솔랙티브 블록체인 지수를 추종하고 디지털 자산 채굴, 블록체인 애플리케이션 등의 테마에 투자한다. 투자 테마가 블록체인과의 연관성이 높다는 점이 인정돼 미국에서 최초로 상품명에 블록체인이란 단어가 포함됐다.

암호화폐 관련 ETF
▶ 주요 블록체인 및 가상화폐 ETF
▶ 글로벌 X 블록체인 ETF(BKCH)

- ▸ 엠플리파이 트랜스포메이셔널 데이터 셰어링 ETF(BLOK)
- ▸ 반에크 벡터스 디지털 트랜스포메이션 ETF(DAPP)
- ▸ 비트와이즈 크립토 인더스트리 이노베이터스 ETF(BITQ)

▌ 그 외 다른 지수들

CNBC
www.cnbc.com

코인데스크
www.coindesk.com

포브스
www.forbes.com

인베스팅
kr.investing.com/crypto

나스닥
www.nasdaq.com

암호화폐 ETF가 규제 인가를 받는 데 시간이 걸리기 때문에 먼저 암호화폐 시장과 관련된 업계의 다른 지수를 찾아볼 수도 있다. 예를 들어 미국에서 가장 큰 암호화폐 거래소 중 하나인 코인베이스는 자체 인덱스 펀드를 출시했다. 이 인덱스펀드는 당시 코인베이스 거래소인 GDAX에 상장된 모든 디지털 자산(당시 GDAX에서 거래되고 있는 코인은 비트코인, 이더리움, 비트코인캐시, 라이트코인 등 총 4종이었음)을 추적하는 것을 목표로 했다. 그러나 코인베이스는 업계의 관심 부족으로 이 펀드 운용을 종료했고 이후 새로운 소매 제품으로 초점을 옮기고 있다. 왼쪽에 소개된 웹사이트는 암호화폐 뉴스를 제공하는 곳이다.

암호화폐 선물과 옵션을 알아보자

14장에서는
▶ 선물과 옵션에 대한 기본 개념을 이해해보자.
▶ 암호화폐 파생상품 거래에 대해 알아본다.

선물과 옵션은 파생상품이라고 부르는 일반 금융상품의 두 가지 형태다. 이 상품들의 가치는 주식, 원자재, 법정통화, 기타 시장 지수 등의 금융 자산에서 파생된다. 암호화폐 시장이 대중화되면서 다양한 암호화폐 파생상품이 생겨나 개인 거래자들도 접근할 수 있게 되었다. 이제 선물과 옵션 거래의 기본 개념에 대해 개략적으로 설명한 후, 암호화폐 시장에서 그것이 어떻게 작동하는지 살펴볼 것이다. 이러한 자산에 대해서는 여러 규제가 적용되고 있으므로 전 세계적으로 일부 소수의 증권회사나 거래소를 통해서만 투자할 수 있다. 미국에서 비트코인 선물 거래를 할 수 있는 곳은 다음과 같다.

▶ 시카고상품거래소(CME)
▶ E*TRADE

▶ 인터랙티브 브로커스

▶ TD 아메리트레이드(TD Ameritrade)

선물 기초 배우기

선물은 미래와 관련이 있다. 당신이 동네 슈퍼마켓에서 커피 한 봉지를 사면 당신은 즉시 시장 가격으로 그 값을 지급한다. 하지만 커피 가격이 미래에 내려가리라 생각한다면? 당신의 시장에서는 현재의 커피를 미래의 가격으로 살 수 없지만, 선물 시장에서는 그럴 수 있다. 내년 6월까지 커피 가격이 킬로그램당 5달러에서 4달러로 하락할 것으로 생각된다면, 내년 6월에 일정량의 커피를 4달러에 살 수 있는 선물 계약을 체결할 수 있다. 이제 원자재 선물(가장 일반적인 유형)의 특징을 설명한 다음, 그 외의 금융 선물에 대해 살펴보자.

▌선물의 특징

전통적으로 선물은 곡물, 커피, 금속, 나무, 고기 같은 원자재에서 가장 인기가 있다. 선물 시장에서 커피를 사면 판매자와 합의한 미래 날짜가 오기까지는 커피를 인도받지 못한다. 그래서 당신의 거래가 적어도 한동안까지는 완료되지 않은 것이다. 이 기간에 당신은 선물 시장에서 유보하거나 거래할 수 있는 유동성이 높은 선물 계약이 있는 것이다. 당신이 그 계약을 어떻게 처리하든 결제가 되었다면 판매자는 미래의 지정된 날짜에 커피를 인도할 법적 의무가 있다. 당신 또한 그 커피를 수령해야 할 의무가 있다. 반품은 불가능하다.

선물 거래에 있어서 가장 중요한 특징 두 가지는 헤지(Hedging)와 투기(Speculating)다. 사실 이 두 가지 특징 중 어느 하나라도 없다면 선물 시장은 존재할 수도 없고 효율적으로 운영될 수도 없다. 선물 거래의 또 다른 특징은 마진 거래(Margin Trading)다. 이 세 가지 특징은 다음과 같이 작동한다.

▶ **선물 헤지**: 전통적인 관점에서 선물 거래에서 원하지 않는 위험을 회피하려는 자(헤저, Hedger)는 원자재를 생산하거나 생산 공정의 투입물로 사용하는 기업들이다. 투자자는 꼭 양도 차익을 얻기 위해서 뿐만 아니라 손실을 예방하기 위한 위험 요소 관리의 한 유형으로 헤지를 이용할 수 있다. 또 먼저 실행한 투자의 위험 요소를 상쇄하기 위해 나중에 다른 투자를 함으로써 선행 투자를 헤지할 수 있다. 이는 미래에 일어날 위험 요소를 상쇄하기 위해 보험에 드는 것과 같다.

▶ **선물 투기**: 투기꾼들은 헤저와 정반대의 사람들이다. 그들은 단지 예상 가격 변동에 따른 이익을 취하기 위해 선물을 거래한다. 그들은 그런 가격 변동 외에 원자재 자체나 그것의 금융 선물에 대해서는 애초부터 관심이 없다. 상품의 가격이 상승할 것으로 생각되면 선물 계약을 통해 자산을 매입하고 나중에 더 높은 가격에 팔아 이익을 얻을 뿐이다. 그런데도 그들의 거래가 시장을 유동적으로 만드는 데 도움을 주기 때문에 선물 시장은 그런 투기꾼들에게 의존한다.

• 15장 » 228페이지

▶ **마진 거래**: 환시장(15장* 참조)에서와 마찬가지로 선물 거래에서도 레버리지를 활용할 수 있다. 차이점은 모든 선물 계약이 마진(증거금) 기준으로 거래된다는 것이다. 선물 거래에서는 이 기능을 배제할 수 없다. 마진으로 선물 계약을 산다는 것은 총금액의 극히 일부만 현금으로 넣으면 된다는 의미다. 선물 계약을 거래할 때는 보통 계약 금액의 2%에서 10% 정도의 마진이 필요하다. 좋은 소식은 계약 잔액을 조달하기 위해 돈을 추가로 빌릴 필요가 없으므로 환시장에서의 마진 거래보다 위험성이 적다는 것이다.

포인트

마진 예치는 발생할 수 있는 손실에 대비한 보증 또는 보장의 성격이지, 구매한 물품에 대한 부분 결제가 아니다.

▌금융 선물

원자재가 선물 시장의 큰 부분을 차지하긴 하지만, 금융 선물도 선물 시장에서 나름의 인기를 얻고 있다. 금융 선물은 원자재와는 다른 유형의 기초 자산을 사용하는데 주로 외환, 금리, 주가지수 등 많은 시장에 투기 수단을 제공한다. 금융 선물은 원자재 선물 거래와 유사한 이점을 가지고 있으며, 기관과 개인 거래자 모두에게 헤지의 주요 도구가 되었다. 다만 기관과 개인 거래자는 금융 선물 계약에 있어 가격 산정 방식이 다르다.

> ▶ 미국의 통화 선물은 '캐나다 달러당 미국 달러' 또는 '일본 엔당 미국 달러'처럼 기준 외화 단위당 미국 달러로 매겨진다.
>
> ▶ 금리 선물 계약은 기준 채무증서의 액면가에 대한 비율로 가격이 매겨진다. 예를 들어, 대부분의 국채 기반 금리 선물의 액면가는 10만 달러이므로, 각 계약은 반올림해서 1,000달러 단위로 거래된다.
>
> ▶ 주가지수 선물은 실제 기준 지수에 따라 가격이 매겨진다. 여기에는 S&P 500과 나스닥이 포함된다.

 주의

원자재든 금융이든 선물에 투기하는 것은 매우 전문적인 작업이다. 이 분야에 대해 잘 모른다면, 라스베이거스에서 도박하는 것이나 다름없다.

원자재 선물과 마찬가지로 금융 선물도 이익과 손실에 모두 노출될 수 있다. 하지만 성공적인 선물 거래자가 되기 위해서는 투자와 관련된 위험 요소를 이해해야 한다.

옵션 기초 배우기

옵션은 다른 사람과 가치 있는 물건을 사고팔 수 있는 계약 중 하나다. 당신이 옵션 구매자라면 일정 기간 내에 계약 당시 합의된 가격으로 기초 자산(커피 등)을 구입할 권리를 갖는다. 옵션 판매자라면 계약의 조건에 따라 기초 자산을 판매할 준비가 되어 있어야 한다. 이는 특정 금융수단을 일정 기간(계약만료시점 이전)에 특정 가격(행사 가격)에 매입하거나 매도할 수 있는 선택권을 부여하는 계약이다. 이제 옵션과 선물을 비교하고, 옵션 유형과 리스크에 대해 알아보자.

▌선물과 옵션 비교

선물과 옵션은 매우 유사하다. 둘 다 미래에 특정 가격으로 무언가를 인도하는 것과 관련이 있다. 선물 계약과 옵션 계약의 가장 큰 차이는 사고 파는 날짜로 요약된다. 옵션 계약에서 유의해야 할 몇 가지 중요한 사항은 다음과 같다.

> ▶ 선물 계약은 합의된 날짜 또는 그 이전에 매수 및 매도해야 한다.
> ▶ 옵션을 사용하면 특정 기간에 매수 및 매도할 수 있다.
> ▶ 풋옵션과 콜옵션은 매수 또는 매도 가능한 가격을 지정하는 것이다.
> ▶ 선물 가격은 계약에 명시되어 있지 않다.
> ▶ 선물 계약에서 가격은 거래소에서 거래자들 간의 거래를 통해 결정된다. 즉, 인도 가격은 그 계약이 팔리는 가격으로 결정된다.

▎ 풋옵션과 콜옵션

옵션에는 풋옵션과 콜옵션이라는 두 가지 종류가 있는데, 기본적으로 매도와 매수 버전이라고 생각하면 쉽다.

- ▸ 풋옵션은 일정 기간 특정 가격에 해당 유가증권을 매도할 수 있는 권리다.
- ▸ 콜옵션은 일정 기간 내에 합의된 가격으로 해당 유가증권을 매입할 수 있는 권리다.

왜 그냥 사고팔기라고 부르지 않고 복잡하게 부르는 것일까? 이런 이름을 쓰는 이유는 풋옵션이나 콜옵션을 사용하면 소유권 특권이 부여되지 않으며 이자나 배당 수입도 없기 때문이다. 옵션거래에서 발생하는 수익과 손실은 오직 기초 자산의 가격 변동에서만 나온다. 선물과 마찬가지로 레버리지 풋과 콜 제안을 활용할 수 있다.

▎ 리스크

옵션 거래에는 생각해봐야 할 몇 가지 위험 요소가 있다.

- ▸ 풋옵션과 콜옵션 거래의 주요 위험 요소 중 하나는 시간이다. 풋옵션과 콜옵션의 수명은 한정되어 있다. 옵션 기간이 만료되기 전에 시장이 당신에게 유리하게 움직일 수 있는 충분한 시간이 없을 수도 있고, 가격이 당신에게 유리하게 움직이기 전에 손해로 끝날 수도 있다.

▶ 또 다른 큰 리스크는 시장이 나쁜 시기에 좋지 않은 방향으로 조금만 움직여도 초기 투자금의 100%를 잃을 수 있다는 것이다. 다른 보통 투자에서는 기다릴 수 있지만, 풋옵션과 콜옵션은 기간이 만료되면 전혀 가치가 없다.

암호화폐 파생상품 거래

아마도 암호화폐 시장의 다음 이슈는 파생상품 거래가 될 것이다. 골드만삭스와 TD 아메리트레이드 같은 미국의 많은 금융 기관들은 이미 암호화폐 파생상품 거래를 모색하기 시작했다. 다만 2022년 5월 현재 국내에서는 거래 가능한 파생상품은 없다.

▶ 골드만삭스의 최고운영책임자(COO) 데이비드 솔로몬(David Solomon)은 골드만삭스가 이미 고객의 비트코인 선물 투자를 돕고 있으며, 이 분야의 다른 투자도 고려하고 있다고 발표했다.

▶ 온라인 증권사 TD 아메리트레이드는 제도권 내의 새로운 암호화폐 관련 파생상품 거래소 에리스엑스(ErisX)를 지원하기 위한 금융 기업 그룹에 합류했다. 에리스엑스는 상품선물거래위원회(CFTC)에 파생상품 청산소(DCO) 등록을 신청했으며 디지털 자산에 대한 선물 계약 등의 서비스를 적용했다. 그리고 상품선물거래위원회는 에리스엑스에 비트코인 선물거래(DCM)와 파생상품 라이선스를 인가했다.

에리스엑스
erisx.com

옵션과 선물 등 암호화폐 파생상품 거래는 아직 걸음마 단계다. 그러나 이미 많은 유명 투자 기관들이 참여하고 있으므로 이른 시일 내에 대중이 이 서비스를 이용할 수 있을 것으로 예상된다.

▋ 암호화폐 파생상품 거래의 장점

암호화폐 파생상품 거래에서는 특정 코인(비트코인이나 이더리움 등)의 미래의 날짜나 특정 기간 내의 가격에 베팅할 수 있다. 파생상품 거래는 단순히 거래소에서 암호화폐를 사고파는 것보다 더 복잡할 수 있지만 보관 보안에 대해 걱정할 필요가 없다. 해킹 공격으로 인한 암호화폐 지갑의 자산을 잃을 위험이 우려되는 경우, 파생상품을 통해 문제를 해결할 수 있다. 옵션이나 선물을 거래할 때에는 실제로 코인을 소유하지 않기 때문에 암호화폐 지갑, 보관함, 보안 등에 대해 걱정할 필요가 없다.

파생상품이 암호화폐 산업에 미치는 영향

암호화폐 파생상품을 직접 거래하지 않더라도 이런 거래 옵션이 있다는 것 자체가 암호화폐 산업 전체에 좋은 영향을 미칠 수 있다. 그 이유는 다음과 같다.

> ▶ 암호화폐 파생상품은 비트코인 이외의 디지털 자산의 유동성과 거래량을 증가시켜 거래를 더 쉽게 만들어줄 수 있다. 유동성이 높아지면 거래자들은 더욱 신속하게 사고팔 수 있고, 거래 주문 시 가격이 갑자기 크게 움직이는 위험 요소

를 피할 수 있다.

▶ 암호화폐 파생상품 거래소가 제도권으로 들어오는 경우 또 다른 장점은, 더 많은 사람이 암호화폐 시장에 관심을 두게 함으로써 감독 당국에 업계에 대한 그들의 견해를 반영하도록 압력을 가할 수 있다.

▌ 암호화폐 파생상품 거래 정보 출처

암호화폐 파생상품 시장의 최신 정보를 파악하려면 아래 목록과 같은 금융 뉴스 및 암호화폐 업데이트 제공자를 정기적으로 확인할 것을 권장한다.

벤징가
pro.benzinga.com

CCN
www.ccn.com

코인데스크
www.coindesk.com

코인텔레그래프
cointelegraph.com

크립토브리핑
cryptobriefing.com

크립토뉴스
cryptonews.com

미디엄닷컴
medium.com

뉴스비트코인
newsbtc.com

▶ 벤징가(pro.benzinga.com)

▶ CCN(www.ccn.com)

▶ 코인데스크(www.coindesk.com)

▶ 코인텔레그래프(cointelegraph.com)

▶ 크립토브리핑(cryptobriefing.com)

▶ 크립토뉴스(cryptonews.com)

▶ 미디엄닷컴(medium.com/topic/cryptocurrency)

▶ 뉴스비트코인(newsbtc.com)

법정통화
제대로 이해하기

15장에서는

▶ 기축 통화로서의 미국 달러와 세계 법정통화의 개념을 이해할 수 있다.

▶ 환시장과 암호화폐 시장을 비교해본다.

일반 통화를 '법정통화'라고 부르는 것은 암호화폐 거래 이전에는 그다지 익숙한 일이 아니었다. 미국 달러나 유로처럼 환시장에서 거래가 많은 통화는 '메이저 통화(Major Currencies)', 멕시코 페소나 이란의 리알 같이 거래가 적은 통화는 '신흥 통화(Exotic Curremcies)'라고 부르곤 했다.

환시장이라고 알려진 통화 거래는 법정통화 상호 간의 미래 가치를 예측하는 기술이다. 법정통화는 현지 정부가 중앙은행을 통해 지원하는 합법적 통화다. 그런데 암호화폐가 등장하면서 일부 법정통화 발행자(중앙은행)들을 긴장하게 했다. 일각에서는 앞으로 암호화폐가 법정통화를 대체할 것이라고 보지만, 현재로서는 암호화폐를 손에 넣을 방법의 하나는 법정통화를 암호화폐로 교환하는 것이다. 따라서 세계 주요 법정통화의 기본적 움직임을 이해하는 것은 암호화폐 투자 행보에 도움이 될 것이다. 이번 장에서는 세계 주요 법정통화와 함께 기축 통화로서의 미국 달러와 이런 법정통화와 암호화폐 시장과의 관계를 살펴보자.

세계의 기축 통화, 미국 달러

아마도 첫 번째 암호화폐 투자는 아마도 미국 달러와 비트코인이나 이더리움 같은 디지털 자산 사이의 교환일 것이다. 비트코인의 가격은 믿을 수 없을 정도로 변동이 심하다는 것을 잘 알고 있지만, 미국 달러 가치 또한 변한다. 물론 달러 가치의 변동은 더 좋거나 더 나쁜 거래로 이어질 수 있다. 미국 달러가 엄청나게 강하다면 달러로 더 많은 비트코인을 살 수 있다. 이제 미국 달러의 가치에 영향을 미치는 몇 가지 주요 요인을 살펴보자.

▌미국 달러에 영향을 미치는 요인들

미국 달러는 세계적으로 가장 인기 있는 통화다. 세계 어느 나라를 여행한다 해도 그 나라는 자국 통화 다음으로 달러를 받을 것이다. 달러의 이러한 힘은 미국에 큰 특권을 준다. 전 세계의 많은 사람이 저축 계좌에 달러를 쌓아둔다. 달러에 대한 수요가 증가하면 달러는 더욱 강해진다. 그러나 미국 경제가 타격을 입거나 연방준비제도(FED, 연준)가 미국 경제의 미래에 대해 비관적인 발언을 하면, 달러는 가장 먼저 하락하는 금융자산 중 하나다.

미국 정부는 최근 중국이 세계 준비 통화로서 미국에 위협이 될까 하는 경계심을 갖고 있다. 하지만 비트코인 마니아들은 미국 달러나 중국 위안이 미래에 암호화폐에 대항할 가능성은 없으리라 생각한다.

달러의 가치를 움직이는 데에는 많은 요인이 있다. 그런데 달러의 시장 움직임을 10년 이상 연구해왔음에도, 달러의 변동을 확실하게 말할

팁

미국 달러를 이용해 암호화폐를 구매할 경우, 미국 달러가 강세면 더 좋은 거래를 할 수 있다. 미국 달러 대비 디지털 코인의 가치가 낮으면 더 많이 살 수 있기 때문이다.

수 없다. 다만 모두 다른 금융자산에 영향을 미치는 것과 마찬가지로 시장 심리, 군중 심리, 수요 공급 등이 달러의 강세와 약세에 영향을 미칠 수 있다. 달러 가치에 영향을 미치는 요인에는 다음과 같은 것들이 있다.

한국은행
www.bok.or.kr

▶ **금리:** 금리는 돈을 빌린 사람들이 지급하는 가격이다. 돈을 빌린 사람들이 대출자에게 지급하는 차입 금액의 일정 비율로 정해진다. 연방준비제도가 금리를 인상하거나 인상할 것으로 예상할 때 미국 달러는 다른 법정통화나 암호화폐 모두에게 강세를 보이는 경우가 많다. 블룸버그 같은 경제 뉴스 웹사이트를 살펴보면 향후 및 이전 금리 결정을 추적할 수 있고, 연방준비제도 웹사이트에 들어가서 금리 변동을 직접 추적할 수도 있다. 국내에서는 한국은행 사이트에서 확인할 수 있다.

▶ **인플레이션:** 당신이 당신 할머니가 살던 시대보다 달걀 한 판 값을 더 비싼 돈을 주고 사야 하는 이유는 인플레이션 때문이다. 인플레이션은 일반적으로 상품과 공급품의 가격 인상을 의미한다. 인플레이션이 높아지면 연준은 금리를 인상함으로써 인플레이션을 통제하려고 한다. 인플레이션이 금리에 영향을 미치는 방식 때문에, 인플레이션이 높아지면 대개는 달러에 긍정적인 영향을 미친다. 인플레이션 데이터는 소비자물가지수(CPI)로 측정되는데, 소비자물가지수는 대부분 추적할 수 있다. 미국노동통계국 웹사이트에서도 인플레이션을 확인할 수 있다. 국내에서는 e-나라지표와 KOSIS 국가통계포털에서 확인할 수 있다.

미국노동통계국
www.bls.gov

e-나라지표
www.index.go.kr

국가통계포털
kosis.kr

미국상무부 경제분석국
www.bea.gov

▶ **국내총생산(GDP):** 국내총생산은 한 나라의 연간 생산과 수입을 반영한다. 미국 달러는 GDP가 높을 때 강세를 보인다. GDP 데이터는 미국상무부 경제분석국에서 확인할 수 있다.

▶ **실업률:** 미국의 실업률은 환시장의 큰 변수다. 실업률의 감소는 경제가 잘 돌아가고 있고 더 많은 일자리가 창출되고 있다는 것을 의미하기 때문에 이는 달러 강세로 이어진다. 미국의 실업률 발표는 미국노동통계국에서 확인할 수 있다.

▶ **비농업 고용지수(NFP, Nonfarm Payrolls)**: 비농업 고용지수는 농가, 개인 가구, 정부 등의 고용주를 제외한 모든 기업체의 급여 소득 근로자 수를 보여주는 수치다. 비농업 고용지수가 높아지면 경제가 성장하고 있다는 좋은 징조이며 따라서 달러 강세로 이어질 수 있다. 비농업 고용지수 발표 일정 및 데이터도 미국노동통계국에서 확인할 수 있다.

▌비트코인과 미국 달러와의 관계

비트코인 애호가들조차 비트코인이 조만간 달러를 대체하리라고 생각하지 않는다. 비트코인이 세계 준비 통화가 될 수 있다고 주장하기 위해서는 너무 많은 장애물을 넘어야 한다. 현재로서는 비록 비트코인이 암호화폐 중에서 가장 크고 가장 유명하지만, 비트코인이 달러를 대체하기 전에 '더 나은' 버전의 비트코인이 등장해 디지털 통화의 사다리에 올라 비트코인을 대체할 수도 있다. 비트코인이 달러를 대체하지 못할 것이라는 근거는 몇 가지 더 있다.

▶ 전 세계 도처에 있는, 알려지지 않은 채굴자들은 잠재적으로 보안을 위협하는 존재들이다. 우리는 그런 대규모 채굴 농장이 어디에 있고, 그들이 보유하고 있는 비트코인을 어떻게 사용할 계획인지 전혀 모른다.
▶ 비트코인같이 채굴이 가능한 암호화폐에서는 일단의 채굴자들이 담합을 하면 전체 네트워크의 50% 이상을 통제할 수 있다. 그렇게 되면 정상적인 거래 과정을 방해하고 보안 문제와 해킹으로 이어질 수 있다.
▶ 코인 공급이 한정되어 있다(2,100만 개).
▶ 전 세계 비트코인의 40%를 1,000명의 사람들이 소유하고 있다. 세계 인구의

극히 일부에게 권력이 넘어가면서, 재정적 불평등이 이미 시작되었다. 이는 블록체인 기술 존재의 합리적 타당성(4장 참조)과 전 세계 금융 불평등 문제를 해결한다는 암호화폐의 이상과도 맞지 않는다.

▶ 3장과 7장에서 언급한 바와 같이 보안 문제가 완전히 해결되지 않았다.

• 4장 ≫ 64페이지

• 3장 ≫ 46페이지

• 7장 ≫ 122페이지

비트코인과 달러의 중대한 차이점 중 하나는 가치 변동이다. 다음 그림과 같이 비트코인의 가치가 진정된 기간조차 미국 달러 지수인 DXY보다 훨씬 더 큰 변동성을 보였다. DXY는 통화 바스켓(국제통화제도에서 기준환율을 산정할 때, 적정한 가중치에 의해 선정되는 구성통화의 꾸러미. 달러, 유로, 엔, 파운드, 중국 위안 등 5개국 통화로 구성되어 있다)에 대한 달러의 가치를 측정하는 지수다. 달러의 이런 상대적 안정성은 보안 측면에서도 비트코인을 능가한다.

비록 환시장이 가격 변동성이 심하고 예측 불가능한 성격으로 널리 알려져 있지만, 비트코인의 달러 대비 가치 변동성은 환시장을 크게 압도한다. 대부분의 거래소들이 비트코인만을 달러와 거래할 수 있도록 지원하고 있지만, 코인베이스 암호화폐 거래소에서는 이더리움, 라이트코인,

▶ 그림 15-1
미국 달러 지수(DXY)와 BTC/USD 가격 변동 비교

출처: tradingview.com

비트코인 캐시 등 다른 암호화폐에 대해서도 달러 거래가 가능하다. 그러나 바이낸스 거래소에서는 리플 같은 암호화폐들은 다른 암호화폐로만 거래가 가능하다. 그런 거래소들은 아직 달러 거래를 지원하지 않는다. 2022년 현재 달러 거래를 지원하는 거래소는 제미니(Gemini), 쿠코인(KuCoin), 크라켄(Kraken), 코인베이스(Coinbase), 코인마마(Coinmama) 등이다.

암호화폐의 가격 흐름만을 알고 싶다면, 다음 웹사이트에서 미국 달러 대비 다른 암호화폐의 가치를 추적할 수 있다.

암호화폐의 가격 흐름을 제공하는 사이트
- ▶ AVATrade(외환거래 사이트)
- ▶ eToro(종합자산 거래소)

유로 등 기타 주요 법정통화

기술적으로는 환시장에서 어떤 나라의 통화도 거래할 수 있지만 7개의 특정 통화가 가장 인기가 높다. 투자자들은 이 통화들을 '주요 통화'라고 부른다. 이 통화가 인기가 있는 이유는 전 세계적으로 접근하기 쉬울 뿐만 아니라 흐름을 예측할 수 있기 때문이다. 또 그 통화 종주국들의 경제가 안정적으로 여겨지기 때문이다. 이 통화의 거래 수수료는 덜 인기 있는 다른 통화에 비해 낮다. '주요 통화' 목록은 다음과 같다.

- 유로(EUR)
- 영국 파운드(GBP)
- 스위스 프랑(CHF)
- 일본 엔(JPY)
- 캐나다 달러(CAD, 루니[loonie]라고도 함)
- 호주 달러(AUD, 오시 달러[Aussie dollar]라고도 함)
- 뉴질랜드 달러(NZD, 키위 달러[Kiwi dollar]라고도 함)

이제 각 주요 통화에 대해 좀 더 자세히 살핀 다음 일반 환시장과 암호화폐 시장을 비교해보자.

유로와 영국 파운드

유로는 유럽연합 28개 회원국 중 19개국이 공동으로 사용하는 통화다. 유로는 미국 달러 다음으로 세계에서 두 번째로 많이 거래되는 통화다. 영국 파운드는 영국이 유로존의 일원이 된 후 유로에 적응하지 못하면서 유로존의 골칫거리였다. 영국 파운드가 유로보다 더 가치가 높았기 때문에 영국 정부는 파운드를 포기하고 싶지 않았다. 반면 유로존의 다른 국가들은 자국의 통화가 유로보다 강력하지 못했기 때문에 자국 통화를 포기해야 했다.

그러나 영국이 2016년에 국민투표로 브렉시트에 찬성하면서 유로존을 떠나기로 결정했을 때, 이미 분리된 독립 통화를 갖고 있었던 덕분에 유로존으로부터의 분리가 다소 덜 복잡하게 된 것은 행운이라고 할 수 있을 것이다. 다만 영국 의회의 브렉시트 합의안 부결로 총 3차례 연기되었다가, 2020년 1월 31일부로 브렉시트가 시행 중이다. 영국과 EU가

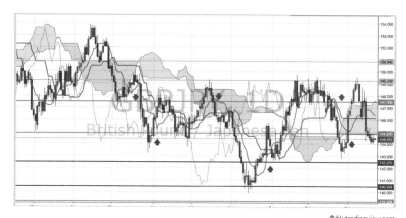

▶ **그림 15-2**
지지선과 저항선이 144.85~147.50
사이에서 오르내릴 때 GBP/JPY 거래

이별 협상을 진행하면서 유로와 파운드는 엄청난 변동성에 노출되면서 이 와중에 많은 투자자가 돈을 잃었고 또 많은 투자자들이 돈을 벌었다.

유로와 파운드에 대한 장기적인 견해는 여전히 불투명한 편이다. 다만 다음 그림처럼 GBP/JPY 쌍(영국 파운드 대 일본 엔)을 몇 차례 거래했다. 다이아몬드 분석을 바탕으로 기술 분석, 펀더멘털 분석, 심리 분석을 총 동원해 이 거래전략을 개발하는 것도 가능하다.

▌안전자산으로 불리는 스위스 프랑과 일본 엔

 기술 자료

2015년 1월 15일은 외환 업계에서 어둠의 날이었다. 스위스는 매우 중립적이기 때문에 투자를 위태롭게 할 만한 갑작스럽고 충격적인 조치는 취하지 않을 것이라고 생각했기 때문이다. 그런데 스위스중앙은행이 이날 갑자기 통화 평가 정책을 변경하는 바람에 유로에 대한 스위스 프랑의 가치가 30%나 급등했다.

일본 엔과 스위스 프랑은 미국 달러와 유로의 가치가 하락해 실적이 저조할 때 일부 외환 트레이더들이 잘 사용하는 통화다. 그래서 이 두 통화를 안전자산이라고 부르기도 한다. 일본 엔은 스위스 프랑보다 더 안전자산으로 간주되고 있는데, 이는 특히 2015년 1월 15일 스위스중앙은행(SNB)의 갑작스런 조치로 금융시장에 충격을 주면서 스위스 프랑에 한 차례 큰 변동성이 있었기 때문이다. 그럼에도 많은 투자자가 여전히 엔과 스위스 프랑을 안전자산으로 여기고 있다. 2008년과 같은 글로벌 금융위기가 다시 와도 여전히 가치를 유지할 것이라고 기대하기 때문이다.

▌ 호주, 뉴질랜드, 캐나다 달러

외환 트레이더들은 호주 달러, 뉴질랜드 달러, 캐나다 달러도 원자재 통화(Commodity Currency, 주요 원자재 가격과 함께 움직이는 통화)로 간주한다. 이들 통화가 원자재 가격 변동과 높은 상관관계를 가지고 있기 때문이다. 호주는 철, 금, 알루미늄과 같은 많은 천연자원을 보유하고 있다. 또 우유 및 유제품들을 생산하는 대규모 농장과 많은 양의 소도 보유하고 있다. 호주의 경제는 이러한 원자재 상품들에 의존하고 있으므로, 원자재 가격과 나라의 수출입 상태에 따라 호주 통화의 가치가 영향을 받는다

호주는 중국과의 무역량이 크기 때문에 호주 경제는 중국 경제의 변화와도 관계가 있다. 중국 경제가 부진하거나 미국의 관세 부과(2018년 때처럼)로 타격을 받는다면 호주 달러는 약세를 면치 못한다. 뉴질랜드 달러도 호주처럼 농업에 큰 비중을 두고 있어 곡물이나 유제품 가격 등에 영향을 받을 수 있다. 반면 캐나다 달러는 종종 유가와 높은 상관관계를 갖고 있는 것으로 여겨진다. 석유 가격이 폭락하면 캐나다 달러도 함께 하락할 것으로 예상할 수 있다. 그러나 이런 상관관계가 절대적인 것은 아니며, 때로는 지정학적 리스크 같은 다른 요인이 가격 흐름에 더 큰 영향을 미칠 수 있음을 유념해야 한다.

환시장과 암호화폐 시장을 비교해보자

 포인트

몇 가지 비슷한 점이 있긴 하지만, 환시장과 암호화폐 시장을 비교하는 것은 사과와 오렌지를 비교하는 것과 같다. 다만 투자 전략을 개발할 때 전혀 다른 접근법이 필요하다.

• 10장 ≫ 172페이지

• 6장 ≫ 101페이지

사람들은 비트코인이나 다른 암호화폐에 투자할 때, 이 암호화폐를 통화로 보지 않는다. 투자자 대부분과 시장 참여자들은 암호화폐를 일반 주식과 같은 증권처럼 취급한다. 하지만 10장*에서 설명한 것처럼, 어떤 암호화폐든 그것을 사려면 다른 통화, 즉 법정통화나 다른 암호화폐와 거래해야 한다. 이 때문에 많은 환투자자들도 고객들(외환 거래자들)에게 암호화폐 서비스를 제공하기 시작했다. 이런 서비스를 통해 암호화폐를 거래하는 방법은 6장*에서 이미 설명했다. 이제 환시장과 암호화폐 시장 간의 유사점과 차이점을 알아보자.

▌유사점

• 16장 ≫ 243페이지

환거래와 암호화폐 거래의 주요 유사점 중 하나는 둘 다 위험하다는 것이다. 암호화폐를 단기적으로 다른 디지털 통화나 법정통화와 거래할 경우, 16장*에서 설명할 기술 분석을 이용해 암호화폐의 가격 흐름을 연구해야 한다. 그러나 암호화폐 시장이 주류가 될수록 암호화폐 가격의 흐름도 보다 예측 가능하게 될 것이다. 매일 엄청나게 변화하는 변동성도 두 시장의 유사성으로 볼 수 있다. 데이 트레이더들은 두 시장의 가격 변동을 이용해 이익을 얻는다. 주요 암호화폐와 외환 쌍이 유동성이 높아 거래 주문이 비교적 쉽게 통과될 수 있다.

▌ 차이점

비슷한 점을 이해했다면 차이점도 쉽게 이해할 수 있다. 환시장과 암호화폐 시장의 주요 차이점은 다음과 같다.

> ▶ **규모:** 환시장은 세계에서 가장 규모가 큰 시장이다. 따라서 암호화폐가 시가총액이 아무리 크다 해도 환시장에 견줄 만한 암호화폐는 없다. 환시장의 일일 거래 규모는 약 5조 달러다. 반면, 암호화폐 시장의 하루 거래량은 약 500억 달러 정도로, 뉴욕증권거래소와 거의 비슷하다. 물론 작은 규모는 아니지만 아직 환시장의 규모에는 크게 못 미친다.

그러나 환시장이 규모가 크다고 해서 더 많은 수익을 낼 수 있는 것은 아니다. 오히려 변동성은 더 많은 리스크를 수반하며 예측하기도 어렵다.

> ▶ **종류:** 시중에 나와 있는 가상화폐는 1만 여 가지가 넘지만, 환시장에서 활발하게 거래되는 주요 통화는 7개에 불과하다. 따라서 환시장에서는 통화를 선택하기가 쉽지만, 암호화폐 시장에서는 수백 개의 암호화폐를 분석해야 한다.
> ▶ **목적:** 환시장은 데이 트레이더에게 더 적합하다. 단기 매매는 다른 어떤 유형의 투자자보다 훨씬 빠르게 매수 및 매도 포지션을 드나든다. 반면 대부분의 암호화폐 투자자들은 자산을 장기간 보유한다.
> ▶ **통화 공급:** 환시장과 암호화폐 시장의 가장 큰 차이는 아마도 통화 공급일 것이다. 한 국가의 중앙은행은 주요 통화의 미래를 결정하는 데 막대한 역할을 한다. 그러나 비트코인 등 기타 암호화폐는 블록체인 산업의 산물이다. 암호화폐는 국가의 중앙은행에 의해 통제되지 않는다. 그래서 9장*에서 설명한 펀더멘털 분석도 시장에 따라 완전히 다르다.

* 9장 ≫ 157페이지

▌ 환거래 정보 출처

암호화폐 세계에 환거래를 추가하고 싶다면, 여기 소개하는 몇 가지 간단한 팁을 사용해 외환 거래를 시작해보자.

포렉스팩토리
www.forexfactory.com

인베스팅
www.investing.com

에프엑스트리트
www.fxstreet.com

데일리에프엑스
www.dailyfx.com

로이터
www.reuters.com

* 9장 ≫ 157페이지

- ▶ **외환 브로커:** 각자의 필요에 맞는 외환 브로커를 찾는 것은 쉬운 일이 아니다. 브로커는 당신의 투자금을 맡기기에 안전해야 하고, 당신 국가의 금융 거래 지침을 준수해야 하며, 거래 주문을 빠르게 실행하기에 충분한 통화 공급과 유동성을 갖추어야 하며, 서비스에 대한 합리적인 수수료를 청구해야 한다.
- ▶ **외환 계정:** 서비스 업체들은 광고를 통해 적은 돈으로 환시장 거래를 시작해보라는 제안을 할 수도 있지만 환시장에서 정말로 이익을 내고 싶다면, 그리고 환시장이 어떻게 작동하는지 제대로 배우려면, 당신의 계좌에 잃어도 좋은 돈이 어느 정도 있어야 한다.
- ▶ **경제 캘린더:** 환시장에서 무슨 일이 일어나고 있는지 알기 위해서는 거래하려는 통화 종주국의 경제 캘린더를 예의주시해야 한다. 왼쪽의 웹사이트들에서 무료로 경제 캘린더를 제공하고 있다. 관련한 국내 정보는 인베스팅(Investing) 웹사이트에서도 확인할 수 있다.
- ▶ **환시장 관련 뉴스:** 경제 자료 외에도 지정학적 긴장, 석유와 금과 같은 원자재 수급 상태, 어느 국가의 주요 정치인의 연설 등 여러 다른 요인들이 통화 가치(환율)의 변동에 영향을 미친다. 왼쪽 웹사이트에서 그런 뉴스들을 확인할 수 있다. 환시장 뉴스는 시장에 허위 광고를 유포시켜 감정적인 거래 결정을 내리게 만드는 경우가 적지 않다. '지금 당장 거래해야 할 1위 통화' 같은 미끼성 헤드라인의 함정에 빠지지 않도록 조심하라.
- ▶ **전략:** 포트폴리오의 일환으로 9장*에서 설명한 다이아몬드 분석을 사용해 중기적으로 환시장에 투자해보자.

PART 4

암호화폐 투자
장단기 전략 세우기

PART 4에서는

- 투자 전략을 개발하기 위한 장단기 전략을 분석한다.

- 단기 매매와 장기 투자의 차이점을 살펴보고 각자에게 적합한 방식을 알아본 뒤,
  그 외의 다양한 투자 전략 개발 방법을 탐구해본다.

- 손실을 최소화하고 이익을 극대화하기 위한 투자위험감수도를 알아본다.

- 일목균형표와 피보나치 기법을 도입해 투자 전략을 강화하는 법을 살펴본다.

- 암호화폐 관련 세금을 알아보고 이를 줄일 수 있는 다양한 방법을 알아본다.

기술 분석
사용하기

16장에서는

▶ 기술 분석의 배경 아이디어와 투자자들이 이를 알아야 하는 이유를 알아본다.

▶ 암호화폐 차트에서 주 지지선과 저항선을 식별해본다.

▶ 약세 시장과 강세 시장에 자주 보이는 인기 차트 패턴에 대해 배운다.

▶ 기본 이동 평균과 좀 더 복잡한 가중 이동 평균 및 지수 평활법을 이해한다.

암호화폐든 다른 상품이든 금융 시장 자체가 합법화된 도박의 또 다른
형태일 뿐이라고 생각하는 사람들이 있다. 그런 사람들은 시장이 시장
심리나, 경제 상황, 블록체인 기술의 배후의 인물 등과 같은 펀더멘털과
는 상관없이 무작위로 움직인다고 생각한다. 하지만 시장에서도 역사가
계속 반복되고 있다. 따라서 암호화폐 시장에도 9장*에서 설명한 다이
아몬드 분석 중 세 가지 주요 포인트가 결합되어 움직이고 있다.

* 9장 ≫ 157페이지

▶ 펀더멘털 분석

▶ 시장 심리 분석

▶ 기술 분석

팁

대부분의 암호화폐 거래소와 중개업체들은 고객이 자사 플랫폼에서 쉽게 거래할 수 있도록 차트 작성 서비스를 제공한다. 환거래에서부터 주식, 암호화폐 기술적 분석을 제공하는 트레이딩뷰(TradingView)에서는 자산 분석 무료 서비스도 이용할 수 있다.

 트레이딩뷰
www.tradingview.com

이 장에서는 당신이 장기 투자자든 데이 트레이더든 기술 분석이 최적의 매수 및 매도 가격을 식별하는 데 어떻게 도움이 되는지 알아보자.

기술 분석 기초부터 시작하기

기술 분석은 자산의 미래를 예측하기 위해 자산의 과거 가격 흐름을 연구하는 기술이다. 기술 분석이 효과가 있는 이유는 다음과 같은 여러 요인 때문이다.

- ▶ **투자자의 행동**: 행동재무학(Behavioral Finance)에 따르면 투자자들은 스스로 반복되는 여러 심리적 편견에 기초해 결정을 내린다.
- ▶ **군중 심리**: 많은 시장 참여자들이 같은 기술 분석 방법을 사용하기 때문에 주요 가격 선(지지선과 저항선)이 강화된다.

가격 흐름 패턴이 반복될 때 이를 조기에 발견하는 투자자들은 전략 개발에서 우위를 점할 수 있고, 평균 이상의 수익을 낼 수 있다. 암호화폐 시장은 비교적 새로운 시장이지만 이미 눈에 띄는 패턴이 형성되고 있다. 따라서 이어 차트 유형, 투자 기간, 심리적 요인에 대한 기본적인 내용을 살필 것이다.

물론 과거의 실적이 장래의 결과를 보증하는 것은 아니다. 기술 분석은 고객에게 유리한 확률을 제공하는 데 도움이 되는 것이지 수익을 보장하는 것은 아니다. 따라서 3장*에서 설명한 것처럼 리스크 관리도 신

* 3장 ≫ 46페이지

경 써야 한다.

▌ 차트의 기술

차트를 읽을 줄 알게 되면, 각자가 가장 좋아하는 암호화폐의 과거 가격 흐름을 한눈에 볼 수 있다. 차트는 그림을 그릴 수 있는 캔버스와 같다. 여러 가지 유형의 차트를 사용하면 여러 법정통화 대비 암호화폐의 가격 흐름을 표시할 수 있다. 분석가들은 숫자로 된 가격 흐름을 시각적으로 추적할 수 있어서 차트를 자주 활용한다. 주식, 외환, 암호화폐 등 여러 다양한 시장에서 전략을 개발하기 위해 차트를 이용하는 투자자가 늘어나면서, 차트 작성 방식은 지난 수십 년 동안 발전을 거듭해왔다. 단순히 특정 기간의 종가만을 추적하는 차트도 있고, 더 복잡하게 기간 중 모든 가격 움직임을 추적하는 차트도 있다. 가장 많이 사용되는 차트로는 다음과 같은 것들이 있다.

> ▶ **라인 차트:** 라인 차트에는 시장의 종가만 표시된다. 즉, 임의의 기간 말의 암호화폐 가격만 알 수 있고 기간의 모험이나 움직임은 알 수 없다. 어느 한 기간의 종가부터 다음 기간의 종가까지 선이 그려지고, 일정 기간 해당 통화 쌍의 일반적인 움직임을 볼 수 있다. 다음 차트는 비트코인 대 미국 달러(BTC/USD)의 매일의 종가를 보여주는 차트다.

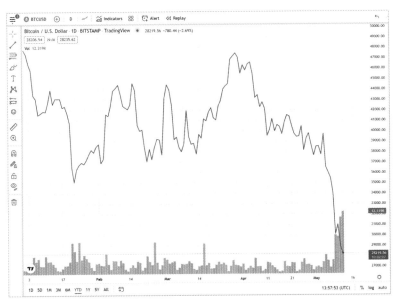

▶ **그림 16-1**
BTC/USD 매일의 종가를 보여주는
라인 차트

▶ **막대 차트**: 막대 차트는 시장 개시 가격, 그 기간의 가격 흐름 및 및 종가를 보
여준다. 왼쪽의 작은 가로선은 시장이 열렸을 때의 개장가를 나타내고 오른쪽
의 작은 가로선은 그 기간의 종가를 나타낸다.

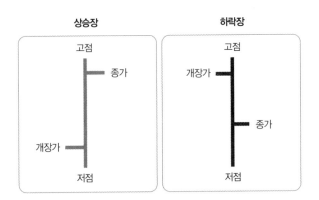

▶ **그림 16-2**
상승장과 하락장의 막대 차트

▶ **촛대 차트**: 촛대 차트(Candlestick)는 막대 차트처럼 보이지만, 개장가와 종가 사이의 영역은 그 기간의 전반적인 시장 움직임을 보여주기 위해 별도의 색으로 표기되어 있다. 시장이 대체로 상승한 경우(강세장) 그 영역은 보통 녹색이다. 시장이 하락하면(약세장) 그 영역은 보통 빨간색이 된다. 물론 개인이 좋아하는 다른 색상으로 표시할 수 있다. 촛대 차트는 또 해당 기간 자산의 고점과 저점도 표시한다.

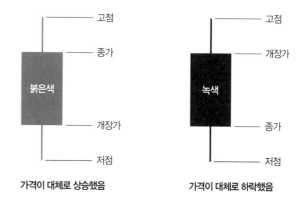

▶ **그림 16-3**
촛대 차트는 시장의 전반적 흐름을 보여준다.

가격이 대체로 상승했음   **가격이 대체로 하락했음**

▌시간 요인

투자 유형에 따라 각기 다른 투자 기간을 선택해 기술 분석을 수행할 수 있다. 예를 들어, 데이 트레이더로서 암호화폐 시장의 변동성을 최대한 활용하고 싶다면 30분, 1시간 또는 4시간 동안의 시장 가격을 조사할 수 있다. 반면 당신이 장기 투자자여서 시장이 당신의 매수 및 매도 지정가 주문(Limit Order)에 대한 방향을 찾아주기를 원한다면, 며칠 또는 몇 달의 가격 흐름을 분석해 반복적인 패턴과 주요 심리적 가격선을 찾을 수 있다.

▶ 그림 16-4

ETH/USD 일일 촛대 차트

출처: tradingview.com

　모든 유형의 차트는 각기 다른 투자 기간별로 사용될 수 있다. 1시간 라인 차트는 시간별 종가를 보여준다. 일일 촛대 차트는 하루 동안의 개장가, 종가, 저점, 고점을 보여주기도 하고 긴 기간의 전반적인 시장 움직임을 보여주기도 한다. 위의 차트는 일일 촛대 차트상에 표시된 미국 달러 대비 이더리움(ETH/USD)의 가격 흐름이다.

▮ 심리적 트렌드

시장 흐름을 연구하다 보면, 차트에 꾸준히 반복되어 나타나는 패턴을 발견할 수 있다. 이 같은 반복이 거듭되는 것은 암호화폐에 대한 대중의 일반적인 반응과 비슷하다. 차트 트렌드는 트위터나 패션계의 트렌드와는 무관하지만 그 이면에 있는 생각은 비슷하다. 차트상에서 암호화폐의 가격이 계속해서 상승하고 있다는 것을 보게 된다면, 그것은 시장 참여자들이 암호화폐의 전망을 좋게 보고 있다는 것을 의미한다. 그래서 더 많은 사람들이 계속 암호화폐를 사들이면서 가격을 밀어 올린다. 그 추세를 충분히 일찍 발견한다면, 가격 상승 추세를 이용해 돈을 벌 수 있다. 암호화폐 가격이 하락하거나 하락 추세일 때도 마찬가지다. 일찍 하락 추세를 발견한다면, 당신은 당신이 보유한 암호화폐를 매도하거나 더 낮은 가격에 더 많은 것을 사기 위해 지정가 주문을 낼 수 있다.

투자 시에 필요한 주요 라인 찾기

기술 분석의 요점은 매수 및 매도의 가장 적합한 가격을 파악하는 것이다. 이상적으로는 가까운 미래에 하락할 수 있는 최저 가격으로 암호화폐를 매수했다가, 원하는 기간 내에 가능한 한 높은 가격에 매도하는 것이다. 과거의 데이터가 충분히 많은 잘 확립된 시장에서는 과거 시장 흐름에 일종의 제약이 가해졌던 주요 가격선을 파악함으로써 가장 적절한 매수와 매도 가격을 식별할 수 있다.

지지선

지지선(Support Level)은 추가적인 가격 하락을 막는 장벽이다. 차트에서 지지선은 항상 현재의 시장 가격보다 아래에 있다. 지지선을 발견한 시장 참가자들은 일반적으로 그 수준에서 암호화폐를 사기 위해 기다린다. 지지선을 발견하는 인기 있는 방법의 하나는 차트에서 해당 암호화폐의 과거 실적을 연구하는 것이다. 가격 수준이 암호화폐의 가격을 더 하락하지 않도록 '버티고' 있다면 이를 지지선으로 표시할 수 있다.

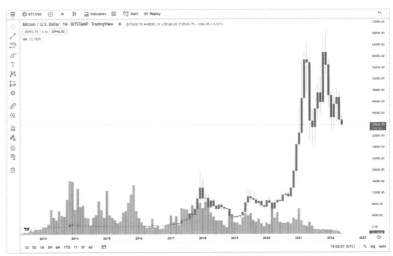

▶ **그림 16-5**
비트코인의 지지선은 6,000달러와
3만 1,000달러 부근이다.

 포인트

지지선은 언제나 구체적 숫자가 아니다. 대부분의 언론이 '비트코인이 심리적 지지선인 6,000달러 아래로 떨어졌다'고 말하지만 지지선은 어림수라기보다는 구역인 경우가 많다.

비트코인의 2018년 기존 지지선은 6,000달러 부근, 최근 지지선은 3만 1,000달러 수준이다. 비트코인의 가격은 2017년과 2018년에도 여러 차례 이 정도의 심리적 수준을 겪은 바 있다. 하지만 그때마다 6,000달러의 지지선이 비트코인의 추가 하락을 막았다.

▌저항선

 팁

지지선은 여러 번 겪을수록 강화된다. 그러나 강력한 지지선이 무너지면, 시장 심리는 급격히 약세로 전환되어 다음 지지선을 향해 하락할 가능성이 높다.

저항선(Resistance Levels)은 추가적인 가격 상승을 막는 장벽이다. 차트에서 저항선은 항상 현재의 시장 가격보다 위에 있으며 암호화폐 자산을 매도하는 지점으로 활용할 수 있다. 차트상에서는 모든 정점을 살펴봄으로써 저항선을 육안으로 식별할 수 있다. 정점이 현재 시장 가치보다 높으면 모든 정점은 저항선으로 간주할 수 있다. 오른쪽 그림은 2022년 5월 비트코인 가격이 3만 8,170달러 부근을 맴돌 때의 저항선을 나타낸다.

▶ **그림 16-6**
2020년부터 2022년까지 비트코인
의 저항선

▮ 추세와 채널

 팁

개인적으로 피보나치 되돌림(Fibon-acci Retracement Levels)을 사용해 지지선과 저항선을 식별하는 방법을 선호한다. 이는 차트의 반등과 눌림을 예측하기 위해 사용하는 기술적 분석 도구 중 하나로 피보나치를 과거의 추세에 적용해 봄으로써, 여러 개의 지지선과 저항선을 일일이 적용하지 않고도 지지선과 저항선을 즉시 확인할 수 있다. 물론 피보나치 되돌림이 항상 정확한 것은 아니며, 제대로 사용하려면 적용 방법을 약간 다르게 할 필요가 있다. 피보나치 되돌림에 대해서는 20장(292페이지)에서 설명할 예정이다.

사실 어떤 추세는 발견하기 매우 쉽다. 2017년 7월부터 12월까지 6개월 동안의 기간은 비트코인과 여러 암호화폐들의 가격이 가파르게 오른 극단적인 상승 추세 기간이었다. 물론 이런 강한 상승세는 투자자들뿐만 아니라 대중의 관심을 끌었으나 2018년 초 가격이 급락하며 암호화폐 버블 붕괴로 이어졌다. 2021년 5월과 그해 연말에도 가격이 크게 하락한 적이 있다.

당연히 이런 추세를 발견하는 것이 항상 쉽지만은 않다. 추세선을 그리는 데는 약간의 예술적 감각이 필요한 것 같다. 다른 종류의 예술과 마찬가지로, 모든 사람은 예술에 대해 나름의 독특한 의견을 가지고 있다. 상승 추세선과 하강 추세선을 그리는 두 가지 기본 방법에 대해 알아보자.

▶ 상승 추세선을 그리려면, 차트에서 상승 모멘텀을 발견했을 때 거래 플랫폼에서 추세선 도구를 아래 그림과 같이 두 개 이상의 저점들을 연결하기만 하면 된다.

▶ 하강 추세선을 그리려면 두 개 이상의 정점을 연결한다.

추세선이 현재 가격보다 위에 있는 경우 그 추세선을 저항선으로 볼 수 있고, 현재 가격보다 아래에 있는 경우 지지선으로 볼 수 있다.

시장이 두 지지선과 저항선 사이에서 움직이고 있다면 어떻게 될까?

▶ **그림 16-7**
상승 추세선과 하강 추세선을 그리는
방법

* 17장 ≫ 257페이지

기술적 차트 작성자들은 이런 형태를 채널이라고 부른다. 17장*에서 설명할 단기 거래 전략을 위해서는 긴 채널을 이용할 수 있다. 일반적인 전략은, 채널의 하위 대역에서 매수하고 상위 대역에서 매도하는 것이다. 다음은 차트에서 식별할 수 있는 기본 채널들이다.

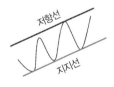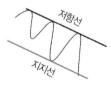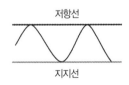

▶ **그림 16-8**
채널의 기본 형태

추세가 더 이상 지속되지 않을 때

 팁

지지선과 저항선은 추세가 언제 끝날지 예측하는 데 도움이 되지만, 9장(157페이지)에서 살펴본 바와 같이 펀더멘털 분석과 시장 심리 분석을 통해 발견한 정보로 보완해야 한다.

유행은 영원히 지속되지 않는다. 모든 좋은 일에는 끝이 있다. 올라가는 것은 반드시 내려오게 마련이다. 트렌드가 끝나는 정확한 시간을 파악하는 것은 가장 어려운 작업 중 하나다. 때로는 시장은 갑작스럽고 짧은 방향 전환으로 많은 투자자를 괴롭혀서 당황하게 만든다. 하지만 그때가 지나면 가격은 장기 추세에 따라 다시 정상 궤도에 오르게 된다.

차트에서 패턴을 읽어내는 법

주 지지선과 저항선을 식별하는 작업은 쉽지 않지만, 차트를 여러 번 작성하다 보면 관찰에 도움이 될 수 있다. 기술 차트 전문가가 되는 데는 시간이 걸릴 수 있으며, 전문가들은 차트분석기사(CMT, Charted Market Technician) 같은 학위를 받기 위해 수년간 공부한다. 중요한 차트 패턴만을 요약하자면 다음과 같다.

강세 반전 패턴

 팁

강세 반전 패턴을 사용하는 인기 있는 전략은 소위 주 저항선에서 패턴을 식별하면 매수하고, 다음 주 저항선에서 매도하는 것이다.

강세 반전 형성이 확인된다는 것은, 시장 가격의 추세가 하락세에서 상승세로 반전한다는 의미다. 잘 알려진 강세 반전 차트 패턴(그림 16-9 참조)에는 쌍바닥(Double Bottom, 지지선을 두 번 겪으면서 두 차례의 저점이 발생한다), 머리 어깨 바닥(Head and Shoulders Bottom, 거의 동일한 지지선을 세 번 겪는 경우), 주발형 바닥(Saucer Bottom, 가격이 지지선에 도달했다가 점차 상승하며 주발 모양을 형성한다) 등이 있다.

▸ 그림 16-9
강세 반전 차트 패턴

쌍바닥   머리 어깨 바닥   주발형 바닥

▌약세 반전 패턴

이름에서 알 수 있듯 약세 반전 형성은 강세 반전과는 정반대다. 약세로 반전되면, 상승 추세 중에도 저항선 이상 올라가지 못한다. 따라서 시장은 약세로 반전할 수밖에 없다. 잘 알려진 약세 반전 패턴(그림 16-10 참조)에는 쌍고점(Double Top, 두 번의 저항선을 겪으면서 두 개의 산봉우리 모양이 형성된다), 머리 어깨(Head and Shoulders, 거의 동일한 저항선을 세 번 겪지만, 두 번째 봉우리는 약간 더 높아져 피크처럼 보인다), 주발형 고점(가격이 저항선에 도달했다가 점차 내려가며 엎어진 주발 모양을 형성한다) 등이 있다.

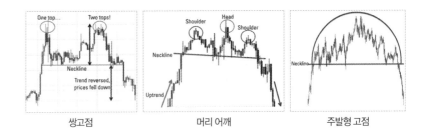

▸ 그림 16-10
약세 반전 차트 패턴

쌍고점   머리 어깨   주발형 고점

약세 반전 패턴을 사용하는 일반적인 전략은 다음과 같다.

- ▶ 패턴을 파악한 후 보유하고 있는 자산을 매도해 이익을 취한다.
- ▶ 목선에서 공매도하고 다음 지지선에서 이익을 취한다.

▌이동 평균을 이용한 차트 평탄화

가격 차트와 정보가 너무 복잡하다고 생각된다면, 혼자가 아니라는 사실을 떠올려보자. 같은 생각을 가진 투자자나 차트 작성자들은 추세를 쉽게 식별하기 위해 이동 평균(MA)이라고 분류된 도구를 사용하고 있다. 이동 평균은 시간 경과에 따라 일련의 가격 평균값을 기록하는 수학적 절차다. 거래상의 필요에 따라 이동 평균을 계산하고 그것을 사용할 수 있는 방법은 아주 다양하다. 기본적인 것도 있고 좀 더 복잡한 것도 있다. 개인적으로는 이동 평균을 기술적 차트 패턴과 피보나치 되돌림 수평선과 조합하는 것을 좋아한다. 피보나치 되돌림 수평선에 대해서는 20장*에서 자세히 다룰 예정이다.

주의

암호화폐 시장은 기존의 규칙들을 무시하고 제멋대로 움직일 때가 종종 있다. 그렇기 때문에 한 가지 분석 방법에만 의존해서는 안 된다. 다이아몬드 분석을 포함해 다른 도구와 포인트를 사용해 결정을 재확인해야 한다. 무엇보다 절대 잃어서는 안 되는 돈을 투자해서는 안 된다.

* 20장 ≫ 292페이지

기본 이동 평균 발견하기

포인트

주요 추세를 파악하는 데에는 장기 이동 평균이 더 효과적이다. 반면, 단기 이동 평균은 최근의 가격 움직임에 더 민감하다. 기술 분석가들은 대개 장단기 이동 평균의 조합을 사용해 이동 평균의 포지셔닝을 서로 비교 검토한다.

차트에서 10회에서 200회 기간에 걸쳐 가격을 평탄화하는 기본 이동 평균을 발견할 수 있다. 일일 차트에서 15개의 데이터 포인트를 계산하는 단기 이동 평균을 선택할 수 있다. 이 수치를 15일 이동 평균 또는 빠른 이동 평균이라고 부른다. 장기적인 평균 움직임을 보려면, 더 긴 기간을 사용할 수 있는데, 이를 느린 이동 평균이라고 부른다.

▍복잡한 이동 평균

분석가들은 시장 심리를 더 잘 이해하기 위해, 더 복잡한 이동 평균의 조합을 사용해 이동 평균의 실행을 한 단계 더 끌어올린다. 가장 널리 사용되는 복잡한 이동 평균은 다음과 같다.

 팁

더 자세한 설명은 212페이지를 참조하라.

▶ **이동평균 수렴·확산지수**: MACD는 단기 이동평균과 장기 이동평균의 차이를 나타내는 지표다.
▶ **볼린저 밴드**: 1980년대에 존 볼린저가 만든 이 지표에는 시장 가격보다 높고 낮은 두 개의 밴드가 포함되어 있다.
▶ **상대강도지수**: 상대강도지수는 암호화폐 가격의 상대적 내부 강도를 측정하는 모멘텀 지표(추세의 강도를 백분율로 나타낸 것)다.
▶ **일목균형표**: 5개의 다른 이동 평균으로 구성되어 있으며, 필요한 모든 정보를 한 번에 얻을 수 있다('일목균형표'라는 이름이 '균형 잡힌 차트를 한눈에 볼 수 있다'는 뜻이다). 자세한 내용은 20장*에서 별도로 설명할 예정이다.

* 20장 » 292페이지

단기 투자 전략도 세워보자

17장에서는

▶ 단기 투자의 세 가지 시간 프레임을 분석한다.

▶ 암호화폐 단기 투자 전략을 탐구한다.

▶ 단기 거래에 따른 리스크 관리 방법을 알아본다.

이제 단기적으로 수익을 내는 전략을 개발하기 위한 방법을 살필 예정이다. 단기 거래의 기본은 다른 자산과 동일하지만 암호화폐 거래에서는 유리한 확률을 만들기 위해 몇 가지 추가 전략을 세워두면 좋다.

세 가지 단기 프레임

단기 거래는 공격적인 거래라고 부른다. 더 많은 이익을 얻기 위해서는 더 많은 리스크를 감수해야 하기 때문이다. 어떤 종류의 투자든 리스크와 수익 사이에는 균형과 견제가 계속 유지되어야 한다. 더 많은 이익을 얻으려면 더 많은 리스크를 감수해야 하는 법이다. 짧은 시일에 돈을 벌고자 하는 마음은 알지만, 암호화폐 같은 불안정한 시장에서는 단기간에 투자금(때로는 그 이상)을 다 잃을 수도 있다. 단기 거래는 얼마나 빨리 수익을 실현하느냐에 따라 시간, 일 또는 주 단위로 분류할 수 있다. 일반적으로 거래 기간이 짧을수록 그 거래와 관련된 리스크는 높아진다. 여기서는 가장 일반적인 세 가지 암호화폐 단기 거래 기간에 대해 알아보자.

▌하루만에 수익 내기

데이 트레이더는 가장 공격적인 단기 거래의 한 형태로, 하루 안에 암호화폐를 사고팔아 잠자리에 들기 전에 이익을 내는 것을 목표로 삼는 사람들이다. 주식시장 같은 전통적 시장에서는 대개 현지 시각으로 오후 4시 30분에 그날의 거래가 마무리된다. 하지만 암호화폐 시장은 365일 24시간 운영되므로, 각자의 일정에 맞게 언제든 거래 시간을 정할 수 있다. 데이 트레이딩이 정말로 자신에게 맞는 암호화폐 거래 방식인지 판단하기 위해서 다음 몇 가지 질문을 해보자.

> ▶ 데이 트레이딩에 전념할 시간이 있는가? 당신이 직장생활 때문에 온종일 차트만 보고 있을 수 없다면, 데이 트레이딩은 당신에게 적합하지 않다. 당연한 말이지만 근무 시간에 거래해서는 절대 안 된다. 해고당할 수 있을 뿐만 아니라, 회사 업무에 쏟아야 할 시간과 에너지를 거래에 쏟는 일은 옳지 않다. 그것은 문제를 두 배로 키우는 일이다.
> ▶ 데이 트레이딩을 할 만큼 당신의 투자위험감수도가 충분히 높은가? 리스크 관리에 대한 자세한 내용은 3장*을 다시 살펴보자.
> ▶ 데이 트레이딩에서 손해 볼 의향이 있는가? 당신의 포트폴리오가 매일 오르락내리락하는 것을 볼 용기가 있는가? 당신이 그런 성향의 사람이 아니라면 아마도 데이 트레이딩은 당신에게 적합하지 않을 것이다.

* 3장 ≫ 46페이지

이제 데이 트레이딩이 자신에게 적합한 암호화폐 투자 방식이라고 결정했다면, 시작하기 전에 몇 가지 유의해야 할 팁을 살펴보자.

▌ 거래 시간대 결정하기

 팁

거래하려는 암호화폐의 거래량이나 변동성이 더 큰 시간대의 거래가 더 나은 기회를 제공할 수 있다. 예를 들어, 중국에 기반을 둔 암호화폐 네오(NEO)는 아시아 시간대에 거래량이 더 많을 것이다.

암호화폐는 국경 없이 국제적으로 거래되기 때문에 각자의 거래일을 정할 수 있는 한 가지 방법은, 뉴욕, 도쿄, 유로존(공식 통화가 유로인 유럽 국가들로 구성된 지역), 호주 같은 세계의 금융 도시들의 거래 시간을 따르는 것이다. 다음 그림은 이 금융 수도 간의 거래 시간 관계를 보여준다. 환시장에서도 이와 유사한 거래 시간을 따른다.

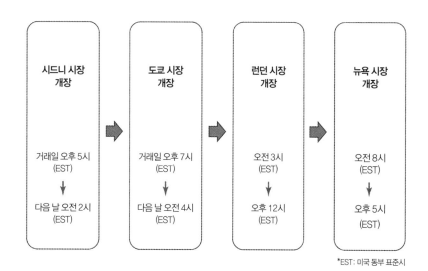

▶ **그림 17-1**
국제 시간대를 기준으로 한
암호화폐 거래 시간

*EST: 미국 동부 표준시

암호화폐 데이 트레이딩은 다른 자산의 데이 트레이딩과는 다르다

주식이나 외환 같은 전통적 금융자산을 거래할 때, 당신은 회사의 수익 보고서나 국가의 금리 결정 같은 이미 확정된 펀더멘털 요인들을 따를 수 있다. 그러나 암호화폐 시장에는 이런 요인들이 없으므로 암호화폐 시장에 대한 데이 트레이딩 전략을 개발하기 위해 펀더멘털 분석을 수행하는 것이 훨씬 더 어렵다.

특정 시간대를 확보하라

각자의 일정에 따라 하루 중 특정 시간대를 따로 구분해 거래에 집중할 것을 검토해보자. 24시간 내내 거래할 수 있다는 생각은 이론적으로는 꽤 멋지다. 잠 못 이루는 밤에 애플리케이션에 접속하여 거래를 시작할 수도 있다는 점은 얼핏 매력적으로 들린다. 그러나 이런 습관을 이어가면 금세 생활이 불규칙해지고, 장기적으로는 더 큰 역효과를 가져올 수 있다. 데이 트레이딩 또는 나이트 트레이딩을 할 경우, 전략을 수립하고, 거래 기회를 파악하고, 거래 시간 내내 리스크도 관리해야 하는 등 집중력을 유지하기가 쉽지 않다. 좋은 실적을 올리는 투자자의 대부분은 확실한 시간 규칙을 지키며 거래에 임한다.

작게 시작한다

데이 트레이딩은 높은 위험을 수반한다. 따라서 요령을 터득할 때까지는 적은 금액으로 시작하고 경험을 쌓으면서 투자를 점차 늘려가는 것이 중요하다. 본인이 잃어도 '괜찮다'고 생각할 정도의 소액으로 시작해보자. 그러나 소액 거래를 시작할 경우, 거래 실력을 높인다는 명분으로 마진(증거금)이나 레버리지를 사용해서는 안 된다. 간혹 사람들이 레버리지를 기회라고 생각하지만 실제로 레버리지는 매우 위험한 도구다. 레버리지는 중개업체로부터 돈을 빌려 적은 초기 투자로 더 큰 규모의 계정을 운영할 수 있게 해주지만, 시장 돌아가는 것을 살피는 것이 목적이라면 레버리지 사용이 그 목적을 좌절시킬 수도 있다.

너무 큰 리스크를 감수하지 마라

투자정보 사이트 인베스토피아(Investopedia)에 따르면 대부분의 성공적인 데이 트레이더는 한 거래에 많은 금액을 쏟아붓지 않는다고 한다. 그들은 한 거래당 자산의 최대 2%를 넘지 않는다. 예를 들어 당신이 1만 달러의 거래 계좌를 가지고 있고 각 거래당 투자금의 1%를 리스크로 감당할 의향이 있다면 당신의 거래당 최대 손실은 100달러(0.01×10,000달러)다. 당신은 잠재적인 손실을 대비하기 위해 그 정도의 돈을 따로 비축해 두어야 하며, 그 이상(감당할 수 있는 것 이상)의 리스크를 감수하지 않도록 주의해야 한다.

암호화폐 지갑은 안전하게 보관하라

데이 트레이딩의 큰 문제 중 하나가 암호화폐 지갑의 안전성이다. 7장[*]에서 설명한 바처럼, 보안성이 가장 낮은 암호화폐 지갑은 온라인 지갑이다. 데이 트레이딩을 할 경우 거래하는 동안 내내 돈이 필요하므로 돈을 거래소의 온라인 지갑에 남겨둘 수밖에 없는데, 이로 인해 해킹 위험에 노출될 수 있다.

팁

보안을 강화하는 한 가지 방법은 암호화폐를 실제로 사고파는 것이 아니라 서비스를 제공하는 중개업체를 이용해 가격 흐름과 암호화폐 시장의 움직임에 투자하는 것이다.

[*] 7장 ≫ 122페이지

스캘핑은 금물이다

스캘핑(Scalping)은 일부 개인 투자자가 선택하는 최단기 거래 전략이다. 이는 기본적으로 수시로, 심지어는 몇 초 만에 빈번하게 거래에 드나드는 것을 말한다. 당신이 그 모든 거래에서 수수료를 낸다면, 스캘핑 자체에서 엄청난 시장 위험에 노출될 뿐만 아니라, 이익을 남기기 전에 수수료로 인해 자금이 고갈될 수 있다. 개인 트레이더가 스캘핑에서 이익을 내는 경우는 거의 드물다.

▌며칠 내 수익 내기

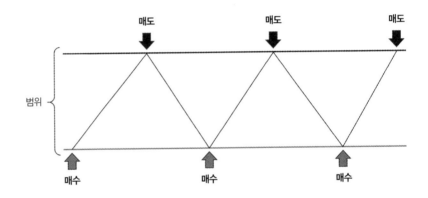

포인트

데이 트레이딩이 아니라 스윙 트레이딩을 선택하는 경우 한 가지 단점은, 일부 국가에서는 데이 트레이딩에 적용하는 최적화된 세율 혜택을 받지 못한다는 점이다. 실제로 스윙 트레이딩은 과세에 관한 한 어중간한 영역에 있다. 데이 트레이딩과 함께, 포지션을 1년 이상 보유해야만(18장, 271페이지 참조) 최적화된 세율 혜택을 받을 수 있기 때문이다.

단기 거래를 하고 싶지만 항상 컴퓨터에 매달려 있고 싶지 않다면, '며칠 내 수익 내기'가 가장 적합한 시간 프레임일 수 있다. 전통적 주식 거래에서는 하루 이상 포지션(매도 및 매수)을 보유하는 거래자를 스윙 트레이더(Swing Traders)라고 분류한다. 스윙 트레이더의 가장 일반적인 거래 전략은 추세에 올라타는 대신 두 가격 내에서 가격이 오르락내리락하는 암호화폐를 찾는 이른바 레인지 트레이딩(Range Trading)이다. 이는 다음 그림과 같이 레인지의 하단에서 매수하고 상단에서 매도한다는 개념이다.

매도   매도   매도

범위

매수   매수   매수

▶ **그림 17-2**
단순한 레인지 트레이딩 전략

물론 실제 상황에서는 위의 예처럼 범위가 깔끔하고 보기 좋은 것은 아니다. 범위를 식별하려면 기술 분석에 능숙해야 한다. 16장*에서 설명한 다양한 분석 방법 중 본인에게 맞는 것을 골라보도록 하자.

* 16장 » 243페이지

▌한 달 내 수익 내기

몇 주간의 시간 프레임은 전통적 주식시장에서의 포지션 트레이딩(Position Trading, 거래 횟수보다는 장래의 수익을 기대하며 1개월 이상 장기간 포지션을 보유

주의

몇 주 동안 포지션을 보유하려면, 암호화폐 자산을 거래소의 온라인 지갑에 몇 주 동안 보관해야 한다. 이 때문에 보안 리스크가 한층 더 높아질 가능성이 있다(7장, 122페이지 참조). 이러한 유형의 거래 전략을 위해 가격 흐름에 투자하는 서비스를 제공하는 중개업체를 활용하는 것이 더 나을 수 있는데, 이 경우에는 암호화폐를 직접 소유할 필요가 없다.

* 3장 » 46페이지

하는 것)의 범주에 속한다. 본격적인 장기 투자 전략보다는 짧지만, 스윙 트레이딩보다는 긴 유형으로, 단기 거래 중에서는 가장 리스크가 낮은 거래 유형이다. 하지만 여전히 리스크는 존재한다. 암호화폐 거래와 관련된 리스크에 대해서는 3장*을 참조하자.

이런 유형의 거래에서는 시장 추세를 파악하고 가격이 저항선이나 지지선에 도달할 때까지 그 흐름에 올라탈 수 있다. 저항선은 가격 상승을 막는 심리적 시장 장벽이고, 지지선은 그 반대로 시장이 '더는 아래로 떨어지기 힘들게 만드는' 가격이다.

인기 있는 포지션 트레이딩 전략 중 하나는 다음 단계를 거친다.

팁

일목균형표와 피보나치 기법에 대한 자세한 내용은 20장(292페이지)을 참조하자.

▶ 트렌드를 파악한다(기술 분석을 사용한다).
▶ 일시 하락(Pullback)을 기다린다.
▶ 상승 추세 내에서 매수한다.
▶ 저항선에서 매도해 이익을 취한다.

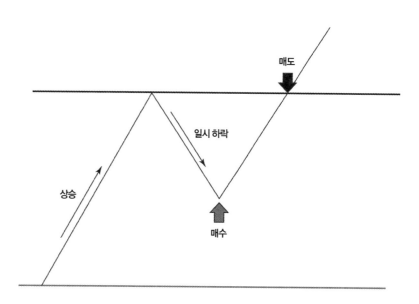

▶ **그림 17-3**
상승장에서 일시 하락 시 매수하고 저항선에서 매도한다

단기 투자 분석 방법

뉴스를 읽는 것만으로는 성공적인 데이 트레이더가 될 수 없다. 단기 투자는 적극적인 리스크 관리와 대중 심리와 시장의 가격 흐름에 대한 이해가 총체적으로 조화되어야 하는 전문 전략 분야다. 암호화폐 시장은 다른 자산 시장만큼 아직 정립되어 있지 않기 때문에, 잘 모르는 암호화폐들을 단기적으로 거래하는 것은 더 위험할 수밖에 없다. 어쩌면 돈을 잃는 거의 확실한 방법인 투기적 저가주(Penny Stocks) 거래나 도박에 버금가는 것일지도 모른다. 하지만 거액의 계좌를 보유하고 투자위험감수도가 높은 전문 트레이더들이 구사하는 몇 가지 분석 방법을 알아보기로 하자.

 주의

블로그 플랫폼 미디엄(Medium.com)에 따르면, 암호화폐 시장의 데이 트레이딩에서 일부 투자자들이 1~2%의 수익을 올리긴 했지만, 다른 자산 시장에서의 데이 트레이딩은 대부분 손실을 가져왔다. 암호화폐 시장에서도 대부분의 사람들에게 데이 트레이딩은 이익을 내지 못하는 제로섬게임에 불과했다.

▌차트 패턴 해석하기

* 18장 ≫ 271페이지

대부분의 차트 패턴은 중장기 거래 전략(18장* 참조)뿐만 아니라 단기 거래에도 사용될 수 있다. 차트를 볼 때, 더 짧은 시간 범위로 설정하기만 하면 된다. 거래 전략을 개발할 때, 더 빠른 이익 실현을 목적으로 시장을 분석하려면 대개 세 가지 다른 시간 프레임으로 전략을 점검하면 효율적이다. 몇 시간 내에 수익을 창출하고자 한다면, 다음 세 가지 시간 프레임에서의 가격 흐름을 분석할 수 있다.

▶ 30분 단위 차트(30분 봉이라고도 한다. 각 분야를 이해하는 데 도움이 된다)
▶ 1시간 단위 차트
▶ 4시간 단위 차트(시장 전체를 이해할 때 도움이 된다)

• 16장 >> 243페이지

세 가지 시간 프레임에서 각각 다른 형태의 강세 반전 차트 패턴(16장[•] 참조)이 나타나면, 새로운 상승세가 시작될 가능성이 크며, 성공적인 강세 거래 전략으로 이어질 수 있다. 이제 대표적인 암호화폐와 법정통화 쌍인 비트코인과 미국 달러(BTC/USD)의 가격 흐름을 바탕으로 세 가지 시간 프레임에 대해 알아보자.

▶ **그림 17-4**
2018년 9월 5일 BTC/USD
30분 단위 차트

출처: tradingview.com

▶ **그림 17-5**
2018년 9월 5일 BTC/USD
시간 단위 차트(4시간 단위 차트)

출처: tradingview.com

30분 단위 차트

비트코인의 가격이 오전에 갑자기 7,380달러에서 7,111달러로 떨어지는 것을 볼 수 있다. 기술 분석가들은 이런 모양을 하락장악형(Bearish Engulfing, 이전까지의 상승추세가 하락 반전될 가능성이 높음) 촛대 패턴이라고 부른다. 그런데 이것이 진짜 새로운 하락세의 시작일까?

1시간 단위 차트

30분 단위 차트에서 다음 그림과 같이 한 시간 단위 차트로 전환하면 동일한 하락을 볼 수 있다. 하지만 더 큰 그림(상황)을 볼 수 있기 때문에 이 하락이 시장에서 상승세 기간 이후에 나타난 것이라는 것을 알 수 있다. 이것은 상승세 동안 일시 하락의 신호일 수 있다. 하지만 이 쌍(비트코인/미국 달러)이 얼마나 낮아질까?

시간 단위 차트를 4시간 단위 차트로 전환하면 8월 중순 이후부터의 좀 더 긴 상승세에서 하락 장악형 패턴이 형성되고 있음을 알 수 있다. 4시간 단위 차트를 보면, 6,890달러와 6,720달러에서 주 지지선을 찾을 수 있는데, 이처럼 새롭게 형성된 하락 시장 심리 속으로 가격이 일시 하락할 수 있다. 그리고 피보나치 되돌림 수평선을 사용해 지지선을 더 정확하게 찾아냈다. 피보나치에 대한 자세한 내용은 20장*에서 설명할 예정이다.

* 20장 » 292페이지

기술 분석 가이드라인에 따르면 이런 갑작스런 하락 후에는 약간의 조정이 예상되며, 그다음에는 4시간 단위 차트 상의 주 지지선까지 추가 하락이 이어질 것이다. 이에 따라 조정 후 또는 시장 가격에 매도해 한두 차례의 지지선에서 이익을 취하는 전략을 생각해볼 수 있다.

시장이 갑자기 하락하면 대부분은 추가적으로 하락하기 전에 스스로 조정기를 갖는다. 주요 피봇 수준(Pivot Level, 가격이 그 이하로 떨어지거나 그

▶ **그림 17-6**
2018년 9월 5일 BTC/USD
4시간 단위 차트

이상으로 올라가면 추세가 바뀌는 것으로 간주되는 지점)으로 조정되는데, 이 경우에는 7,090달러의 23% 피보나치 되돌림선이 피봇 수준이다. 조정까지 기다리는 대신, 더 높은 가격으로 공매도함으로써 더 많은 이익을 취할 수 있다.

그러나 리스크는 시장이 스스로 조정되지 않아 매도 타이밍을 놓칠 수 있다는 것이다. 시장이 정말 약세 심리로 전환할 것이라고 판단할 경우, 우선 시장 가격으로 매도하고 시장이 더 하락하기 전에 스스로 조정될 경우를 대비해 주요 피봇 수준에서 매도 지정가 주문(Sell Limit Order)을 걸어두기를 추천한다. 이런 식으로 하면 리스크를 분산시킬 수 있다. 매도 지정가 주문은 중개업체의 플랫폼에서 설정할 수 있으며, 미래에 특정 가격으로 자산을 판매할 수 있는 주문 방식이다.

단기 차익을 위해 38%와 50%의 두 피보나치 되돌림 지지선에서 매도 지정가 주문을 걸었을 경우 6,890달러 부근에서 일부 이익을 취한 다음 6,720달러에서 완전히 거래를 종료하는 것이 현명하다. 이 접근 방식은 시장이 계속 하락할 경우 수익이 제한될 수 있지만, 가격이 두 번째

주 지지선까지 하락하지 않는다면 리스크를 제한할 수 있기 때문에 적절한 위험보상비율(Risk-reward Ratio)을 얻을 수 있다. 다음 그림은 시장이 실제로 어떻게 움직였는지를 보여준다.

출처: tradingview.com

▸ **그림 17-7**
BTC/USD의 4시간 단위 차트

BTC/USD 가격은 약간 조정되었지만, 23% 피보나치 되돌림선까지는 오르지 않았다. 따라서 매도하기 위해 조정되기까지 기다렸다면 거래 기회를 놓쳤을 것이다. 시장은 38%와 50% 피보나치 되돌림선에서 주 지지선까지 하락했다. 따라서 시장 가격으로 판매했다면 두 지지선 모두에서 이익을 취할 수 있었을 것이다. 반면 가격이 50% 피보나치 되돌림선을 넘어 계속 하락했기 때문에 수익률을 극대화할 수 있는 기회를 놓쳤음을 나타낸다.

▋ 지표 활용하기

* 13장 ≫ 212페이지

또 다른 인기 있는 기술 분석 방법은 상대강도지수(RSI)*, 볼린저 밴드

포인트

하지만 나는 후회하는 것보다는 안전한 것이 항상 더 낫다고 생각한다. 그래서 나는 늘 전략을 개발할 때 욕심을 부리지 말라고 권한다.

• 16장 » 243페이지
• 20장 » 292페이지

(BOL), 일목균형표(ICH) 등의 지표를 이용하는 것이다. 지표는 기술 분석가들이 수년에 걸쳐 개발한 수학 도구로, 시장에서 향후 가격의 움직임을 예측하는 데 도움이 된다. 차트 패턴 외에도 이런 지표들을 사용해 분석의 정확도를 높일 수 있다. 그러나 단기 거래에서는 차트 패턴에는 신경 쓰지 않고 한두 가지 지표만 사용하는 트레이더들도 있다. 실제로 단기 거래에서는 하나의 지표만 사용해도 전체 거래 전략을 수립할 수 있다. 지표에 대한 자세한 내용은 16장[•]을 참조하자. 그리고 일목균형표-피보나치 콤보 전략에 대한 자세한 내용은 20장[•]에서 다시 소개할 것이다.

█ 작전 세력 조심하기

암호화폐 거래를 시작하기 전 시장을 조작해 이익을 챙기는 불법적 투자에 대해서도 알아야 한다. 작전 세력은 한 무리의 집단이나 영향력 있는 개인이 시장 가격을 자신들에게 유리하게 조작할 때 발생한다. 예를 들어, 관련 분야에 매우 영향력 있는 사람이 자신이 보유한 많은 양의 비트코인을 거래하기 위한 매수 및 매도 전략을 이미 수립해놓고서는 경제 TV나 유명 팟캐스트에 나와 "내일 비트코인 가격이 4만 달러까지 올라갈 것 같다"고 말했다고 해보자. 그의 시장 전망이 뉴스에 나오는 순간, 방송을 본 사람들이 흥분해 이 전망을 믿고 비트코인을 사들이기 시작한다. 그 열기가 실제로 비트코인의 가격을 밀어 올려서 그 전략이 실제로 성사되도록 돕는다. 그러나 뒤늦게 시장의 뛰어든 사람들이 비트코인을 사들이는 동안 그는 자신이 보유한 비트코인을 팔아 치워 엄청난 이익을 챙긴 후, 비트코인의 가격은 다시 폭락한다.

이런 작전 세력은 적어도 주식시장 같은 전통 시장에서 미국증권거래위원회 같은 기관들이 적극적으로 이를 모니터링하고 있다. 하지만 암호화폐 시장에서는 아직 규제가 완전히 정착되지 않았다. 『월스트리트 저널』은 수십 개의 거래 그룹이 일부 대형 온라인 거래소에서 이런 방식으로 가격을 조작해 최소 8억 달러 이상의 부당 이득을 챙긴 것으로 확인했다.

단기 투자 시 리스크 관리

주의

중장기 거래에서는 손절매 주문을 사용하는 것이 사용하지 않는 것보다 더 위험할 수 있다. 특히 당신이 전문 트레이더가 아니라면 더욱 그렇다. 암호화폐 거래에서 손절매 주문을 사용하기 전에 당신의 투자 목표와 투자 위험감수도를 완전히 이해하고 있어야 한다.

팁

위험보상비율을 계산하는 간단한 방법 중 하나는 예상 순이익(보상)을 당신이 감수할 수 있는 최대 리스크의 가격으로 나누는 것이다. 예를 들어, 당신이 1:2의 위험보상비율을 설정한다면, 그것은 당신이 기꺼이 감수할 위험보다 위험의 정도를 두 배까지 늘릴 용의가 있다는 것을 의미한다. 그러나 어느 정도의 위험을 감수할 수 있는지를 이해하기 전에 3장(46페이지)에서 설명한 당신의 투자위험감수도를 먼저 계산해야 한다.

단기 거래의 위험 요소를 관리하는 것은 중장기 투자의 위험 관리와 상당히 다를 수 있다. 단기 거래에서 한 번에 무너지는 것을 막으려면 리스크와 수익이 균형을 이루도록 보다 적극적으로 관리해야 한다. 손절매 주문(Stoploss Order, 매수가 이하로 손해를 보고 주식을 파는 것. 즉 더 큰 손해를 보기 전에 작은 손해를 감수한다는 전략)도 고려해볼 필요가 있다.

손절매 주문은 중개업체에 어느 가격에서 '계속 손실을 보는 것을 중단하고' 보유 포지션에서 벗어나라고 요청하는 것을 말한다. 앞으로 1시간 이내에 비트코인이 3만 5,000달러에서 4만 달러로 상승할 것으로 생각되어 매수 포지션으로 들어간다고 하자. 하지만 반대로 비트코인이 3만 5,000달러 이하로 떨어지기 시작하고, 당신은 계속 손해를 보는 포지션에 놓이게 된다. 이때 돈을 잃지 않기 위해, 손절매 주문을 낼 수 있다. 이 경우 당신의 투자위험감수도에 합당한 임의의 수치로 위험보상비율을 설정할 수 있다. 참고로 단기 거래에서는 손절매 주문을 사용하지 않으면 계정이 완전히 바닥날 수 있다고 경고하는 트레이더들도 있으니 유의하기 바란다.

제대로 된
장기 투자 전략을 세워보자

18장에서는

▸ 장기 투자를 하기 전에 목표와 상황을 검토한다.

▸ 장기 투자 전략을 개발하기 위한 방법을 살펴본다.

▸ 거래별로 각기 다른 주문 유형을 사용하는 법을 알아본다.

최초의 비트코인 투자자들이 수익을 보기 위해 얼마나 오랫동안 기다려야 했을까? 무려 7년이었다. 비트코인 채굴자들과 초가 투자자들은 실제로 자신들의 암호화폐 자산에 대해 잊어버리고 있다가, 2017년과 2021년 11월에 각각 최고조로 올랐을 때 비로소 비트코인 지갑을 찾기 위한 '보물 찾기'에 나섰다. 다른 많은 시장과 마찬가지로 시간과 인내심이 필요하다. 하지만 장기 투자 수익을 거두기 위해서도 투자위험감수도와 재무 목표를 바탕으로 한 계획이 반드시 필요하다. 이번 장에서는 암호화폐 장기 투자 전략에 대한 기본 사항들을 살펴본다.

시간은 당신 편이다

암호화폐도 당연히 자산으로 간주되기 때문에 장기 투자 전략에 대해 설명할 때, 다른 유형의 금융자산과 마찬가지로 당신의 투자위험감수도와 재무 목표에 맞는 포트폴리오를 만들어야 한다. 우선 3장*에서 설명한 리스크 관리 등을 포함한 암호화폐 포트폴리오 구축 기준을 검토한 후 8장*에서 설명한 다양한 종류의 암호화폐 자산을 포트폴리오에 할당하는 계획을 작성한다. 여기서는 포트폴리오 관리를 시작하면서 유의해야 할 몇 가지 사항을 설명할 것이다.

* 3장 》 46페이지

* 8장 》 137페이지

▌ 개인적 목표와 현재 상황

장기 포트폴리오를 관리할 때는 다양한 문제를 고려해야 한다. 리스크나 수익 등은 포트폴리오 관리에서 빠져서는 안 될 명백한 요인들이다. 그러나 암호화폐와 같은 위험 자산에 대한 장기 투자에서는 한 걸음 더 나아가야 한다. 다음 질문에 대답해보자.

▶ 당신의 현재 수입 규모가 얼마이고 앞으로는 어떨 것 같은가?

▶ 미래에 직업이 바뀔 것 같은가? 현재의 직장은 안전한가?

▶ 현재 결혼 여부는? 자녀가 있는가? 5년 후 당신의 상황은 어떤 모습일까?

▶ 투자 경험은 얼마나 되는가?

▶ 주식이나 부동산 같은 다른 자산에 투자하고 있는가?

▶ 당신의 전체적인 포트폴리오는 얼마나 다각화되어 있는가?

이 질문들이 진부하게 들릴 수도 있고, 이미 머릿속에 답을 가지고 있을 수도 있다. 하지만 장기 투자는 논리적인 과정이기 때문에 개인적 목표와 재무 상황의 핵심적인 내용을 기록해두면 큰 도움이 된다. 자신의 재무 상황과 목표를 정확히 평가해두면 암호화폐 포트폴리오를 어떻게 발전시킬 수 있을지에 대해 더 잘 이해할 수 있다. 필요에 따라 선택할 수 있는 길이 달라질 수 있기 때문이다.

예를 들어 이미 은퇴한 사람이어서 전적으로 포트폴리오 수입이 소득의 전부라면 암호화폐에 하는 장기 투자는 적합하지 않을 수 있다. 이보다는 리스크가 낮고 현재의 소득 발생 위주의 접근방식을 고려하는 것이 좋다. 그러나 아직 젊고 고수익을 기대하며 위험을 감수할 용의가 있다면 바로 앞에서 설명한 단기 투자 전략을 고려해볼 수도 있다. 다음의 변수에 따라 필요에 맞춰 포트폴리오를 구축해보자.

▶ 현재의 수입
▶ 투자자의 나이
▶ 투자자의 가족 수
▶ 투자자의 위험 선호도

▌ 포트폴리오의 목표

개인의 목표와 삶의 단계를 평가함으로써 자신의 포트폴리오를 만드는 데 한 걸음 더 다가갈 수 있다. 장기 포트폴리오를 작성할 때는 일반적으로 다음과 같은 목표를 고려할 수 있다.

- ▸ **현재 소득 창출:** 정기적인 수익을 창출할 수 있는 투자 전략. 높은 시세차익을 올리는 목표와 부딪힐 수 있다.
- ▸ **자본 보존:** 리스크가 낮고 보수적인 투자 전략으로, 중간 정도의 수익 창출을 목표로 한다.
- ▸ **자본 증식:** 이를 위해서는 투자위험감수도를 좀 더 높이고, 현재의 수익 발생을 지향하는 투자 전략의 필요성을 줄여야 한다.
- ▸ **세금 절약:** 높은 세금을 내고 있다면 시세차익을 창출하는 포트폴리오를 고려하는 것이 좋다. 반면 낮은 세금 계층에 속한다면 세금을 유예할 동기보다는 높은 투자 수익을 올려야 할 동기가 더 크기 때문에, 현재 소득이 높은 포트폴리오가 적합할 수 있다.
- ▸ **리스크 관리:** 모든 투자 결정에서 리스크와 수익의 균형을 항상 고려해야 한다.

이런 목표는 각자의 목표나 다른 투자와도 관련이 있다. 예를 들어, 현재의 소득 창출과 자본 보존은 보수적인 성격을 가진 투자위험감수도가 낮은 사람에게 좋은 목표다. 당신의 투자위험감수도가 중간 정도이고, 현재의 소득 창출을 위한 투자에 크게 의존할 필요가 없다면 자본 증식을 포트폴리오 목표로 삼아도 좋다. 게다가 세금도 큰 역할을 한다. 21장*에서 자세히 설명하겠지만 세금이 걱정이라면 시세차익에 집중하는 것이 더 나은 선택일 수 있다. 마지막으로 장기 투자 여부와 관계없이 모든 투자 결정에서 리스크와 수익의 균형을 고려해야 한다.

* 21장 » 301페이지

시간과 암호화폐: 4,200만 달러짜리 피자

자산을 보유하는 데 있어 시간이 얼마나 중요한지 제대로 이해하려면 다음 사례를 살펴보자.

2010년 5월 22일, 라스즐로 핸예츠(Laszlo Hanyecz)라는 비트코인 채굴자가 1만 개의 비트코인으로 파파존스(Papa John's)에서 피자 두 판을 샀다. 당시 1만 비트코인의 가치는 약 30달러였다. 그는 실제로 비트코인으로 물건을 살 수 있는지 시험해보고 싶었다. 그는 당시 인기 있었던 비트코인 포럼이었던 비트코인토크에도 자신의 피자 구매에 대한 글을 올렸다.

그러나 8년 후인 2018년 5월 22일, 그가 피자 두 판을 위해 지불한 1만 비트코인의 가치는 8,370만 달러(1,000억 원)에 달했다. 피자 한 판의 가격이 4,200만 달러였던 셈이다. 오늘날 5월 22일은 비트코인 피자 데이(Bitcoin Pizza Day)로 기념하고 있다.

이 이야기의 교훈은 무엇일까? 암호화폐의 장기 투자에 조바심을 내지 말아야 한다. 라스즐로가 비트코인으로 피자 두 판을 살 수 있다는 즉흥적인 만족감을 얻는 대신 그 비트코인을 몇 년 동안만 더 가지고 있었더라면 백만장자가 될 수 있었을 것이라는 것을 뒤늦게 깨닫고 비트코인 피자데이가 돌아올 때마다 땅을 치며 후회하는 모습을 기억하라.

비트코인토크
bitcointalk.org

장기 투자 전략 수립하기

모든 유형의 투자는 다음 한 문장으로 요약할 수 있다. '**싸게 사서 비싸게 판다.**' 하지만 물론 누구도 매번 이를 완벽하게 맞출 수는 없다. 특히 암호화폐 시장은 아직 새로운 심리선(지지선과 저항선)을 시험하는 중이므로 고점과 저점을 예측하는 것이 훨씬 더 어렵다. 다만 암호화폐 장기 포트폴리오를 확장하기 위한 몇 가지 방법을 소개한다.

▌심리선을 관찰하면 답이 보인다

아직도 암호화폐 시장은 장기적인 기술적 분석을 할 수 있을 만큼 성숙하지 않았다. 비트코인을 제외하면 가상화폐 대부분은 거래 차트에서 한 차례의 완전한 사이클도 형성하지 못할 정도로 새로운 시장이다. 하지만 시간이 흐르면서 중요한 심리적 지지선과 저항선이 발달하기 시작했고, 피보나치 되돌림 기법(20장* 참조)이 새로운 암호화폐 시장 분석에서도 주요 심리선을 식별하는 데 매우 도움이 된다는 것을 알게 되었다.

    암호화폐 시장에서도 심리선이 벌써 나타나고 있는 것은 많은 암호화폐 투자자들이 기존 기술 분석 방식(16장* 참조)을 암호화폐 투자 전략에 사용하고 있기 때문일 것이다. 주간이나 월간 차트처럼 장기적으로 보아도, 암호화폐 시장에서도 주식이나 환시장 같은 다른 시장과 유사하게 군중 심리가 차트 패턴을 형성한다고 예상할 수 있다. 군중심리는 시장에서 매도자(곰)와 매수자(황소) 사이의 끊임없는 싸움으로 자산의 가격 변동을 초래한다. 심리선이란 시장에서 곰과 황소들의 강점과 약점으로 인해 깨지기 어려운 가격 수준을 말한다. 일단 심리선을 파악하고 나면 현재 포트폴리오, 투자위험감수도, 재무 목표에 따른 다양한 유형의 전략을 개발하기 위해 심리선을 사용할 수 있다. 다음은 몇 가지 예다.

* 16장 >> 243페이지

- ▶ 주 지지선에서 매수하고 주 저항선에서 매도한다.
- ▶ 현재 시장가격으로 매수하고 주 저항선에서 매도한다.

▶ 가격이 주 저항선에 도달하면 일시 하락할 때까지 기다렸다가 낮은 가격에서 매수하고, 다음 저항선에서 매도한다.

▶ 주 지지선에서 매수하고 장기간 보유한다.

목표에 도달하면 매도한다

암호화폐의 가격은 주요 저항선에 도달한 후에도 계속 오를 수 있다. 하지만 얼마나 기다려야 할까? 여러 저항선 중 어느 선을 선택해야 할까? 저항선을 사용하는 것이 당신의 재정목표에 합당한가? 투자 전략에 접근하는 가장 현실적인 방법의 하나는 투자 목표에 도달했을 때 매도하는 것이다. 이럴 경우, 매도 지정가 주문을 사용해 이를 실행할 수 있다. 핵심은 매도 후 가격이 계속 상승하더라도 자신의 매도 결정을 후회해서는 안 된다는 것이다.

세금을 생각해야 한다

세법은 항상 바뀌며, 나라마다 다르다. 그러나 대부분은 세금은 거의 모든 투자 행위에 영향을 미친다. 만약 투자에서 손실 포지션에 있어서 매도하는 것이 현명하다고 결론을 내렸다면 그 손실을 상각할 수 있는 자본 이득이 있을 때 매도하는 것이 가장 좋다. 따라서 투자를 시작하기 전에 세금에 대한 기본을 이해해야 한다. 투자 결정을 내리기 전에 세금을 고려하는 방법에 대해서는 21장*에서 다룰 예정이다.

포인트

매도한 후에도 시장 가격은 계속 상승할 수 있다. 이 경우 감정이 논리적 매도 결정을 압도하지 않도록 조심하자. 당신은 돈이 필요했고, 이미 투자 목표를 달성했다면 그때 매도했다고 해서 후회할 이유가 없다. 우리는 언제나 새로운 투자 전략으로 시장에 복귀할 수 있다.

* 21장 ≫ 301페이지

지정가 주문과 손절매 주문

암호화폐 거래소와 중개업체에서 암호화폐를 사고팔기 위해 다양한 종류의 주문을 사용할 수 있다. 활발한 거래자들은 대개 시장가 주문을 통해 가장 적합한 가격에서 사고팔지만, 장기 투자자들은 지정가 주문(Limit Orders)이나 손절매 주문(Stoploss Orders) 같은 방법을 사용하기도 한다. 장기 투자자도 신속한 투자결정이 필요할 경우 비정상적인 상황에서 시장가 주문(Market Order)을 이용할 수 있다. 시장가 주문은 통상적으로 현재 시장 가격에 가까운 가격으로 주문이 체결된다.

▌지정가 주문

지정가 주문은 각자가 원하는 가격으로 매수하거나 매도할 수 있는 거래 주문의 한 방법이다. 예를 들어, 비트코인 시세가 3만 6,434달러인데 가격이 하락할 가능성이 있다고 생각한다면 3만 6,000달러 또는 그 이하의 가격으로 매수 지정가 주문을 낼 수 있다.

가격이 투자 목표(예를 들어 3만 7,000달러)에 이르면 매도 지정가 주문으로 이익을 취할 수 있다. 지정가 주문은 평상시처럼 움직이는 동안에는 가격에 대해 크게 걱정하지 않고 내 일상의 삶을 살아갈 수 있게 해준다. 암호화폐 지정가 주문도 유효기간 옵션이 다르다. 가장 일반적인 유형은 '취소시한 유효주문(GTC)'과 '전부 체결되지 않으면 전부 자동취소되는 주문(FOK)'이다.

▶ GTC 주문은 보통 6개월 동안 유효하다. 이 기간 내에 체결되지 않으면 중개업체나 거래소가 임의로 주문을 취소할 수 있다. 계속 주문을 유지하고 싶다면 6개월 후에 갱신해야 할 수도 있다.

▶ FOK 주문은 주문이 즉시 전부 체결되지 않으면 자동으로 전부 취소된다. 따라서 단기 매매 전략에 더 적합할 수 있다.

플랫폼이 제공하는 또 다른 유형의 지정가 주문으로는 '기한 내 유효 주문(GTT, 선택한 특정 기한까지 유효한 주문)'과 'IOC 주문(Immediate or Cancel, 주문이 즉시 체결되지 않으면 주문이 취소되는 방식으로 지정된 가격으로 체결될 수 있는 물량은 체결하고 체결이 불가능한 물량만 자동 취소됨)' 방식이 있다. 이 경우는 암호화폐에 대해 두 개 이상의 지정가를 설정한 경우다. 또 비트코인처럼 암호화폐의 가격이 매우 비쌀 때는 암호화폐의 지분(Fraction)을 사는 방식을 선택할 수 있다. 예를 들어 비트코인 가격이 3만 6,000달러에 달했을 때, 한 계정에서 0.4 비트코인을 매수하는 매수 지정가 주문을 걸고, 주문서에 0.2 비트코인을 3만 5,851달러에 매수하겠다는 GTC 주문을 추가하는 식이다. 여러 개의 지정가 주문을 걸어 놓으면 놓칠 위험도 줄일 수 있고, 어느 한 가격에 몰두하는 것도 피할 수 있다.

▌ 손절매 주문

암호화폐 투자에서 하향 손실 노출을 제한하는 손절매 주문이라는 주문 방식을 사용할 수 있다. 손절매 주문이란 기본적으로 앞서 살펴본 지정가 주문의 한 형태로, 중개업체에 특정 가격에서 손실을 취하고 기존의 포지션을 종료하도록 요청하는 것이다. 시장이 급격히 하락할 경우에 대비해 손실을 그 정도 선에서 줄이는 것이 타당하다고 생각하는 투자자들도 있다. 지정가 주문과 마찬가지로 손절매 주문도 GTC와 같은 유형이 있다.

손실은 최소화하고 이익은 극대화하는 전략 만들기

19장에서는

▶ 단기 투자와 장기 투자에서 손실을 제한하는 방법을 알아본다.
▶ 정점과 바닥을 인식해 최대의 수익률을 올리는 방법을 알아본다.

데이 트레이더인지 아니면 장기 투자자인지에 따라 각 투자자는 포트폴리오를 능동적으로 관리할 수도 있고 수동적으로 관리할 수도 있다. 장기 투자자라면 포트폴리오를 다각화하고 어느 정도 보유함으로써 포트폴리오를 수동적으로 관리할 수 있다. 그러나 데이 트레이더라면 포트폴리오를 보다 적극적으로 관리함으로써 원하는 목표를 보다 빨리 달성할 수 있다.

장기적이든 단기적이든 포트폴리오를 적극적으로 관리하는 게 필요하다. 여기서 '적극적'이라는 것은 온종일 화면만 주시하고, 대화나 회의 중에도 몰래 투자 애플리케이션을 확인하라는 말이 아니다. 이제 생활을 유지하면서도 투자를 잘할 수 있도록 적절한 균형을 찾는 관리 전략에 대해 알아보자.

어떻게든
손해 보지 않아야 한다

투자자들이 값이 오른 주식을 매도해 이익을 내면서도 포트폴리오 안에 손실을 내는 자산을 그대로 보유하는 것을 두고 행동 재무학에서는 손실 회피성(Loss Aversion, 같은 금액의 이익보다 손실을 훨씬 더 크게 느끼는 현상)이라고 한다. 손실을 줄이기 위해 종종 다른 사람들과 다른 결정을 하는 것이다. 이제 암호화폐 투자 손실을 줄이기 위해 사용할 수 있는 몇 가지 방법을 살펴보려 한다.

▌ 수익을 계산하는 방법

암호화폐에 투자하는 경우 자산이 여러 거래소와 지갑에 분산되어 있는 경우가 많다. 따라서 암호화폐 투자 관리는 전통적 자산 투자 관리보다 어려울 수 있다. 게다가 누군가는 비트코인으로 다른 알트코인을 샀을 수도 있고, 미국 달러로 다른 암호화폐를 샀을 수도 있고, 이더리움으로 또 다른 암호화폐를 샀을 수도 있다. 이토록 투자 과정이 복잡하기 때문에 투자했던 내역과 포트폴리오의 변경 사항을 기록해두어야 정확히 수익이 어느 정도인지 알 수 있다. 각자의 포트폴리오 수익을 구하려면 다음 세 가지를 모두 계산해야 한다.

> ▶ 투자에 들어간 총 금액
> ▶ 암호화폐 매수와 매도를 통해 얻은 이익인 자본 이익
> ▶ 소득, 즉 암호화폐를 보유하고 있음으로써 받게 되는 지불금(해당되는 경우)

팁

코인을 미국 달러 같은 법정통화로 구매했을 수도 있고, 다른 암호화폐로 구매했을 수도 있으므로, 단순하고 쉽게 추적할 수 있도록 투자 금액을 한 가지 통화로 전환해야 할 수도 있다.

투자 금액을 계산하기 위해서는 다음과 같은 목록을 작성할 수 있다. 이 표에는 구매한 코인의 수, 구입일, 액수(총액과 코인당 단가), 현재 가치 등이 표시된다. 이 표에서 볼 수 있듯 모든 구매 금액을 미국 달러로 환산했다. 투자 금액을 추적하는 또 다른 방법은 알트코인을 구입한 방식에 따라 별도로 일지를 만드는 것이다. 예를 들어, 비트코인으로 구입한 일지와 달러로 구입한 일지를 별도로 작성할 수 있다.

암호화폐 포트폴리오

코인	코인명	코인 수	구입 날짜	비용	코인당 단가 (USD)	코인당 현재가
BTC	비트코인	0.1	2022/4/1	4,600	46,000	40,000
ETH	이더리움	2	2022/5/1	5,600	2,800	1,930
XRP	리플	200	2022/5/5	120	0.6	0.37
SOL	솔라나	50	2022/5/10	25	0.5	0.37

*2022/5/12 기준

▶ **그림 19-1**
암호화폐 투자 기록 예시

이런 투자 기록 노트는 투자 기간에 따라 월, 분기 또는 연간 단위로 만들 수 있다. 단기 거래자라면 월별 일지가 필요할 수 있다. 장기 투자자라면 분기별 및 연간 일지를 만들 수 있다. 일반적으로 중개업체나 거래소들은 투자 수익률을 계산해주는 서비스를 제공한다. 중개업체 및 거래소에 대한 자세한 내용은 6장*을 다시 살펴보자.

* 6장 ≫ 101페이지

많은 암호화폐 투자자들은 미국 달러 같은 법정통화로 수익률을 측정하는 것을 아예 포기했다. 대부분 거래소에서 법정통화로 현금화할 수 없기 때문이다. 달러, 비트코인, 이더리움 모두 다른 통화 대비 자체적인 변동성을 보이기 때문에 환산 과정에서 잘못된 손익 느낌을 줄 수 있다.

팁

거래소에서 비트코인 등의 암호화폐를 사용해 다른 코인을 구매했다면, 자신이 사용하는 암호화폐 차트 사이트에서 암호화폐 구매일자를 검색해 사용한 암호화폐의 달러 값을 확인할 수 있다.

자본 이익과 소득을 계산하려면 중개업체나 거래소에서 계좌 정보를 확인하기만 하면 된다. 암호화폐 거래소의 경우, 대개 '내 지갑(Wallet)' 또는 '내 자금(Funds)'이라는 제목의 탭 아래에 자본 이익 정보가 있다. 대부분의 거래소는 고객의 모든 계정의 가치를 비트코인 또는 달러로 제공하고 있다. 계정이 두 개 이상이면 각각의 추정치를 투자 일지에 합산하여 정기적으로 모니터링할 수 있다.

거래소 수수료를 체크하자

암호화폐를 사고팔기 위해서는 암호화폐 거래소나 중개업체 같은 서비스가 필요하다. 이런 회사들은 주로 거래 수수료로 돈을 번다. 수수료가 낮다는 것만으로 거래소를 선택하는 것은 권장하지는 않지만 거래가 많은 활발한 투자자라면 수수료가 거래소 선택의 중요한 요인이 될 수 있다. 달러 같은 법정통화를 비트코인 같은 암호화폐로 환전하고 다시 다른 거래소로 보내 그 비트코인으로 다른 암호화폐를 사려 한다면 수수료는 계속 불어날 수 있다. 암호화폐 단기 투자 전략에서 수수료는 가장 큰 문제가 될 수 있다. 투자금을 안전하게 지키면서 거래소 수수료를 최소화하기 위한 몇 가지 팁을 소개한다.

▶ 거래 수수료가 높더라도 안전한 거래소에서 암호화폐를 구매하자. 다른 암호화폐를 거래하기 위해 비트코인과 이더리움이 필요한 경우 수수료는 좀 높더라도 미국 달러를 사용할 수 있는 거래소에서 두 암호화폐를 대량으로 일괄 구입하는 것이 좋다.
▶ 데이 트레이더라면 특정 암호화폐 쌍에 대해 낮은 수수료를 제공하는 거래소를

선택하되, 당신의 수익금을 정기적으로 하드웨어 지갑으로 이동시켜 보관하자.

▶ 거래소가 운영하는 암호화폐 쌍과 활발한 거래를 고려해보자. 다른 암호화폐 쌍의 거래보다 거래 수수료가 저렴할 수 있다. 예를 들어, 바이낸스 거래소는 자사의 암호화폐 바이낸스 코인(BNB)에 대해 더 저렴한 거래 옵션을 제공한다.

▶ 수익을 계산할 때는 거래 수수료를 포함해야 한다. 예를 들어 이더리움 1개를 2,000달러에 사면서 11.50달러의 거래 수수료를 지불했다면, 당신은 투자에 2,011.50달러를 쓴 것이다. 이 금액은 장기 투자자에는 큰 영향을 주지 않지만, 데이 트레이더에게는 시간이 경과할수록 누적 수수료 부담이 커질 수 있다.

▌ 거래에서 빠져나가는 기술

나는 워런 버핏(Warren Buffett)의 가장 유명한 투자 규칙 중 다음 두 가지에 충실하려고 노력한다.

1. 절대 돈을 잃지 마라.
2. 규칙 1번을 절대 잊지 마라.

아무리 철저하게 분석해도 때로는 나쁜 투자에서는 빨리 벗어나는 것이 나쁜 투자를 계속하는 것보다 훨씬 좋은 선택이라는 것을 알게 되는 경우가 있다. 따라서 투자에서 빠져나가는 일반적인 전략 중 몇 가지를 설명한다. 물론 9장[*]에서 설명한 다이아몬드 분석도 도움이 될 것이다.

[*] 9장 » 157페이지

욕심은 금물이다

[*] 16장 » 243페이지
[*] 20장 » 292페이지

16장[*]과 20장[*]에서 설명한 기술 차트 패턴을 사용하고 있다면, 그 기술에 해당하는 가격선에 지정가 주문을 걸어놓음으로써 원하는 만큼의 이익을 실현하자. 목표 이익을 달성한 후에도 시세가 계속 상승할 것 같은 느낌이 들어서 목표 이익을 조급하게 재조정하고 싶은 유혹이 생길 수 있다. 물론 시장이 계속 상승할 때도 있지만, 그렇지 않을 때도 있다. 따라서 후회하기보다는 안전한 쪽을 선호하길 권한다.

부분 차익(partial profits)을 실현하라

나는 이 규칙을 좋아하고 매우 신뢰한다. 코인(또는 다른 자산도 마찬가지)을 한꺼번에 팔지 마라. 투자 목표에 따라 일부 수량에 대해서는 부분 차익을 실현하는 가격 전략을 설정하고 나머지는 시장에 맡긴다. 예를 들어 2만 달러의 가격으로 이더리움 10개를 구입하고 주요 가격선에서 부분 차익을 실현하려 한다면, 2만 470달러에서 2개의 코인을 팔고, 2만 591달러에서 2개를 더 팔고, 나머지는 장기 보유할 수 있다. 이렇게 해서 어느 정도 이익을 얻었지만, 코인을 다 팔지 않았기 때문에 매도 이후에 이더리움 가격이 계속 상승해도 여전히 추가 수익을 기대할 수 있다. 물론 이 같은 부분 차익을 실현할 수 있는 가격선을 계산하려면 철저한 분석이 필요하다.

나쁜 투자는 과감히 포기한다

포인트

나쁜 투자에서 빠져 나와 손실을 입으면, 자본 이득에 대해 납부해야 하는 세금을 상각할 수 있는 세금 공제를 받을 수 있다. 세금에 대한 자세한 내용은 21장(301페이지)을 참조하라.

• 9장 ≫ 157페이지

더 이상 가치가 없는 코인을 손에 쥐고 포기하지 못하는 경우가 생길 수도 있다. 각 코인의 가치를 보고 시도한 장기 투자에서는 가격이 내려가도 놀라지 않고 오히려 더 많은 코인을 사들여 평균 매입 단가를 낮추는 일도 있지만, 때로는 그 암호화폐와 커뮤니티, 그 회사의 경영진이 문제를 일으킬 수도 있다. 9장*에서 이미 살펴본 펀더멘털 분석을 재검토하는 것이 중요해지는 시점이다. 해당 코인이 반등하지 않을 게 분명해지면, 이를 악물고 손실이 더 커지기 전에 빠져나가는 게 좋을 수 있다. 그렇게 하기가 두려우면, 앞서 설명한 부분 차익 실현 방법을 사용해 손실을 분할해 감수할 수도 있다.

더 많은 이익을 내려면 어떻게 해야 할까

시장이 상승하기 시작하면 두 가지 감정을 들여다봐야 한다. 하나는 가격이 내려갔을 때 더 많이 사두지 않은 것을 후회하는 마음과 신중하게 분석한 목표 이익에 도달하기 전에 매도해서 이익을 얻고 싶은 유혹이다. 스스로에게 계속 상기시켜야 할 것은, 감정에 따르는 것이 이익 극대화로 이어지는 경우는 거의 없다는 것이다. 규칙을 따르는 것이 돈을 버는 길임을 다시 한번 상기하자. 이제 감정적인 투자를 피하기 위한 몇 가지 요령을 기억해두자.

▌바닥에서 매수한다

매번 투자할 때마다 최저가로 매입할 가능성은 거의 없다. 하지만 시장 심리와 과거의 가격 패턴을 연구하면 근접할 수는 있다. 바닥을 식별하기 위한 기술 분석 도구 중 하나는 '일목균형표-피보나치 기법'이다. 20장[*]에서 살펴보게 될 일목균형표-피보나치 기법을 사용하면 군중 심리를 측정해 주 지지선과 저항선을 식별할 수 있다. 지지선은 가격 하락 시 시장이 더는 깨기 어려운 가격 하한선을 말하고, 저항선은 가격 상승 시 더는 깨기 어려운 상한선을 말한다. 장기 투자의 경우 일목균형표 분

* 20장 » 292페이지

출처: tradingview.com

▶ **그림 19-2**
일목균형표-피보나치 기법을 사용한
바닥 식별

석을 위해 일일 차트를 사용하는 것을 권한다. 위의 그림에서 볼 수 있듯
2018년 5월 15일 리플 가격은 0.70달러 아래로 떨어진 후 일일 일목균형
표 하한선을 돌파했다.

일목균형표의 가이드라인에 따르면 리플 가격이 피보나치 되돌림선
과 두 지지선인 0.57달러와 0.47달러보다 더 떨어질 수 있다는 징후였
다. 이 지지선 가격으로 미리 매수 지정가 주문을 걸어놓음으로써 즉시
매입하는 것이 아니라 더 낮은 가격으로 매입하는 것을 목표로 해, 순매
수가를 낮춰 수익을 극대화할 수 있었다.

다만 암호화폐 시장의 역사가 짧아 참조할 만한 과거 데이터가 충분
하지 않다 보니, 가격이 사상 최저치 아래로 계속 떨어지며 새로운 저점
을 만들어내는 경우가 있다. 암호화폐의 펀더멘털에 대해 충분히 확신
한다면, 새로운 저점들에는 더 낮은 가격에 더 많은 것을 살 수 있는 기
회가 열려 있다.

피보나치 되돌림선을 사용하면 새로운 최저점을 식별할 수 있다. 이
선을 사용하려면 먼저 최근에 가격이 장기간 상승하거나 하락한 추세를

찾아내야 한다. 그런 다음, 차트 작성 플랫폼의 피보나치 도구를 추세 상단에서 하단으로(하락세일 때), 추세 하단에서 상단으로(상승세일 때) 끌어다 놓는다. 그러면 피보나치 되돌림선이 마법처럼 차트에 표시된다.

▌ 인내심이 곧 수익이다

인내심은 수익을 내는 미덕이다. 차트를 보고 아드레날린이 머리를 스칠 때마다 나는 한 발짝 뒤로 물러선다. 그리고 차트의 시간 프레임을 바꿔서 큰 그림을 본다. 그러면 좀 더 근본적인 연구를 할 수 있다. 9장[*]에서 설명한 다이아몬드 분석의 5가지 포인트가 모두 맞춰지지 않으면 거래 계정을 꺼버리고 그냥 하루 일과를 보낸다. 많은 돈을 투자했는데 시장이 출렁거리면 긴장하기 쉽다. 인내심을 갖는 것이야말로 가시적인 수익을 내기 위한 궁극적인 경로가 될 수 있다.

* 9장 ≫ 157페이지

▌ 피크가 어디인지 아는 것이 중요하다

'싸게 사서 비싸게 파는 것'이 핵심이다. 그러나 우리는 예언자가 아니다. 다만 과거 데이터와 기술 차트 패턴을 사용하면 승산이 유리한 게임을 할 수 있다. 일목균형표-피보나치 기법은 암호화폐 장기 투자에서뿐 아니라 단기 투자의 활발한 거래에 있어서나 중기 투자에도 매우 유용하다. 이외에 다른 도구로는 기술적 차트 패턴과 심리적 저항선 등이 있다.

다음 그래프는 2018년 9월 리플의 일일 차트에서 나타난 쌍바닥 패턴이다. 쌍바닥은 깨기 어려운 하한 지지선이 두 번 형성되는 자주 나오는 패턴이다. 쌍바닥이 확인되면 강세 반전 패턴으로 해석할 수 있으며, 이는 가격이 다시 오르기 시작할 수 있다는 것을 의미한다.

출처: tradingview.com

▶ **그림 19-3**
XRP/USD 일일 차트에서 쌍바닥 차트 패턴이 형성되고 있다.

* 16장 ≫ 243페이지

16장*에서 살펴봤던 쌍바닥 차트 패턴 가이드라인에 따르면, 장기 투자자들은 가격이 목선(0.366달러)에서부터, 바닥에서 목선까지의 같은 거리 만큼, 또는 다음 피보나치 되돌림선들(0.4273이나 0.5314)까지 상승했을 때 시장에서 이익을 얻을 것으로 예상할 수 있다. 나는 일반적으로 안전을 위해서는 각 선에서 분 차익을 실현해 리스크를 분산할 것을 권장한다. 다음 그림에서 보면, 리플은 9월 21일에 두 선에 모두 몇 차례 도달한 후 다시 하락했다. 중기 투자자는 이 선들에서 이익을 취했을 것이고 장기 투자자는 포지션을 그대로 유지했을 것이다.

장기 투자자들의 경우, 이익을 취하는 시기를 맞추는 것은 쉽지 않다. 우리는 이미 비트코인 가격이 1,000% 이상 급등하고 리플이 3만 6,018%나 치솟은 과열 현장을 목도했다. 정점에서 팔아 백만장자가 된 투자자들과, 정점에서 매수해 좌절한 투자자들 모두 다음번 상승기가 오기까지 각자의 손실을 감수해야 했다. 그런데 정점에서 팔아 막대한 수익을 올린 투자자들은 대부분 과열된 열기와 다수 대중과는 반대로 행동한 사람들이다.

쌍바닥 같은 기술 차트 패턴, 일목균형표 같은 지수들, 일반 대중과 반

출처: tradingview.com

▶ **그림 19-4**
쌍바닥 차트 패턴으로 확인되었고,
XRP는 목표 이익선에 도달했다.

대되는 행동이 최적의 결과를 보장하는 것은 아니다. 이런 패턴이나 지수는 매수 또는 매도하기 위한 최고의 가격을 찾는 도구에 불과하다. 중요한 것은 개인의 재무 목표와 투자위험감수도에 적합한 위험 관리를 철저하게 실행하는 것이다.

▎정점과 바닥을 알려주는 패턴

정점과 바닥을 식별하기 위한 몇 가지를 팁을 소개한다.

▶ **약세 반전 차트 패턴**: 이 패턴은 가격 급등 기간에 차트에 나타나며, 시장 심리와 가격 움직임이 약세로 돌아서 하락하기 시작할 것임을 나타낸다.

▶ **강세 반전 차트 패턴**: 이 패턴은 하락 추세 동안 형성되며 가격이 강세로 돌아서거나 상승할 수 있음을 나타낸다.

▶ **일목균형표**: 이 지표는 5가지 이동 평균으로 구성되어 있으므로 현재의 시장 심리를 보다 정확하게 파악하고, 향후의 가격 움직임을 예측하는 데 도움이 된다.

일목균형표와
피보나치 기법

20장에서는

▶ 일목균형표에 익숙해지는 방법을 알아본다.

▶ 기술 분석에 피보나치 되돌림선을 적용하는 방법을 알아본다.

▶ 일목균형표와 피보나치 기법을 결합하는 기술 분석을 배운다.

* 16장 ≫ 243페이지

16장*에서 기술 분석을 통해 암호화폐 거래 전략을 어떻게 개발할 수 있는지에 대해 설명했다. 전략 개발에 차트 분석도 큰 도움이 되겠지만, 가장 추천하는 전략은 일목균형표와 피보나치 되돌림선을 결합하는 것이다. 이 장에서는 이 두 가지 기술 지표의 기본에 대해 개략적으로 설명하고 실전 거래에서 어떻게 활용할 수 있는지 살펴보자.

일목균형표
이해하기

일목균형표(一目均衡表) 도구는 기술 분석을 더 쉽게 하기 위한 것이다. 이는 '하나로 정리된 균형표'다. 이 표를 통해 가격 흐름에 대해 알아야 할 모든 것을 '한눈'에 알 수 있기 때문이다.

▌ 일목균형표의 구성 요소

이 지표는 여러 개의 이동 평균(MA)으로 구성되어 있다. 각자의 이동 평균은 모두 특정 목적을 수행하며, 서로에 대한, 그리고 가격에 대한 포지셔닝을 통해 현재 시장 심리를 파악하고 향후 방향을 예측하는 데 도움을 준다. 일목균형표를 차트에 추가하면 다음과 같은 구성 요소들이 표시된다.

- ▶ 일목 구름
- ▶ 기준선
- ▶ 전환선
- ▶ 지연 스팬

팁

일목균형표, 피보나치 되돌림선 같은 기술 분석에 도움이 되는 쉬운 차트 작성 서비스를 이용하고 싶다면 트레이딩뷰를 추천한다. 암호화폐, 외환, 주식 등 거의 모든 자산에 사용할 수 있는 차트 서비스다.

 트레이딩뷰
www.tradingview.com

차트 작성자는 각각의 구성 요소에 다른 색상을 사용할 수 있겠지만, 기준선은 진한 분홍색, 전환선은 진한 파란색, 지연 스팬에는 얇은 녹색을 사용하고 있다. 일목 구름은 실제로는 다른 두 이동 평균인 선행(先行) 스팬 A와 B 사이의 공간이다. 구름의 방향에 따라 이 공간은 보통 시장 심리가 강세일 때는 녹색, 약세일 때는 빨간색으로 표시된다. 즉, 강세 심리는 가격이 상승할 것이라고 예상한다는 의미이고, 약세 심리는 가격이 하락할 것이라고 예상한다는 의미다.

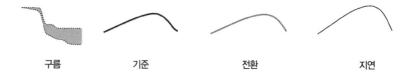

▶ **그림 20-1**
일목균형표의 구성 요소

구름　　기준　　전환　　지연

다음은 리플(XRP)과 비트코인의 가격 흐름을 표시하는 4시간 단위 차트에서 일목균형표의 구성 요소들이 어떻게 움직이고 있는지를 보여준다. 즉, 각 촛대(16장* 참조)는 4시간 단위로 리플 대 비트코인의 가격 변동 흐름을 보여준다. 일목균형표의 구성 요소들이 가격 주위에서 춤을 추며, 계산에 따라 가격 흐름의 위 아래를 넘나든다. 이런 움직임들을 향후의 가격 향방에 대한 지표로 볼 수 있는 것이다.

* 16장 》 243페이지

▶ **그림 20-2**
XRP/BTC 4시간 단위 차트에 적용된
일목균형표

출처: tradingview.com

█ 일목균형표 해석

이제 일목균형표의 기본적인 내용을 해석해보자.

매수 신호
차트에서 다음 신호 중 하나 이상을 발견하면 가격이 계속 오를 수 있다.

> ▶ 가격이 일목 구름 위를 움직이고 있다면, 이 움직임이 시장에 강한 모멘텀을 나타내므로 매수 신호라고 볼 수 있다.

▶ 지연선이 구름 위로 이동하면 매수 신호로 볼 수 있다.

▶ 전환선이 기준선 위로 교차하는 경우, 약세에서 강세로 변화하고 있음을 나타내는 것이므로 매수 신호가 될 수 있다.

매도 신호

다음은 매도 신호를 나타낸다.

▶ 가격이 일목 구름 아래로 움직일 때

▶ 지연선이 구름 아래로 교차할 때

▶ 전환선이 기준선 아래로 교차하는 경우

일반적인 해석

일목균형표는 매수나 매도의 지표일 뿐만 아니라 지지선이나 저항선을 식별하거나 시장 상황을 파악하는 데도 도움을 준다. 일목균형표에 대한 일반적 해석 몇 가지를 소개한다.

▶ 5개의 선이 평행으로 움직이면 추세가 그 방향으로 계속된다는 의미로 해석한다.

▶ 가격이 일목 구름 안에 있으면, 시장이 안정되고 있다는 것을 의미한다. 매수/매도에 나설 좋은 시기가 아니라는 뜻이다.

- ▶ 넓은 구름의 하위 대역을 지지선으로 해석할 수 있다. 가격이 이 선을 깨고 그 이하로 떨어지기는 어렵다는 의미다.
- ▶ 넓은 구름의 상위 대역을 저항선으로 해석할 수 있다. 가격이 이 선을 깨고 그 위로 상승하기는 어렵다는 의미다.

일목균형표를 매입 포지션 또는 매도 포지션으로 들어가는 진입선으로 해석할 수도 있다. 두 개 이상의 해석을 결합해 각자의 투자위험감수도에 따른 전략을 조정할 수 있을 것이다.

피보나치 되돌림선 이해하기

일목균형표만을 사용하면 시장을 부분적으로밖에 볼 수 없어서 출구 전략에 도움이 되지 않는다. 다음 단계는 시장이 더 내려가기 어려운 지지선과, 절대 올라가기 어려운 저항선을 식별하는 것이다. 지지선과 저항선을 찾는 방법은 여러 가지가 있는데, 그중 피보나치 되돌림선을 추천한다.

▍피보나치 기법의 배경

포인트

피보나치 수열이 기술 분석에 응용되지만, 수열 자체를 그대로 사용하는 것은 아니다. 기술 분석에서 사용하는 피보나치 되돌림선은 수열에서 특정 숫자와 다음 숫자, 그다음 숫자로 이어지는 숫자 사이의 비율을 계산한 값이다. 이 비율을 상승 추세 또는 하락 추세에 적용하면 지지선과 저항선을 쉽게 식별할 수 있다.

피보나치는 이탈리아 수학자 레오나르도 피사노 비골로(Leonardo Pisano Bigollo)의 별명으로, 그를 '중세 서양의 가장 재능 있는 수학자'라고 칭하는 사람들도 있다. 그는 힌두-아랍 숫자 체계로 알려진 위치 십진법(Positional Decimal Numeral System)을 서구 세계에 도입하고, 피보나치 수열

그 비율은 다음과 같이 계산된다. 처음 몇 개의 숫자 이후에 나오는 숫자를 그 다음 숫자로 나누면 약 0.618이 나온다. 예를 들어 34를 55로 나누면 0.618이 된다. 다음에 34를 다음 숫자(89)로 나누면 0.382가 나오고, 세 번째 다음 숫자(144)로 나누면 0.236이 된다. 기술 분석에 사용되는 수열은 0.78, 0.618, 0.5, 0.382, 0.236으로 구성된다.

을 대중화하는 등 여러 가지로 수학에 기여한 것으로 널리 알려져 있다. 수학적으로 피보나치 수열은, 수열의 각 숫자가 그 앞에 있는 두 숫자의 합인 일련의 숫자를 말한다. 예를 들어 숫자 0과 1을 더하면 결과는 1이 되고 그 숫자를 수열에 추가한다. 그런 다음 1과 1을 더한 값 2를 다음 수열에 추가한다. 이제 또 1과 2를 더하면… 이제 이해했는가? 이런 식으로 숫자가 계속 끝없이 이어지는 것이다. 0, 1, 1, 2, 3, 5, 8, 13, 21, 34, 55, 89, 144….

▌ 차트에 피보나치 되돌림선을 표시하는 방법

다만 이 복잡한 수학 계산을 할 필요는 전혀 없다. 차트 작성 서비스 사이트에서 피보나치 도구를 찾아 가격 흐름에 적용하기만 하면 된다. 구체적인 방법은 다음과 같다.

* 16장 ≫ 243페이지

❶ 가격의 추세를 확인한다 상승 추세 또는 하락 추세일 수 있다. 추세에 대해서는 16장*을 참조하자.

❷ 화면에서 피보나치 되돌림 도구를 찾아 클릭한다.

❸ 피보나치 도구를 클릭해서 추세의 바닥(상승 추세인 경우) 또는 추세의 상단(하락 추세인 경우)에 적용한다.

❹ 피보나치 도구를 추세의 다른 끝으로 끌어다 놓은 다음 클릭하면 차트에 피보나치 되돌림선을 떨어뜨린다.

이제 다음과 같이 피보나치 되돌림선이 표시되었다.

출처: tradingview.com

▶ 그림 20-3
XLM/BTC 차트의 상승 추세에 적용된
피보나치 되돌림선

위의 그림은 스텔라 루멘스(XLM) 대 비트코인(BTC)의 가격 흐름을 4시간 단위로 나타낸 차트다. XLM/BTC 쌍의 추세의 바닥은 0.00003309 이고 추세의 상단은 0.00003901이다. 피보나치 도구를 바닥에서 상단으로 끌면 0.78, 0.618, 0.5, 0.382, 0.236으로 표시된 피보나치 되돌림선이 생성된다.

일목균형표와 피보나치 기법의 결합

일목균형표 지표와 피보나치 지표를 차트에 따로 따로 사용하는 것에 익숙해지면, 이제 두 가지를 동시에 차트에 적용시켜 살펴볼 수 있다. 차트 위에 많은 선이 있으면 처음에는 복잡해 보이지만 조금만 적용하면, 일목균형표나 피보나치 되돌림선이 없는 차트는 완전히 빈 차트처럼 보일 것이다.

피보나치 분석을 위해 추세(상승 또는 하락)를 찾을 때 선택해야 할 옵션이 매우 많을 수 있다. 대개는 대부분 추세에서 동일한 피보나치 되돌림선이 나타난다. 피보나치의 주 저항선과 지지선이 일목균형표의 저항선 및 지지선과 일치하는 경우가 많은데, 이는 피보나치 되돌림선이 전반적으로 실제 존재하는 심리선들을 보여주기 위해 노력하기 때문이다. 이것이 바로 피보나치 되돌림선의 묘미이자 마술이다.

일목균형표와 피보나치 되돌림선은 다양한 방식으로 기술 분석에 도움을 줄 것이다. 다른 기술 분석 방법과 차트 패턴(16장 참조)을 사용해 분석을 확인해볼 수 있다. 예를 들어, 일목균형표를 사용해 매수 또는 매도 신호를 포착한 다음, 피보나치 되돌림선을 사용해 이익을 취할(매도할) 가격을 결정할 수 있다.

지금 일일 차트에서 쌍바닥 강세 반전 차트 패턴을 보이고 있는 일일 차트가 있다. 쌍바닥 패턴은 차트 상의 주 지지선에 두 개의 계곡이 있는 강세 반전 차트 패턴이고, 이미 16장에서 살펴보았다. 일목균형표를 차트에 적용하면 매수 신호를 알 수 있다. 매수 신호의 발견은 쌍바닥 차트 패턴과 일목균형표 신호를 기반으로 매수 진입점을 식별할 수 있는 절호의 기회다.

하지만 거기서 어디로 갈 것인가, 어디에서 매도해 이익을 취할 수 있는가? 이때가 피보나치 되돌림선을 사용할 시점이다. 당신의 투자위험감수도(3장 참조)에 따라, 피보나치 되돌림선을 목표 수익으로 선택하고, 중개업체 계좌를 통해 그 수준에서 매도하기 위한 지정가 주문을 낼 수 있다. 지정가 주문은 당신이 중개업체에게 특정 가격에서 매수 또는 매도하도록 지시하는 것이다.

다음의 사례 연구는 XLM/BTC 4시간 단위 차트로, 0.00003579에서 가격이 일목 구름 하한선을 깨고 하락한 후 일목균형표에 따라 약세 신호가 확인된 모습이다.

일목균형표 전략에 따라 일목 구름의 하위 대역(0.00003579)에서나

16장 » 243페이지

16장 » 243페이지

3장 » 46페이지

출처: tradingview.com

▶ **그림 20-4**
일목균형표와 피보나치를 이용한 약
세 추세의 거래 전략을 세운다.

 주의

위 사례 연구는 비교적 높은 리스크
를 수반하는 중기 투자에 대해 4시간
단위 차트로 수행한 예다. 좀 더 보수
적인 투자 전략을 찾고 있다면, 4시간
단위 차트 대신 일일 또는 월 단위 시
간 프레임 차트를 사용해보라. 다양한
시간 프레임에 대해서는 16장(243페
이지)에서 다시 확인해볼 수 있다.

• 17장 » 257페이지

0.5 피보나치 되돌림선(0.00003605)에서 조금 더 높은 가격으로 매도 지
정가 주문을 낼 수 있다. 이익을 취하기 위해 0.00003435에서 0.786 피
보나치 선을 고려할 수 있다. 손절매 주문을 애용하는 트레이더의 경우
라면, 투자위험감수도에 따라 0.382 피보나치 선 이상을 사용할 수도 있
을 것이다(혼선을 피하기 위해 이 차트에서 볼 수 있는 다른 약세 신호는 언급하지
않는다). 손절매 주문이란 중개업체에게 손실이 더 커지기 전에 거래에서
빠져나오도록 지시하는 것이다. 자세한 내용은 17장*에서 이미 다뤘다.

암호화폐의 세금

21장에서는

▸ 암호화폐로 수익을 거둘 경우 납부해야 할 세금에 대해 알아보자.

▸ 당신의 암호화폐 소득세와 양도소득세 절감 방안을 확인한다.

▸ 암호화폐 투자에서 세금이 부과되는 소득 및 자본이익이 무엇인지 살펴본다.

암호화폐 시장이 과열되기 전, 암호화폐에 손을 댄 많은 사람들은(채굴이든 투자든) 세금의 영향에 대해서는 전혀 걱정하지 않았다. 그러나 암호화폐 투자가 주류가 되면서 세금에 대한 가이드라인이 많은 관심을 끌고 있다. 이 장에서는 암호화폐 활동과 관련된 세금에 대한 기본적 내용들을 살펴본다. 아직 국내에서는 암호화폐로 인한 수익에 세금을 매기고 있지 않으나, 양도소득세에 관련한 내용이 꾸준하게 언급되고 있다. 여러 가지 방식이 예상되는 가운데 미국의 세금 유형을 살피고 절세 방식을 살펴보는 것이 추후 절세에 도움이 될 것으로 판단해 관련 내용을 소개한다. 이 장의 마지막에는 국내의 암호화폐 세금 관련한 내용을 간단하게 소개한다.

암호화폐와 관련한 미국의 세 가지 세금 유형

미국의 경우 암호화폐와 관련된 세금은 의외로 복잡하다. 대부분 사람들은 자신의 암호화폐 자산을 현금이 아니라 부동산처럼 생각한다. 미국에서는 암호화폐 투자에 대해 양도소득세를 납부하기 때문일 것이다. 암호화폐를 거래하는 경우에는 암호화폐를 팔아서 이익을 남기기 전까지는 어떠한 세금도 부과되지 않는다. 하지만 채굴을 통해 코인을 획득한다면? 혹은 당신의 고용주가 암호화폐로 당신의 월급을 준다면? 좀 더 쉽게 설명하기 위해, 암호화폐에 대한 세금 납부 의무를 3가지 가능한 시나리오로 나누어 설명하고자 한다.

▍소득세

* 12장 ≫ 198페이지

당신이 앞서 12장*에서 설명한 모든 고가 장비를 구입해서 암호화폐를 채굴해 미국에서 돈을 벌고 있다면, 당신은 암호화폐 회사 소유주로 간주될 수 있다. 기술적으로 말하자면 당신은 회사 운영비를 암호화폐에서 충당하고 있기 때문에 국세청의 소득세 부과 대상이 된다. 당신에게 암호화폐로 월급을 주는 회사에서 근무한다면 그 역시 당연히 소득세 부과 대상이 된다.

당신이 미국에서 1년에 400달러 이상에 해당하는 암호화폐를 채굴했거나 소득으로 보상받은 경우, 미국 국세청에 신고해야 한다.

당신이 암호화폐 채굴자이고 기업 소유주라면 암호화폐 투자의 기본 사항을 이해해야 한다. 당신이 당신의 암호화폐를 팔거나, 다른 알트코인이나 다른 상품과 거래했다면, 양도소득세를 내야 한다(물론 장기인지 단기인지에 따라 세율이 다르다). 당신의 채굴 활동 수익은 암호화폐의 시장 가치뿐 아니라 지불해야 할 세금에 따라 달라질 수 있다. 어떤 암호화폐를 채굴하는 게 좋은지를 알려면 9장[• 9장 ≫ 157페이지]에서 설명한 다이아몬드 기법을 적극적으로 수행하고, 채굴 전략이 더 이상 타당하지 않을 경우 더 나은 암호화폐 채굴로 전환해야 한다. 다이아몬드 분석의 한 가지 포인트는 자본 분석으로, 여기에는 세금에 대한 고려사항도 포함되어 있다.

▌ 장기 양도소득세

2장[• 2장 ≫ 28페이지]에서 가상화폐에 투자하는 주된 이유 중 하나로 자본 이익(양도 차익)을 들었는데, 미국 국세청도 암호화폐를 그렇게 분류한다. 주식이나 부동산처럼, 암호화폐를 팔아서 이익이 생기면 양도소득세를 내야 한다. 물론 손실을 입었을 경우에는 금액이 줄어든 세금 고지서를 받게 될 것이다. 암호화폐 자산을 1년 이상 보유하면 좀 더 유리한 세율을 적용받을 수 있는데, 이 세율을 장기 양도소득세라고 부른다.

▌ 단기 양도소득세

단기 양도소득세는 이 장의 앞부분에서 언급한 채굴 및 암호화폐 소득세와 매우 유사하다. 당신이 암호화폐를 자주 팔거나 거래하면서 보유 기간이 1년 미만인 경우 당신의 손익이 소득으로 분류될 수 있는데, 이는 세금 측면에서는 대개 불리하다. 암호화폐를 공식적으로 현금화하지 않더라도, 당신이 보유하고 있는 암호화폐로 유형 상품이든 다른 암호화폐든 어떤 물건을 구입하는 경우에는 단기 세금 부과 대상이 될 수 있다.

수시로 몇 건의 거래를 하는 초단기 거래자들은 생계를 위해 매일 암

팁

암호화폐를 구입한 후 당신이 벌었거나 잃은 금액에 대해 간단한 수학을 적용하면 당신의 자본 이익을 계산할 수 있다. 예를 들어, 당신이 비트코인 한 개를 5,000달러에 사서 1만 달러에 팔았다면, 당신은 5,000달러의 시세차익에서 당신이 거래 수수료로 지불한 금액을 뺀 금액의 자본 이익을 창출한 것이다.

호화폐를 거래하는 데이 트레이더와는 다른(더 높은) 세법의 적용을 받는다.

암호화폐 세금 최소화하기

암호화폐가 소득으로 취득된 것이든, 자산에 대한 자본 이익으로 발생한 것이든 관계없이, 국세청에 내야 할 세금액을 줄일 수 있는 몇 가지 방법을 설명한다.

▌채굴 소득세 낮추기

 팁

물론 당신이 채굴한 코인이 정말로 가치가 있다면 개인 차원에서도 채굴 작업을 통해 큰 이익을 얻을 수 있지만, 특히 암호화폐 시장의 상황이 그 시점에 썩 좋지 않다면 수익보다 훨씬 더 많은 비용이 들 수도 있다.

* 12장 » 198페이지

미국에서는 자영업자로서 채굴하기보다는, 채굴 활동을 위한 회사나 법인체를 설립하면 보다 유리한 세율을 적용받을 수 있다. 이 방법을 사용하면 기업주들이 사업 관련 물품들에 비용을 지출했을 때 받는 세금 감면 혜택을 누릴 수 있어서 개인 자격보다는 더 유리한 세율을 적용받기 때문이다. 비트코인을 채굴하기 위해 고성능 컴퓨터를 구입했다면 그 비용을 회사에 청구하고 과세소득을 낮춰라. 12장*에서 설명한 ASIC나 고가의 GPU 같은 채굴 장비를 컴퓨터에 설치했다면? 채굴할 때 전기요금이 많이 나온다면? 채굴을 통해 얻은 보상에서 이 모든 비용을 처리하고 세금 감면 혜택을 받을 수 있다.

█ 거래세 줄이기

당신은 데이 트레이더에 해당한다고 생각하는가? 그렇다면 수시로 몇 건의 거래를 하는 초단기 거래자들보다 세금을 덜 낼 수 있을 것이다. 그러나 다음 세 가지 질문에 '그렇다'라고 대답할 수 있어야 국세청의 테스트를 통과할 수 있다.

> ▶ 당신은 중장기적으로 암호화폐를 보유하는 것이 아니라, 암호화폐 시장에서 매일의 가격 변동을 통해 이익을 취득함으로써 생계를 이어가고 있는가?
>
> ▶ 당신은 다른 일은 하지 않고 거의 온종일 거래로 시간을 보내는가?
>
> ▶ 당신은 실질적이고 규칙적인 거래 패턴을 가지고 있으며, 매일 많은 거래를 하고 있는가?

당신이 데이 트레이더로 인정받는다면, 당신의 이익을 자영업 소득으로 간주할 수 있다.

█ 양도소득세 줄이기

당신이 데이 트레이더로 인정받지 못한 경우, 암호화폐 양도소득세를 줄이기 위한 최선의 방법은 장기 투자자가 되는 것이다. 이는 자산을 1년 이상 보유해야 한다는 것을 의미한다. 그러니까 매입한 지 1년 이내에 그 암호화폐를 팔거나, 다른 암호화폐와 거래하거나, 그 암호화폐로 다른 물건을 사면 안 된다.

앞서 설명한 바와 같이 암호화폐를 1년 이상(장기) 보유한 투자에 대

주의

암호화폐 단기 거래 활동을 추적하는 것은 매우 혼란스러울 수 있다. 암호화폐 업계는 변동성과 시장의 부침이 매우 크고, 수많은 새로운 암호화폐들이 하루가 멀다 하고 끊임없이 거래 시장에 등장하기도 한다. 이런 상황에서는 필요한 정보를 수동으로 모니터링하는 것이 거의 불가능하다. 이 장의 뒷부분에서 거래 활동에 사용할 수 있는 몇 가지 정보 추적 출처들을 설명해줄 것이다.

포인트

어떤 암호화폐를 다른 암호화폐와 거래하는 것(바꾸는 것)도 세금을 더 내야 할 위험이 있다. 어느 암호화폐 거래소에서 특정 암호화폐를 구입하려면 아주 단기간 내에 당신이 보유하고 있는 암호화폐를 사려는 암호화폐로 교환할 수밖에 없는데, 이 교환 과정에서 당신이 보유하고 있던 암호화폐에서 큰 수익이 발생했다면, 당신은 더 이상 장기 투자자로 간주되지 않는다.

한 양도소득세는 1년 미만(단기) 보유한 투자의 양도소득세보다 크게 낮다. 미국에서 장기 양도차익은 과세 계층에 따라 0%, 15%, 20%의 세율로 과세된다. 예를 들어, 당신이 고소득 계층에 속한다면, 당신의 양도소득세율은 20%가 될 것이다.

암호화폐 거래에 따른 과세 소득 산정

그러나 당신의 암호화폐 소득과 자본 이익(양도 차익)을 신고하는 것은 전적으로 당신에게 달려 있다. 따라서 과세가 될 만한 모든 행위를 기록해두어야 한다. 암호화폐 자산을 팔거나 다른 물건과 교환하는 모든 일이 해당된다. 미국 국세청은 암호화폐에 대한 제3자 보고를 요구하지 않기 때문에(즉, 당신에게 암호화폐를 판 기업은 매출을 보고할 필요가 없다) 추적과 신고가 더 어렵다. 이제 암호화폐 관련 활동을 평가할 때 유의해야 할 몇 가지 요령과 중요한 사항들을 설명한다.

▌ 포크로 받은 암호화폐는?

* 5장 ≫ 83페이지

 주의

2017년에는 가장 규모가 큰 거래소 중 하나인 코인베이스에 고객 기록을 넘기라는 강제 명령을 내리기도 했다. 이에 따라 단지 암호화폐 세금 영향에 대해 알지 못했던 사람들까지도 암호화폐 투자를 숨기려는 사람들과 같은 부류로 여겨지면서 어려움을 겪기도 했다.

5장*에서 암호화폐 커뮤니티의 일부가 독자적인 버전의 암호화폐를 만들기로 결정하는 포크에 대해 설명하면서 포크의 결과 무료로 코인을 취득할 수 있다는 점을 언급했다. 물론 세상에 완전한 공짜는 없으므로, 포크를 통해 추가로 취득한 암호화폐에 대해서도 세금을 납부해야 한다. 예를 들어, 당신이 이더리움을 소유하고 있는데 하드 포크를 통해 원래부터 가지고 있던 이더리움의 수량과 동일한 수량의 새로운 암호화폐를 취득하게 된다면, 장기 양도소득세가 아니라 새로 받은 무료 코인에 대한 보통세(취득세)를 납부해야 한다. 이 세금은 새 암호화폐를 취득한 날 현재의 미국 달러 가치를 기준으로 산정된다.

대한민국 암호화폐 세금 정책

정부는 2022년 1월부터 연 250만 원을 넘는 가상화폐 양도소득에 22% 세율로 세금을 매길 예정이었다. 기본 골조는 연간 매매차익에서 250만 원(기본공제)을 공제하고, 남은 금액에 대해 22% 세율(지방세 포함)을 적용할 예정이었다. 예를 들어, 암호화폐 투자로 1,000만 원의 매매차익이 생기면 약 165만 원(부대비용 제외) 정도 세금을 내야 할 것으로 예상되었다. 암호화폐를 산 가격(취득가액)이 낮을수록 세금은 늘어난다. 다만 과세 시행 전에 산 암호화폐는 '그해 말 시가'와 '실제 취득가액' 중 유리한 쪽으로 선택할 수 있다. 그러나 2021년 11월 말 과세 체계가 마련되지 않았다며 가상화폐 세금 부과를 1년 미루게 되었다.

시행 시점이 2023년으로 미뤄지면서 실제 세금을 내야 하는 시기도 1년 뒤인 2024년으로 늦춰졌다. 1년 치 투자 소득을 다음 해 5월 직접 신고하고 납부하도록 되어 있기 때문이다. 과세 시점은 연기됐지만 부과 방식에 변화는 없을 예정이다. 참고로 국내 거주자라면 2023년부터 매년 가상자산을 사고팔거나 빌려줘 번 돈(기타 소득) 가운데 250만 원 기본 공제를 한 뒤 나머지에 대해 20% 세금을 물어야 한다. 해외 거주자, 해외 법인이라면 거래소 등 가상자산 사업자가 세금을 원천 징수하고 당국에 일괄 납부하는 방식이 적용된다.

PART 5

크립토 투자 10계명

PART 5에서는

· 암호화폐를 시작하기 전에 고려해야 할 사항들을 살펴본다.

· 손해가 나는 시점에서 할 수 있는 최선의 방법을 찾아본다.

· 암호화폐 투자 시 장애물을 기회로 전환하는 방법을 알아본다.

투자 전 고려해야 할 10가지

22장에서는

▶ 올바른 사고방식을 갖추고 전략을 준비하는 법을 알아본다.

▶ 앞으로 명심해야 할 사항들을 살펴본다.

이제 본격적으로 암호화폐 투자를 시도할 준비가 되었는가? 그렇다면 암호화폐 투자를 시작하기 전에 고려해야 할 중요한 몇 가지 사항을 살펴보자.

너무 흥분하지 마라

새로운 세계를 탐험하는 것은 언제나 즐거운 일이다. 일찍 출발하는 것이 때로는 남들을 앞서가는 길이기도 하다. 하지만 다른 투자와 마찬가지로 암호화폐 투자도 훈련, 리스크 관리, 큰 인내심이 요구된다. 암호화폐 투자로 빠른 시일 내에 부자가 되고자 해서는 안 된다. 특히 2021년에 시장이 놀랄 만한 수익률을 보였기 때문에 당신의 기대 수준이 높아졌을지 모르지만, 그런 이익을 단기간에 다시 볼 가능성은 매우 낮다. 이유는 간단하다. 거품이 터졌기 때문이다. 물론 같은 방식이 다시 일어나지 않으리란 법도 없다. 앞서 언급했듯이 투자자들은 이제 시장 전체에 대해 더 많은 교육을 받고 더 계산된 투자 결정을 내려야 한다.

각자의 투자위험감수도를 측정하라

암호화폐 투자가 당신의 적성에 맞는가? 당신은 이 시장에 얼마의 돈을 투자하고 있는가? 당신은 높은 변동성을 감내할 수 있는가? 폭풍우가 지나갈 때까지 기다릴 인내심이 있는가? 투자위험감수도를 측정하면 이 모든 질문에 대한 답을 찾을 수 있다. 이 단계는 당신이 어떤 유형의 투자자든, 리스크를 감당할 당신의 의지와 능력을 평가하는 중요한 단계다. 리스크의 유형과 투자위험감수도 측정에 관한 정보는 3장*을 참조하라.

• 3장 » 46페이지

암호화폐 지갑을 안전하게 보관하라

암호화폐 지갑은 비트코인 같은 디지털 자산을 보관하는 곳이다. 따라서 암호화폐를 사기 전에 반드시 지갑을 먼저 가지고 있어야 한다. 암호화폐 지갑에는 매우 다양한 종류가 있으며, 암호화폐를 판매하는 암호화폐 거래소에서 운영하는 지갑도 있다. 그러나 이런 지갑들은 가장 안전한

312 크립토 투자 노트

유형의 지갑은 아니기 때문에, 해킹 공격의 희생자가 되는 경우도 있다. 7장[7장 » 122페이지]에 투자를 시작하기 전에 안전한 암호화폐 지갑을 준비하고 사용하는 다양한 방법을 자세히 설명해두었다.

가장 잘 맞는 암호화폐 거래소와 중개업체를 찾아라

암호화폐를 손에 넣을 수 있는 가장 인기 있는 장소는 거래소와 중개업체다. 이들 중에는 단지 몇 개의 암호화폐만 제공하는 곳도 있고 꽤 다양한 암호화폐를 제공하는 곳도 있다. 또 거래 수수료가 비싼 곳도 있고, 더 나은 고객 서비스를 제공하는 곳도 있다. 또 보안에 대한 평판이 상대적으로 더 좋은 곳도 있다. 미국 달러 같은 법정 통화를 사용해 암호화폐로 교환할 수 있는 곳도 있지만, 법정 통화를 지원하지 않기 때문에 비트코인 같은 주요 암호화폐를 리플이나 라이트코인 같은 다른 디지털 자산과 교환해야 하는 곳도 있다. 각자 가장 잘 맞는 암호화폐 거래소와 중개업체를 찾으려면 위에 언급한 모든 옵션을 검토하고 어떤 옵션이 당신의 필요에 가장 적합한지 확인해야 한다. 6장[6장 » 101페이지]에서 다양한 유형의 암호화폐 거래소와 중개업체에 대해 자세히 설명해두었다.

포인트

다양한 목적에 따라 여러 거래소를 사용하는 것이 좋다.

단기로 투자할 것인지 장기로 투자할 것인지 결정하라

투자 시간 프레임은 각자의 투자위험감수도, 재무 목표, 현재 재무 상

팁

3장(46페이지)에서 투자위험감수도를 계산하는 방법에 대해 설명한 바 있고, 17장(257페이지)과 18장(271페이지)에서 단기 및 장기 투자에 대해 자세히 설명했다.

황, 활용 가능한 시간 등에 따라 달라질 수 있다. 예를 들어, 당신이 집중해야 하는 다른 직업이 있다면 암호화폐 포트폴리오나 기타 자산의 단기 관리에 신경 쓸 시간이 없을 것이다. 당신의 본업에 전력을 쏟고(해고되지 않도록) 투자 포트폴리오는 최신 정보를 바탕으로 몇 주 간격으로 관리하면 된다. 장기 투자는 상대적으로 감수해야 할 위험도 적다.

작게 시작하라

아직 확실한 투자 계획이 없다면, 암호화폐 시장에 많은 돈을 쏟아붓지 마라. 처음에는 작게 시작해서 여유가 생기는 대로 포트폴리오를 서서히 확장해나가라. 또 한 종류의 암호화폐에만 투자해서는 안 된다. 당신이 투자 초보자라면, 당신의 모든 자금을 암호화폐에 할애하면 안 된다. 초보 투자자들에게는 최적의 투자 대상을 찾을 때까지 다각화가 중요하다.

개인적으로는 주식, ETF, 외환 등에도 투자를 배분하고 있고, 물론 암호화폐에도 투자하고 있다. 내 포트폴리오에는 언제든 최소 10종류의 다양한 암호화폐들이 들어 있다. 암호화폐 범주 내의 다각화나 다른 금융 자산을 포함한 다각화에 대해서는 2장*과 10장*을 참조하라.

* 2장 » 28페이지
* 10장 » 172페이지

대의명분을 따르라

많은 암호화폐들은 세계 또는 사회의 특정 문제를 해결하는 것을 목표로 삼고 있는 블록체인 기술을 기반으로 하고 있다 그 블록체인 기술에 대한 기본 정보는 4장에서 다시 확인할 수 있다. 블록체인 기술의 적용은 은행을 이용하지 못하는 사람들에 대한 은행 업무 제공, 부정 투표 방지, 농민 지원 등 당신이 걱정하는 거의 모든 문제에 대한 해결책을 제공할 수 있다. 당신이 그 대의를 충분히 인정하는 블록체인 애플리케이션의 암호화폐에 투자하는 것은, 그 대의명분을 보다 빨리 달성할 수 있도록 지원하는 것이다. 그런 성취감이 암호화폐 투자를 더 의미 있고 더 재미있게 만들 수 있다. 대의명분에 초점을 맞추는 것은 또 시중에 나와 있는 수백, 수천 가지 옵션 중에서 당신의 암호화폐를 선택할 때도 도움이 된다. 다양한 암호화폐 카테고리에 대해서는 8장을 참조하도록 하자.

 4장 ≫ 64페이지

 8장 ≫ 137페이지

채굴도 생각해보라

채굴은 비트코인을 위시한 많은 암호화폐의 큰 기둥이다. 암호화폐의 채굴은 강력한 컴퓨터를 사용해 복잡한 수학 방정식을 푸는 것이다. 문제를 성공적으로 풀면 암호화폐로 보상을 받을 수 있다. 그러나 채굴은 대개 매우 비싼 컴퓨터 장비를 마련해야 하고, 채굴을 위해 컴퓨터를 가동하려면 많은 전기를 소비하기 때문에 비용이 매우 많이 드는 과정으로 여겨진다. 하지만 해당 암호화폐의 당시 가치에 따라, 채굴이 충분히 수지맞는 일이 될 수도 있다. 예를 들어, 채굴을 위한 장비와 전기요금이 해당 암호화폐를 구입하는 비용보다 더 낮다면, 채굴을 고려해보는 것도 좋다.

팁

채굴과 관련된 용어, 채굴에 필요한 장비 등에 대한 자세한 내용은 12장(198페이지)을 참조하라. 채굴 계산기를 사용하면 채굴 수익성을 확인할 수 있다.

먼저 다른 자산을 연구하라

당신이 어떤 자산에든 투자해본 적이 없다면, 아마도 암호화폐 투자가 너무 어렵다고 생각할 수 있다. 개인적 경험이 전혀 없는 금융 부문을 접하면서 스스로 투자 전략을 개발한다는 것은 어려운 일이다. 따라서 당신이 이미 알고 있는 주식 같은 자산에 먼저 투자해보기를 권한다. 알고 있는 것에 투자하기가 좀 편해지면, 암호화폐와 같은 새로운 투자 수단으로 포트폴리오를 확장할 수 있다. 다양한 유형의 자산에 대한 자세한 내용은 2장*을 참조하라.

* 2장 》 28페이지

팁

이 책에서는 최고의 진입 시점과 빠져 나올 시점을 식별하기 위한 전략 개발 방법에 대해 나름 열심히 설명하고 있지만, 당신과 같은 배에 타고 있는 사람들과 접하는 것이 도움이 될 것이다. 많은 암호화폐들은 텔레그램 애플리케이션을 통해 각자의 채널을 운영하고 있거나, 레딧이나 비트코인토크 같은 웹사이트에서 자체 토론방을 운영하고 있다.

정보 커뮤니티를 확보하라

대부분은 컴퓨터나 휴대폰으로 혼자 거래한다. 하지만 궁금한 점이 생기면 물어볼 사람이 없을 때 답답할 수 있다. 심지어 친구들 중 아무도 당신의 투자에 관심이 없다면 더욱 그럴 것이다. 그럴 경우, 시장이 나빠지면 좌절에 빠질 수 있고, 시장이 잘나갈 때에도 언제 거래에서 빠져나와야 할지 몰라 어쩔 줄 모를 수 있다.

하락세에 취할 수 있는 10가지 전략

23장에서는

▶ 투자 접근법이나 투자 금액을 재검토해야 할 경우를 알아보자.

▶ 현재의 나쁜 상황의 이면에 있는 배경을 살펴본다.

당신이 단기 거래자든, 장기 투자자든, 당신이 보유하고 있는 자산 몇 개에 대해 손실이 발생하는 상황이 생길 수 있다. 어쩌면 미처 눈치채기도 전에 퍼드(FUD)에 빠질 수 있다. 이런 상황에서 당신은 좌절감에 빠져 당초에 잘 수립해놓았던 전략을 따르지 않고 감정적인 결정을 내릴 수도 있다. 이 장에서는 시장이 당신 편이 아닐 때 취해야 할 10가지 조치를 설명한다.

아무것도 할 필요 없다

• 9장 ≫ 157페이지

인내심은 수익을 내는 미덕이다. 당신이 다이아몬드 분석(9장• 참조)의 모든 포인트 별로 철저한 분석을 거쳐 특정 포지션에 도달했다면, 현재의 시장 하락은 일시적일 가능성이 높다. 당신이 충분한 시간을 가지고 그것을 참아낸다면 결국에는 다시 좋은 상황을 맞게 될 것이다. 지금의 시장 상황이 아무리 어렵더라도 참고 기다리면 다시 회복하는 것을 보게 될 것이다.

물론 암호화폐 시장은 새로운 시장이기 때문에, 주식시장 같은 전통 시장의 정서를 따를 것이라는 충분한 증거는 없다. 그러나 투자자 대부분은 암호화폐를 주식과 마찬가지로 자본 이익(시세차익)을 올리는 자산으로 분류하기 때문에, 암호화폐 시장도 주식 자산과 비슷한 시장 심리를 따를 수 있다. 자본 이익 자산은 가치가 상승해 수익을 가져다줄 것이라고 예상하고 투자하는 자산이다. 물론 오래 기다리는 것이 모든 트레이더나 투자자에게 무조건 적합하지 않을 수도 있지만 말이다.

포인트

당신의 현재 삶의 상황과 재무 목표에 따라, 당신의 투자에서 시간을 당신의 가장 좋은 친구로 삼을 수도 있고, 그러지 않을 수도 있다. 예를 들어 당신이 주택 구입과 같은 재무 목표를 달성하기 위한 10년 계획을 세우고 있다면, 짧은 시간 동안 일어나는 시장의 사소한 부침에 대해 전혀 걱정할 필요가 없다.

투자위험감수도를 재평가하자

* 3장 » 46페이지

3장*에서 설명한 바처럼, 투자를 시작할 때 가장 먼저 투자위험감수도를 평가해야 한다. 그러나 시간이 지나면서 우리의 삶도 변하고 그에 따라 우리의 투자위험감수도도 변할 수 있다. 특히 포트폴리오가 하락하는 시기는 투자위험감수도를 재평가하고 다음 투자 행보를 재점검할 좋은 시기다.

예를 들어 삶의 어느 시점에서 당신이 과거에 산정했던 것보다 더 높은 투자위험감수도를 갖게 되었다면, 현재의 포지션을 과감하게 바꾸는 것을 고려해볼 수 있을 것이다. 그러나 반대로 당신의 재무 상황이 당신의 투자위험감수도에 부정적인 영향을 미치고 시간적 여유도 없다면,

포인트

그러나 결론은 투자위험감수도가 높아졌다거나 낮아졌다는 감정이나 느낌만으로 성급한 결정을 내려서는 안 된다는 것이다. 당신의 투자위험감수도를 주의 깊게 계산하면 반대의 결과를 보게 될 수도 있다.

손실을 줄이는 방향을 고려해야 할 것이다.

큰 그림을
보자

기술 분석의 관점과 펀더멘털 분석의 관점 모두에서 전체적인 그림을 평가할 수 있다.

● 16장 ≫ 243페이지

▶ 기술 분석의 관점(16장● 참조)에서는 투자 기간을 장기 시간 프레임으로 전환함으로써 시장의 향방을 더 잘 파악할 수 있다. 예를 들어, 현재의 시장 상황이 꽤 오랫동안 가격이 상승하고 있는 장기적인 상승 추세에 있을 수 있다. 이 경우 현재의 일시적 하락은 조정기일 수 있으며, 암호화폐 자산을 더 많이 매입할 좋은 시점이 될 수 있다.

▶ 펀더멘털 분석의 관점에서는 특정 암호화폐에 투자하기로 선택한 기본적인 이유, 즉 대의명분, 경영진과 커뮤니티, 기술 그리고 암호화폐 가치의 장기적인 성장에 기여할 수 있는 다른 모든 것들을 되돌아보아야 한다. 펀더멘털 분석에 대한 자세한 내용은 9장●을 참조하자.

● 9장 ≫ 157페이지

암호화폐 시장이 하락하는
근본적 원인을 연구하라

앞서 말한 것처럼 큰 그림을 보면, 외적인 문제보다 내적인 근본적 문제가 당신의 암호화폐 자산이 확장하는 것을 막고 그 가치를 계속 떨어드리고 있다는 것을 알 수 있을 것이다. 아마도 그 암호화폐가 더이상 거대 금융 회사의 지원을 받지 못하거나, 사기에 연루되어 있거나, 자금이 부족해 기술에 투자할 수 없는 상황일지도 모른다. 검색엔진을 통해 특정 암호화폐의 펀더멘털에 대한 세부사항을 찾아보자. 암호화폐 이름으로 검색해 '뉴스' 카테고리에서 최신 검색 결과를 훑어보기만 해도 된다. 펀더멘털이 악화되어 가치가 하락한 것이라면, 당신의 포지션을 재평가하고 손실을 줄여야 할 수도 있다.

팁

암호화폐 전문 뉴스 매체인 크립토브리핑(cryptobriefing.com), 코인데스크(www.coindesk.com), 뉴스비트코인(www.newsbtc.com) 등에서 정보를 파악할 수 있다.

헤지를 검토하라

헤지(가격변동의 위험을 선물의 가격변동에 의하여 상쇄하는 현물거래)란 위험을 관리하기 위한 투자 방식이다. 헤지를 통해 현재의 포지션이나 위치나 산업에 관련된 위험을 상쇄할 수 있다. 앞서 14장*에서 옵션이나 선물 같은 파생상품에 대한 헤지에 대해 설명했지만, 헤지는 현재 포지션에 대한 것 외에도 다각화를 통한 헤지도 있다. 예를 들어, 이더리움 같은 다른 암호화폐로 비트코인을 샀는데 비트코인의 가격이 떨어지고 있다면, 다른 거래에서 현재의 하락 추세를 이용해 비트코인을 파는 것을 고려할 수 있다.

* 14장 》 219페이지

팁

포지셔닝 헤지는 공매도가 가능한 중개업체에서 암호화폐를 거래할 때 특히 유용하다. 국내 거래소에서는 불가능하다.

암호화폐 자산 내에서 다각화하라

당신이 손실을 보고 있는 암호화폐와 다른 유형의 리스크에 노출된 다른 암호화폐 자산을 포트폴리오에 추가하는 것은, 포트폴리오 균형을 맞추는 데 도움이 될 수 있는 또 다른 형태의 헤지 방법이다. 그러나 그런 암호화폐를 식별하는 것은 매우 어려울 수 있다. 이 책을 쓰는 시점 현재 대부분의 암호화폐 자산은 거의 유사한 유형의 위험에 노출되어 있기 때문이다. 리스크에 대한 자세한 내용은 3장*을 참조하고, 최고 실적을 내는 가상화폐를 식별하는 방법은 9장*을 참조하자.

* 3장 » 46페이지
* 9장 » 157페이지

다른 금융 자산을 통한 투자 다각화를 노려라

적어도 암호화폐 투자가 주류가 되기까지는 이 전략이 가장 큰 도움이 될 것이다. 당신의 투자 분석에서 채권 등 다른 금융 상품의 수익성이 좋고 암호화폐 시장의 수익이 낮게 나타난다면, 암호화폐 외의 다른 자산으로 포트폴리오를 다각화해 위험을 분산하는 것을 고려할 수 있다. 이 접근방식 또한 위에서 언급한 헤지의 또 다른 형태라고 할 수 있다. 다각화에 대한 자세한 내용은 2장*과 10장*을 참조하라.

* 2장 » 28페이지
* 10장 » 172페이지

더 유망한 암호화폐로
갈아타라

* 9장 >> 157페이지

하락한 암호화폐 자산에 대해 다이아몬드 분석을 다시 실행해보면(9장* 참조), 특정 암호화폐가 더 이상 보유할 가치가 없다는 것을 알게 될 수 도 있다. 손실을 감수할 수밖에 없는 주식시장과는 달리 암호화폐 시장 에서는 더 유망한 다른 암호화폐와 교환할 수 있는 옵션이 있다. 예를 들어 당신이 특정 암호화폐를 비싸게 샀는데, 그 가치가 회복될 기미를 보이지 않고 급락하고 있다고 가정해보자. 그 와중에 아주 유망해 보이 는 새롭고 값싼 암호화폐에 대해 듣게 된다. 당신은 이미 하락한 특정 코인으로 새 암호화폐를 많이 살 수는 없겠지만 그 암호화폐에 대한 손 실을 조기에 줄이고 더 유망한 암호화폐와 교환함으로써 이익을 챙길 수 있다.

손실 포지션에서
추가 매수를 검토하라

워런 버핏은 손실 포지션에서 매수를 늘리는, 즉 시장이 하락할 때 싼 가 격으로 주식을 더 많이 사들이는 것으로 유명한 투자자다. 하지만 그는 강력한 펀더멘털을 가지고 있고 하락이 일시적인 현상이라고 생각하는 자산에만 그렇게 한다.

이 전략은 암호화폐 투자에서도 유효하다. 하락한다고 해서 너무 흥 분하기 전에, 암호화폐 시장은(워런 버핏이 투자하는) 주식시장과 다르게 움직일 수도 있고, 적어도 앞으로 몇 년 동안은 예측할 수 없고 변동성이

 주의

손실 포지션에서 매수를 늘릴 때는 앞 서 선물과 옵션에서 언급한 마진(증거 금)을 사용하거나 중개업체로부터 돈 을 빌리는 것(레버리지)은 금한다. 그 런 접근방식은 투자 위험만 높일 수 있다.

심할 것이라는 점을 명심하라. 암호화폐 시장이 정상 궤도에 오를 때까지 일정 기간은 더 큰 손실을 감수할 정도의 자금 여력을 갖추어야 한다고 강조하는 것도 이 때문이다.

손실을 줄이는 방안을 검토하라

나는 개인적으로 손절매 주문을 그리 좋아하지 않는다. 손절매 주문이란 암호화폐 같은 자산의 가격이 투자 포지션에 반하는 경우 손실을 줄이도록 설정하는 주문 방식이다. 개인의 투자위험감수도나 시장 상황 등 다양한 이유로 손절매 주문 이외의 다른 선택지가 없는 경우가 있다. 이 경우에는 깨끗하게 손해 포지션에서 벗어나는 것을 고려해도 좋다. 즉, 그 거래를 떠나 다른 수익원을 찾는 것이 낫다는 얘기다.

암호화폐 투자 시 생기는 10가지 기회

24장에서는

▸ 암호화폐 시장의 도전을 기회로 전환하는 방법을 알아본다.

▸ 실행하기 전에 사려 깊게 분석하는 방법을 배운다.

이 장에서는 암호화폐 투자 모험에서 직면하게 될 10가지 기회와 리스크를 알아보려 한다. 나는 항상 도전과 기회를 하나로 묶는다. 올바르게 대처하기만 하면, 위기를 이익을 얻을 수 있는 기회로 바꿀 수 있기 때문이다.

새롭게 등장하는 암호화폐

최초의 암호화폐인 비트코인은 2018년에 출시 10주년을 맞았다. 하지만 이제 비트코인이 투자자들이 관심을 두는 유일한 암호화폐는 아니다. 좋든 나쁘든 새로운 암호화폐가 계속 우후죽순 생겨나고 있으며, 그 숫자는 앞으로 더 늘어날 전망이다. 하지만 2022년 현재 시중에 나와 있는 1만여 종의 암호화폐가 모두 5년 안에 큰 성공을 거둘 것 같지는 않다. 어쩌면 아직 태어나지도 않은 암호화폐가 언젠가 폭발적으로 성장해 미래에 비트코인을 영원히 대체할 수도 있다.

다양한 경제 데이터

제대로 된 경제 데이터를 찾는 일은 현재 암호화폐 업계의 당면 과제다. 암호화폐 업계에 전문 뉴스 기관이 많기는 하지만 시장 움직임에 영향을 미치는 진정한 경제 데이터를 찾기는 결코 쉽지 않다. 신생 산업인 암호화폐 산업이 아직 발전된 경제 시스템을 가지고 있지 않기 때문에, 때로는 미디어들이 입증할 만한 확실한 재무제표도 없이 그저 소문에 근거해 시장에 공포나 탐욕을 일으킬 수 있다. 이러한 함정에 빠지지 않으려면, 여러 암호화폐 뉴스 기관들을 추적하여 읽은 내용에 거품을 빼고 신중하게 판단해야 한다. 암호화폐 시장을 더 잘 이해하기 위해 도움이 될 만한 금융 및 암호화폐 뉴스 기관들을 소개한다. 앞의 세 곳은 국내 사이트다.

- ▶ 코인데스크 코리아(Coindesk Korea): www.coindeskkorea.com
- ▶ 크립토퀀트(CryptoQuant): cryptoquant.com/ko/asset/btc/summary
- ▶ 쟁글(Xangle): xangle.io
- ▶ 벤징가(Benzinga): pro.benzinga.com
- ▶ 비트코인 익스체인지 가이드(Bitcoin Exchange Guide): bitcoinexchange guide.com
- ▶ CCN: www.ccn.com

- ▶ 코인데스크(CoinDesk): www.coindesk.com
- ▶ 코인게이프(CoinGape): coingape.com
- ▶ 코인긱(CoinGeek): coingeek.com
- ▶ 코인텔레그래프(Cointelegraph): cointelegraph.com
- ▶ 크립토브리핑(Crypto Briefing): cryptobriefing.com
- ▶ 크립토데일리(Crypto Daily): cryptodaily.co.uk
- ▶ 데일리호들(The Daily HODL): dailyhodl.com
- ▶ 포브스(Forbes): www.forbes.com
- ▶ 글로벌코인리포트(Global Coin Report): globalcoinreport.com
- ▶ 마켓와치(MarketWatch): www.marketwatch.com
- ▶ 뉴스비트코인(NewsBTC): www.newsbtc.com

법과 규제

현재 암호화폐 산업에 대한 규제는 겨우 걸음마 단계에 와 있다. 다만 일부 국가들은 법 규제 측면에서 다른 나라보다 한발 앞서 나가며 자국민들이 암호화폐 산업을 조기에 이용할 기회를 제공하고 있다. 시간이 걸리겠지만 실망할 필요는 없다. 아직 이 산업에 대한 법률 체계가 부족하다는 것은 우려가 되지만 초기 투자자들에게는 가격이 낮을 때 투자할 수 있는 유리한 상황이 될 수도 있다. 암호화폐 시장에 대한 규제의 틀이 갖춰지면서 암호화폐를 실물 금융상품으로 인정하는 국가가 늘어나면 암호화폐의 가격이 크게 오를 수 있다.

해킹

해킹 사고가 기회가 될 수도 있다. 당신이 해킹 사고의 직접적인 피해자라면, 해킹은 두말할 나위 없는 명백한 위험 요소다(암호화폐가 해킹당하지 않도록 보호하는 방법은 7장[●]을 참조하라). 암호화폐 업계에서 해킹은 실제로 존재하는 위협이며, 안타깝지만 앞으로도 사라지지 않을 것이다. 그러나 해킹 사고가 암호화폐의 시세에 부정적인 영향을 미치는 것은 일시적 현상에 불과하다. 오히려 그때가 시장 참여자들이 더 낮은 가격에 암호화폐를 살 수 있는 기회가 될 수 있다.

● 7장 》 122페이지

항상 사건에 대한 조사와 상황을 직접 분석해야 한다. 특정 암호화폐나 거래소가 돌이킬 수 없을 정도로 위태로워졌다면, 그 암호화폐나 거래소는 멀리하는 것이 좋을 것이다. 그러나 그런 소식이 암호화폐 업계의 극히 일부에 해당하는 사건으로 인식되는 게 아니라, 어떤 근본적인 이유도 없이 시장에 있는 다른 암호화폐에까지 나쁜 영향을 미칠 가능성이 있다. **한 선수가 다운되면 그 부정적 파급이 다른 모든 선수에게까지 미치는 것과 같다. 당신은 그런 분위기에 휩쓸리지 말고 해당 암호화폐에만 초점을 맞춰라.**

거품

암호화폐 산업에서 거품은 이미 붕괴해 안정화 단계에 왔다고 생각할지 모른다. 그러나 새로운 암호화폐가 속속 등장하고 있고, 심지어 기존의 암호화폐에서도 또 다른 거품이 발생하지 않을 것이라는 근거는 없다. 조사와 분석을 거치면, 근본적인 이유 없이 가격이 급격하게 상승하는 거품을 식별할 수 있다. 그러나 이때는 당신의 암호화폐 자산을 높은 가격에 팔거나, 상황이 진정될 때까지 모든 것을 멀리하는 것이 상책이다. 사실은 '모든 것을 멀리하는 것' 자체가 도전이 될 수 있다. 포모(FOMO)와 싸워야 하기 때문이다.

하락 장세에 대처하는 법

포인트

포트폴리오의 손실은, 당신이 나쁜 투자자여서 시장에서 수익을 낼 수 있는 능력이 없음을 나타내는 것이 결코 아니다. 마찬가지로, 투자에 성공했다 해도 투자의 달인이 되었다는 의미도 아니다.

* 23장 » 317페이지

당신의 암호화폐 포트폴리오가 하락세에 접어들면 그동안 유지해왔던 자신감과 긍정적인 태도가 저하될 수 있다. 하지만 손실 포지션에 있다 해도 너무 좌절하지 않도록 하자. 그것은 단지 시장 심리에 따른 시장의 자연스러운 흐름에 불과하기 때문에 각자의 삶에 악영향을 미치도록 허용해서는 안 된다. 23장*의 '헤지' 부분에서 설명한 바처럼, 하락 장세에 투자를 확대하고 헤지함으로써 새로운 도약의 기회로 삼을 수도 있다.

새 통화 프로젝트

새로운 경제 시스템의 물결이 형성되고 있음은 누구도 부정할 수 없다. 다만 그것이 블록체인의 지원을 받는 암호화폐로 끝날 수도 있고 아닐 수도 있다. 2018년 6월 사회 실험으로 시작된 이니셔티브 Q(Initiative Q)

라는 프로젝트가 있다. 이니셔티브 Q의 경제 모델은 화폐가 가치 있는 이유는 모두가 그 화폐를 보유하고 있고 상점들이 그것을 지불 시스템으로 받아들이기 때문이라는 사실에 기초하고 있다. 좀 더 구체적으로 말하자면, 'Q'라는 '미래' 통화로 사회 금융 실험을 하고 있는 것이다. 이 프로젝트의 철학은 충분히 많은 사람들이 Q를 보유하게 되면 언젠가 Q가 미국 달러를 대체하고 전 세계적으로 사용될 수 있는 합법적인 통화가 될 수 있다는 데 있다. 이후 이 프로젝트는 퀼(Quahl)로 이름을 바꾸었으나, 여러 이유로 통화 발행량이 충분하지 않아 현재는 다른 방법을 모색하고 있는 중이다. 이런 도전은 언제든 또 시작되고 계속될 수 있다.

포인트

이런 프로젝트를 기회이자 도전이라고 생각하는 이유는 거기에 도달하기까지 많은 미래 경제 모델을 접하게 될 것이기 때문이다. 물론 그 과정에는 많은 위험이 있을 수도 있고 없을 수도 있다. 예를 들면, Q를 피라미드 사기(다단계 사기)라고 여기고 참가 초대를 거절하는 사람도 많았다.

퀼
quahl.com

다각화

이미 10장*에서 다각화를 위한 여러 방법을 살펴보았다. 다각화는 전형적인 최고의 리스크 관리 전략이지만, 다각화가 지나치면 포트폴리오에 해가 될 수도 있다. 투자 자금을 너무 많은 자산으로 분산시키면 최고 실적을 내는 자산에 투자할 기회를 그만큼 놓칠 수 있기 때문이다. 당신이 진짜 승자(최고의 실적을 내는 자산)에 너무 적게 투자한다면, 당연히 당신의 수익도 적어질 것이다.

팁

암호화폐에 대해 철저한 다이아몬드 분석(9장, 157페이지 참조)으로 성공을 거둘 수 있으리라는 확신이 선다면, 수익이 불투명한 암호화폐에 자금을 할애하기보다는 확신이 가는 대상에 포트폴리오의 비중을 높이는 것을 고려해볼 수 있을 것이다. 실제로 당신의 재무 목표를 달성하기 위해서는 효자 투자 종목 한두 가지만 있으면 족하다.

* 10장 ≫ 172페이지

과거 실적에 대한 미련

투자에는 훈련과 어려운 의사 결정이 요구된다. 암호화폐 투자는 매력적일 수 있지만, 너무 감정적으로 대응하는 것은 장기적으로 투자에 해를 끼칠 수 있다. 과거에 좋은 실적을 냈던 암호화폐와도 작별해야 할 때가 오면 과감히 손을 떼야 한다. 당신이 하는 일에 몰두하는 것은 좋지만, 사업의 목적은 이익을 내는 것이다. 투자 결정을 내릴 때 너무 감정적이지 않도록 주의하라. 단, 논리적인 분석을 모두 마친 후에는 약간의 직감을 사용할 수는 있다(9장* 참조).

* 9장 » 157페이지

크립토 관련
추가 정보

부록에서는

- 암호화폐 데이 트레이더가 참고할 수 있는 여러 정보 출처를 알아본다.
- 포트폴리오 관리를 위해 도움 받을 수 있는 곳을 찾아본다.

암호화폐 투자자를 위한 추가 정보

부록에서는

▸ 시가총액 상위 200개 암호화폐를 살펴본다.

▸ 암호화폐 투자에 도움이 되는 정보를 알아본다.

▸ 암호화폐 거래소, 지갑, 중개업체 등의 목록을 살펴볼 수 있다.

나는 이 책에서 투자하기 전에 가상화폐를 고르는 방법과 시장을 분석하는 방법 등에 대한 내용을 다루었다. 이제 부록에서는 당신이 필요한 것들을 찾을 수 있는 출처에 대해 좀 더 자세히 살펴볼 것이다.

상위 100개 암호화폐

암호화폐를 탐색하는 한 가지 방법은 시가총액을 기준으로 비교하는 것이다. 시가총액은 코인의 수에 가격을 곱해 계산한 숫자다. 이 숫자에 주목하는 이유는 해당 암호화폐에 대한 신뢰도가 높아짐에 따라 가격이 상승하고, 결과적으로 시가총액이 커진다는 논리 때문이다. 시가총액 순위는 매일같이 변경된다. 따라서 참고용으로 이 책을 쓰는 시점에서 시가총액 기준 상위에 놓인 암호화폐를 소개한다. 그 외 시가총액, 암호화폐의 종류, 그리고 당신의 필요에 따라 상위 암호화폐를 분류하는 것에 대해서는 8장*과 9장*을 참조하면 된다. 당연히 시가총액만을 기준으로 암호화폐를 분석해서는 안 된다. 디지털 자산의 향후 성공에 영향을 미칠 수 있는 근본적 요소들은 시가총액 외에도 많다.

* 8장 ≫ 137페이지
* 9장 ≫ 157페이지

▎시가총액 기준 상위 100위 암호화폐

이 암호화폐들이 상위 100위 안에 든 것은 시장이 그만큼 그 암호화폐를 신뢰하고 있음을 의미한다. 그러나 어떤 암호화폐도 규모가 크다고 해서 실패하지 않으리라는 법은 없다는 사실을 명심하자. 잘 알려지지 않은 암호화폐 중에서도 얼마든지 보석을 찾을 가능성이 있다. 2022년 5월 상위 100개의 암호화폐는 다음과 같다.

순위	코인명	단위	순위	코인명	단위
1	Bitcoin	BTC	2	Ethereum	ETH
3	Tether	USDT	4	USD Coin	USDC
5	BNB	BNB	6	XRP	XRP
7	Cardano	ADA	8	Binance USD	BUSD
9	Solana	SOL	10	Dogecoin	DOGE
11	Polkadot	DOT	12	Avalanche	AVAX
13	Wrapped Bitcoin	WBTC	14	Shiba Inu	SHIB
15	TRON	TRX	16	Dai	DAI
17	Polygon	MATIC	18	Litecoin	LTC
19	UNUS SED LEO	LEO	20	Cronos	CRO
21	NEAR Protocol	NEAR	22	FTX Token	FTT
23	Bitcoin Cash	BCH	24	Uniswap	UNI

25	Stellar	XLM	26	Chainlink	LINK
27	Algorand	ALGO	28	Cosmos	ATOM
29	Flow	FLOW	30	Monero	XMR
31	Ethereum Classic	ETC	32	ApeCoin	APE
33	Decentraland	MANA	34	TerraUSD	UST
35	Hedera	HBAR	36	VeChain	VET
37	Internet Computer	ICP	38	Elrond	EGLD
39	Filecoin	FIL	40	Tezos	XTZ
41	The Sandbox	SAND	42	Maker	MKR
43	Zcash	ZEC	44	Theta Network	THETA
45	The Graph	GRT	46	EOS	EOS
47	Axie Infinity	AXS	48	KuCoin Token	KCS
49	PancakeSwap	CAKE	50	TrueUSD	TUSD
51	Aave	AAVE	52	Helium	HNT
53	Klaytn	KLAY	54	Huobi Token	HT
55	THORChain	RUNE	56	BitTorrent-New	BTT
57	Bitcoin SV	BSV	58	IOTA	MIOTA
59	Pax Dollar	USDP	60	Fantom	FTM
61	STEPN	GMT	62	Neutrino USD	USDN
63	Quant	QNT	64	eCash	XEC
65	OKB	OKB	66	Nexo	NEXO
67	Neo	NEO	68	Stacks	STX
69	Waves	WAVES	70	Chiliz	CHZ
71	Convex Finance	CVX	72	Celo	CELO
73	Gala	GALA	74	Dash	DASH
75	Zilliqa	ZIL	76	Enjin Coin	ENJ
77	Curve DAO Token	CRV	78	Loopring	LRC
79	Kusama	KSM	80	Basic Attention Token	BAT
81	PAXG logo	PAX Gold	82	Harmony	ONE
83	XDC Network	XDC	84	Gnosis	GNO

85	Amp	AMP	86	Kadena	KDA
87	Mina	MINA	88	Compound	COMP
89	Arweave	AR	90	Decred	DCR
91	NEM	XEM	92	Holo	HOT
93	GateToken	GT	94	Kava	KAVA
95	Lido DAO	LDO	96	Fei USD	FEI
97	Qtum	QTUM	98	1inch Network	1INCH
99	Bancor	BNT	100	Symbol	XYM

2022/5/12 기준   출처: coinmarketcap.com

포인트

암호화폐 관련해 꾸준하게 양질의 정보를 제공해주는 출처를 찾는 것은 쉬운 일이 아니다. 적어도 대부분의 웹사이트가 암호화폐 시장에 대해 유사한 지표를 사용할 때까지는, 특정 웹사이트에서 찾은 정보를 시장에 대한 결정적인 해석으로 간주해서는 안 된다.

101위에서 200위까지의 암호화폐

101~200위에 올라 있는 암호화폐 중에는, 아직 100위 권 내의 암호화폐처럼 시가총액이 높지는 않지만 비교적 주목받지 못해 성장 가능성이 있기에 눈여겨볼 만한 것들이 많다.

순위	코인명	단위	순위	코인명	단위
101	Theta Fuel	TFUEL	102	yearn.finance	YFI
103	OMG Network	OMG	104	Livepeer	LPT
105	0x	ZRX	106	ICON	ICX
107	BORA	BORA	108	Serum	SRM
109	Bitcoin Gold	BTG	110	Moonbeam	GLMR
111	IOST	IOST	112	Audius	AUDIO
113	Ravencoin	RVN	114	Synthetix	SNX
115	Ankr	ANKR	116	Secret	SCRT

117	SKALE Network	SKL	118	JUST	JST
119	SwissBorg	CHSB	120	IoTeX	IOTX
121	Kyber Network Crystal v2	KNC	122	Gemini Dollar	GUSD
123	USDD	USDD	124	Siacoin	SC
125	Oasis Network	ROSE	126	Dogelon Mars	ELON
127	Horizen	ZEN	128	Braintrust	BTRST
129	Golem	GLM	130	WAX	WAXP
131	SXP	SXP	132	Ontology	ONT
133	Voyager Token	VGX	134	Storj	STORJ
135	Hive	HIVE	136	Acala Token	ACA
137	WOO Network	WOO	138	APENFT	NFT
139	Render Token	RNDR	140	PlayDapp	PLA
141	Rally	RLY	142	MXC	MXC
143	renBTC	RENBTC	144	Immutable X	IMX
145	UMA	UMA	146	Illuvium	ILV
147	DigiByte	DGB	148	Ethereum Name Service	ENS
149	Trust Wallet Token	TWT	150	Polymath	POLY
151	Casper	CSPR	152	Flux	FLUX
153	Keep Network	KEEP	154	SushiSwap	SUSHI
155	Velas	VLX	156	Celsius	CEL
157	Lisk	LSK	158	MX TOKEN	MX
159	Nervos Network	CKB	160	Ren	REN
161	Chia	XCH	162	Nano	XNO
163	Conflux	CFX	164	Telcoin	TEL
165	CEEK VR	CEEK	166	Persistence	XPRT
167	DAO Maker	DAO	168	MediBloc	MED
169	Frax Share	FXS	170	Constellation	DAG
171	Ocean Protocol	OCEAN	172	WINkLink	WIN
173	DigitalBits	XDB	174	Raydium	RAY
175	dYdX	DYDX	176	Orbs	ORBS

177	Fetch.ai	FET	178	Chromia	CHR
179	Pundi X (New)	PUNDIX	180	Celer Network	CELR
181	Tribe	TRIBE	182	XYO	XYO
183	Syscoin	SYS	184	Spell Token	SPELL
185	Injective	INJ	186	Powerledger	POWR
187	Ontology Gas	ONG	188	COTI	COTI
189	NuCypher	NU	190	Status	SNT
191	Civic	CVC	192	Vulcan Forged PYR	PYR
193	JOE	JOE	194	Divi	DIVI
195	Cartesi	CTSI	196	Ultra	UOS
197	Request	REQ	198	Ardor	ARDR
199	Dent	DENT	200	Perpetual Protocol	PERP

2022/5/12 기준   출처: coinmarketcap.com

암호화폐 관련 정보 웹사이트

가상화폐가 점점 투자의 주류가 되고 투자자들이 포트폴리오의 상당 부분을 디지털 자산에 할애함에 따라, 전통적인 금융 매체들도 암호화폐 관련 주제를 더 자주 다룰 것으로 예상된다. 하지만 우리가 참고할 수 있는 암호화폐 정보 전문 웹사이트들도 같이 증가 추세에 있다. 다양한 웹사이트들이 뉴스 속보, 채굴 정보, 시장 정보 등과 같은 다양한 주제에 에너지를 집중하고 있다. 여기에서는 암호화폐 업계 분야별 정보 출처를 소개한다.

▌암호화폐 뉴스

암호화폐 전문 웹사이트뿐만 아니라, 전통적인 뉴스와 더불어 암호화폐 뉴스도 같이 다루는 기존의 뉴스 웹사이트도 함께 소개한다. 암호화폐 전문 뉴스 웹사이트는 다음과 같다. 이미 앞에서 언급한 업체가 다수 중복되어 있다.

- ▸ 코인데스크코리아(Coindesk): www.coindeskkorea.com
- ▸ 디센터(Decenter): www.decenter.kr
- ▸ 코인니스(Coinness): coinness.live
- ▸ AMB 크립토(Amb Crypto): ambcrypto.com
- ▸ 비트코이니스트(Bitcoinist): bitcoinist.com
- ▸ 비트코인매거진(Bitcoin Magazine): bitcoinmagazine.com
- ▸ 블록코노미(Blockonomi): blockonomi.com
- ▸ CCN(Crypto Coins News): www.ccn.com
- ▸ 코인데스크(CoinDesk): www.coindesk.com
- ▸ 코인게이프(CoinGape): coingape.com
- ▸ 코인긱(CoinGeek): coingeek.com
- ▸ 코인저널(CoinJournal): coinjournal.net
- ▸ 코인텔레그래프(Cointelegraph): cointelegraph.com
- ▸ 코인인사이더(Coin Insider): www.coininsider.com
- ▸ 크립토브리핑(Crypto Briefing): cryptobriefing.com
- ▸ 크립토데일리(Crypto Daily): cryptodaily.co.uk
- ▸ 크립토바이브(Crypto Vibes): www.cryptovibes.com
- ▸ 크립토리티(Cryptolithy): cryptolithy.com
- ▸ 이더리움 월드뉴스(Ethereum World News): ethereumworldnews.com
- ▸ 뉴스비트코인(NewsBTC): www.newsbtc.com

- ▸ 스마트이더리움(Smartereum): smartereum.com
- ▸ 데일리호들(The Daily HODL): dailyhodl.com

암호화폐 뉴스도 함께 다루는 기존의 뉴스 웹사이트는 다음과 같다.

- ▸ 블룸버그(Bloomberg): www.bloomberg.com
- ▸ CNBC: www.cnbc.com
- ▸ 포브스(Forbes): www.forbes.com/crypto-blockchain
- ▸ 마켓와치(Marketwatch): www.marketwatch.com
- ▸ 월스트리트저널(Wall Street Journal): www.wsj.com
- ▸ 야후파이낸스(Yahoo Finance): finance.yahoo.com

 팁

특정 암호화폐에 대한 뉴스를 찾고 싶다면, 즐겨찾는 검색 엔진에서 암호화폐 이름을 검색한 후 '뉴스' 탭을 클릭하면 최신 정보를 얻을 수 있다.

 포인트

이런 웹사이트들이 제공하는 투자 전략을 따르기 전에, 항상 당신의 투자 위험감수도를 파악하고 투자 목표를 철저히 이해하고 있어야 한다. 리스크에 대한 자세한 내용은 3장(46페이지), 단기 전략에 대한 자세한 내용은 17장(257페이지), 장기 전략에 대한 자세한 내용은 18장(271페이지)을 참조하라.

* 13장 ≫ 208페이지

▎암호화폐와 관련된 기업 주식 뉴스

13장*에서 설명한 바처럼, 암호화폐 산업과 관련이 있는 기업의 주식을 통해 블록체인과 암호화폐 시장에 간접적으로 투자함으로써 포트폴리오를 다양화할 수 있다. 많은 전통적인 금융 뉴스에서 관련 정보를 제공하지만, 그중 중요한 곳 몇 군데를 소개한다.

- ▸ 벤징가(Benzinga): pro.benzinga.com
- ▸ 비즈니스 인사이더(Business Insider): www.businessinsider.com
- ▸ CNBC: www.cnbc.com

- ▶ 파이낸셜타임스(Financial Times): www.ft.com
- ▶ 포춘(Fortune): fortune.com
- ▶ 뉴욕타임스(New York Times): www.nytimes.com/section/technology
- ▶ 로이터(Reuters): www.reuters.com
- ▶ 월스트리트저널(Wall Street Journal): www.wsj.com

▌ 암호화폐 실시간 시장 데이터

많은 암호화폐의 뉴스 웹사이트에서 시장 데이터를 제공하는 특별 페이지를 운영하고 있다. 그중 실시간 시장 데이터를 제공하는 웹사이트를 소개한다.

- ▶ 코인캡(CoinCap): coincap.io
- ▶ 코인체크업(CoinCheckup): coincheckup.com
- ▶ 코인인덱스(CoinCodex): coincodex.com
- ▶ 코인게코(CoinGecko): www.coingecko.com
- ▶ 코인립(Coinlib): coinlib.io
- ▶ 코인로어(CoinLore): www.coinlore.com
- ▶ 코인마켓캡(CoinMarketCap): coinmarketcap.com
- ▶ 코인레이트캡(Coinratecap): www.coinratecap.com
- ▶ 크립토컴페어(CryptoCompare): www.cryptocompare.com
- ▶ 라이브코인와치(Live Coin Watch): www.livecoinwatch.com
- ▶ 온체인FX(OnChainFX): onchainfx.com

암호화폐 거래소와 지갑

활발한 단기 거래자부터 중장기 투자자, 디지털 자산을 구입해 침대 밑에 숨겨놓은 순진한 사람들에 이르기까지 다양한 유형의 암호화폐 애호가들은 자신들에게 맞는 적절한 거래소를 찾기 마련이다. 이번 단원에서는 당신이 편리하게 활동할 수 있는 거래소를 소개한다.

▌암호화폐 거래소

• 6장 » 101페이지

6장●에서 설명한 바처럼 거래소는 당신이 암호화폐를 사고팔 수 있는 중요한 장소다. 인기 있는 거래소들은 다음과 같다.

 포인트

다양한 유형의 거래소가 포함되어 있으므로 보안, 수수료, 거래를 지원하는 암호화폐의 수 등을 기준으로 당신에게 맞는 거래소를 선택해야 할 것이다. 6장(101페이지)에서는 각자에게 가장 적합한 암호화폐 거래소를 선택하는 방법에 대해 설명했다.

- ▶ 바이낸스(Binance): www.binance.com
- ▶ 비트파이넥스(Bitfinex): www.bitfinex.com
- ▶ 비트렉스(Bittrex): bittrex.com
- ▶ 코인베이스(Coinbase): www.coinbase.com
- ▶ 제미니(Gemini): gemini.com
- ▶ 후오비글로벌(Huobi Global): www.huobi.com
- ▶ 크라켄(Kraken): www.kraken.com
- ▶ 쿠코인(KuCoin): www.kucoin.com
- ▶ 폴로니엑스(Poloniex): poloniex.com

▌ 가상화폐 지갑

앞서 언급한 거래소 대부분은 투자자들에게 온라인 지갑을 제공한다.
그러나 7장*에서 설명한 바와 같이, 보다 안전한 하드웨어 지갑에 암호
화폐를 저장하는 것이 가장 좋은 방법이다. 이 책을 쓰는 시점 현재 가장
인기 있는 하드웨어 지갑을 구매할 수 있는 곳은 다음과 같다.

* 7장 » 122페이지

> ▶ 메타마스크(Metamask): metamask.io
> ▶ 레저 나노 S(Ledger Nano S): www.ledger.com
> ▶ 트레저(Trezor): shop.trezor.io

크립토 투자 노트

하락장에도 결코 흔들리지 않는 가상자산 현실 재테크 가이드

초판 1쇄 인쇄 2022년 6월 2일
초판 1쇄 발행 2022년 6월 15일

지은이   키아나 대니얼
옮긴이   홍석윤
감수자   최민수

발행인   장지웅
편집   선우지운
마케팅   이상혁
진행   이승희
교정교열 변혜진
디자인   가을

펴낸곳   여의도책방
인쇄   (주)예인미술
출판등록 2018년 10월 23일(제2018-000139호)
주소   서울시 영등포구 여의나루로 60 여의도포스트타워 13층
전화   02-6952-2431
팩스   02-6952-4213
이메일   esangbook@lsinvest.co.kr

ISBN 979-11-91904-16-1 (03320)